Studien zu Lateinamerika | 9

Karin Fischer

Eine Klasse für sich

Besitz, Herrschaft und ungleiche Entwicklung in Chile 1830-2010

Nomos

Gedruckt mit Unterstützung des Bundesministeriums für Wissenschaft und Forschung in Wien und des Kulturamtes der Stadt Wien, Referat Wissenschafts- und Forschungsförderung.

Lektorat: Mira C. Arora, Essen

Die Deutsche Nationalbibliothek verzeichnet diese Publikation in der Deutschen Nationalbibliografie; detaillierte bibliografische Daten sind im Internet über http://dnb.d-nb.de abrufbar.

Zugl.: Wien, Univ., Diss., 2009

ISBN 978-3-8329-6135-0

1. Auflage 2011

Mein Dank gilt Jürgen Nordmann und Dieter Plehwe, die mit Humor und Sachverstand die Arbeit an diesem Buch begleitet haben.
Mira C. Arora ist als Lektorin eine Klasse für sich. Sie hat mich immer wieder auf das Wesentliche zurückgeführt.

Inhaltsverzeichnis

Abkürzungen

ADI	Ausländische Direktinvestitionen
AFP	Administradoras de Fondos de Pensiones / Private Pensionsfonds-Verwaltungsgesellschaften
APEC	Asia-Pacific Economic Cooperation / Asiatisch-Pazifische Wirtschaftsgemeinschaft
CCC	Cámara Central de Comercio / Handelskammer, heute Cámara Nacional de Comercio, Servicios y Turismo de Chile (CNC)
CEO	Chief Executive Officer / Top-Manager
CEP	Centro de Estudios Públicos / Zentrum für öffentliche Forschung (neoliberaler Think Tank)
CEPAL	Comisión Económica para América Latina y el Caribe / UN-Wirtschaftskommission für Lateinamerika und die Karibik
Cesec	Centro de Estudios Sociales y Económicos / Zentrum für soziale und wirtschaftliche Studien (erster neoliberaler Think Tank)
Cieplan	Corporación de Investigaciones Económicas para Latinoamérica / Gesellschaft für Wirtschaftsforschung in Lateinamerika (den Christdemokraten nahestehender Think Tank)
Corfo	Corporación de Fomento de la Producción / Staatliche Körperschaft für Produktionsförderung
CPC	Confederación de la Producción y del Comercio / Produktions- und Handelsverband (Unternehmerdachverband)
CUT	Central Unitaria de Trabajadores de Chile / Dachverband der chilenischen Arbeiter (chilenischer Gewerkschaftsbund)
Dipres	Dirección de Presupuestos / Haushaltsdirektion im Finanzministerium
Direcon	Dirección General de Relaciones Económicas Internacionales / Abteilung für internationale Wirtschaftsbeziehungen im Außenministerium
DL	Decreto Ley / Gesetzesdekret
FDL	Finanzdienstleistungen
IDB	Inter-American Development Bank / Interamerikanische Entwicklungsbank
ISI	Importsubstituierende Industrialisierung
IWF	Internationaler Währungsfonds
KMU	Klein- und Mittelbetriebe
LyD	Instituto Libertad y Desarrollo / Institut Freiheit und Entwicklung (neoliberaler Think Tank)
Mideplan	Ministerio de Planificacion y Cooperación / Planungsministerium
MPS	Mont Pèlerin Gesellschaft
OAS	Organisation Amerikanischer Staaten
Odeplan	Oficina de Planificación / staatliche Planungsbehörde, heute Mideplan

RN	Renovación Nacional / Nationale Erneuerung (Rechtspartei)
SNA	Sociedad Nacional de Agricultura / Nationaler Agrarverband
Sofofa	Sociedad de Fomento Fabril / Industriellenvereinigung
Sonami	Sociedad Nacional de Minería de Chile / Nationaler Verband der Bergbauunternehmer
TNK	Transnationaler Konzern
UDI	Unión Demócrata Independiente / Unabhängige Demokratische Union (rechtspopulistische Rechtspartei)
Ü.d.A.	Übersetzung der Autorin

Tabellenverzeichnis

Einführung

Agustín Edwards Ossandón (1815–1878), Senator und Begründer der chilenischen Bankerdynastie Edwards, antwortete auf die Frage, wie man es zu etwas bringe: „Nur die ersten hunderttausend Pesos sind schwierig, danach ist es ganz einfach. Es ist alles eine Sache der Rechtschaffenheit: sich einen guten Namen machen und vertrauenswürdig sein. Verbindet man das mit Fleiß, Sparsamkeit und der Investition aus dem, was man angehäuft hat, dann schafft mit Sicherheit ein jeder sein Glück.“[1]

Steht hinter seinen Worten Wahrheit, Selbsttäuschung oder Ideologie? Der Hinweis auf die segensreiche Wirkung „bürgerlicher Tugenden“ wird gern bemüht, wenn ökonomisch Erfolgreiche über sich und den Kapitalismus sprechen. Sparsamkeit und Fleiß allein aber reichen in der Regel nicht aus, um an die Spitze der wirtschaftlichen Pyramide zu gelangen. Auch hinter dem Aufstieg von Edwards verbirgt sich eine Geschichte der Macht. Seine ausgezeichneten Kontakte zum Britischen Empire ermöglichten es ihm, in den Überseehandel einzusteigen. Auf seinen Schiffen transportierte er Edelmetalle aus Chile in die ganze Welt. Spekulationsgewinne an der Londoner Börse machten ihn zum reichsten Mann der jungen Republik. Konnten Minenbesitzer, Gewerbetreibende, Kaufleute und Grundeigentümer Kredite bei ihm nicht zurückzahlen, fielen ihre Unternehmungen an ihn.

Auf die Politik nahmen Mitglieder der Familie Edwards nicht nur als Abgeordnete, Senatoren, Minister und Vorsitzende des Unternehmerverbandes Einfluss: Um missliebige Präsidenten aus dem Amt zu vertreiben – sei es beim Sturz des „Nationalisten“ Balmaceda 1891 oder des Sozialisten Salvador Allende 1973 – unterstützten sie sogar militärische Aktionen. Der wirtschaftliche und gesellschaftliche Aufstieg vermögender chilenischer Familien wie der Edwards war nicht zuletzt das Ergebnis eines erfolgreichen Kampfes um die politische Macht.

Chile ist aus mehreren Gründen für eine Klassenanalyse interessant. Die Oligarchie errichtete frühzeitig einen republikanisch-demokratischen Staat. Im Gegensatz zu anderen lateinamerikanischen Ländern bewahrte sie sich, trotz Außenabhängigkeit und wirtschaftlicher Durchdringung mit transnationalem Kapital, eine weitreichende politische Autonomie. Der Staat bildete ein wichti-

1 Agustín Ross: Reminiscencias históricas sobre Don Agustín Edwards Ossandón y sobre el origen de sus negocios. Valparaíso: Imprenta El Mercurio 1925, S. 17 (Ü.d.A.).

ges Terrain, in dem die Fraktionen der herrschenden Klasse ihre internen Konflikte austrugen und um den *modus operandi* des Entwicklungsmodells stritten.

Eine weitere Besonderheit der besitzenden Klassen in Chile ist die frühe Verschmelzung unterschiedlicher „Kapitalfraktionen". Die Handels- und Finanzbourgeoisie, die z.B. Edwards repräsentiert, integrierte sich rasch in die landbesitzende Oligarchie. Doch trotz der wirtschaftlichen Verbindungen und Heiratsbeziehungen, die die Spitzen der Gesellschaft miteinander eingingen, haben wir es auf der Kapitalseite mit heterogenen Akteuren zu tun. Ihre Haupteinnahmen konnten aus den unterschiedlichsten Quellen stammen, aus Rente, Großgrundbesitz und Agrarwirtschaft, aus Handel, industriellen Unternehmungen oder Bank- und spekulativen Geldgeschäften. Dies, aber auch „stoffliche" Unterschiede im Unternehmersektor wie Weltmarkt- oder Binnenorientierung, die Wettbewerbsposition innerhalb desselben Industriezweiges (Konzentration) oder die Verbindung mit Auslandskapital trugen zu unterschiedlichen politischen Vorlieben bei. Politisch Liberale standen Konservativen, kulturelle Aufklärer Traditionsbewussten gegenüber. Die oberen Ränge der Gesellschaft fühlten sich unterschiedlichen Parteien zugehörig. Ihre Konkurrenz am Markt führte zu voneinander abweichenden Forderungen an den Staat. Und sie hatten keine gemeinsame Geschichte: Die Händler, Merchant Banker, Minenbetreiber und Unternehmer kamen nach der Unabhängigkeit aus Europa, Amerika und dem arabischen Raum in die „Randzone" Chile, um dort Geschäfte zu machen und sich niederzulassen.

Dennoch kann den besitzenden Klassen ein gemeinsames Interesse unterstellt werden: die Aufrechterhaltung des kapitalistischen Systems und die Verteidigung des Privateigentums an den wichtigsten Produktionsmitteln. Daraus ergab sich ein „Klassenstandpunkt" gegenüber anderen (subordinierten) Klassen und/oder bestimmten Akteuren innerhalb des Staates. Deshalb kooperierten Kapitalisten, die ihren Wohlstand und ihre Macht aus unterschiedlichen Quellen bezogen und verschiedene Weltsichten hatten, und bildeten einen Block an der Macht.[2] Die vorliegende Untersuchung geht den Wechselfällen dieser Vereinigungen in der chilenischen Geschichte empirisch nach. Wie kam es zu Allianzen und welche Gruppen gehörten in verschiedenen historischen Perioden dem

2 Nicos Poulantzas, von dem der Begriff „Block an der Macht" stammt, hat darauf hingewiesen, dass die führende Fraktion nicht unbedingt sämtliche Orte der Macht in einer Gesellschaft kontrollieren muss. Sie kann die regierende und die staatstragende sein, also die politische Bühne und die Verwaltung kontrollieren, ohne die Zustimmung der Gesellschaft zu genießen und in kulturell-ideologischer Hinsicht „hegemonial" zu sein. Siehe Nicos Poulantzas: Politische Macht und gesellschaftliche Klassen. Frankfurt a.M.: Europäische Verlagsanstalt 1980 [zuerst französisch 1968], S. 245 ff.

Machtblock an? Wer hatte die Führungsrolle in einem solchen Bündnis auf Zeit inne?

Dass Angehörige des Edwards-Clans sowohl 1891 als auch ein knappes Jahrhundert später, im Jahr 1973, an einem Staatsstreich beteiligt waren, zeigt exemplarisch die Kontinuität innerhalb der chilenischen Bourgeoisiekräfte. Dies ist ein weiteres Merkmal, das sie für eine Untersuchung interessant macht. Ihre Beharrlichkeit steht auf den ersten Blick in Widerspruch zu sehr unterschiedlichen Entwicklungsmodellen: In Chile entwarfen politische und gesellschaftliche Akteure als Reaktion auf Krisen in Wirtschaft und Gesellschaft immer wieder strategisch weitreichende Projekte. Dennoch gelang es den besitzenden Klassen, ihre politische Macht zu erhalten und nicht nur in Krisenzeiten als eine kollektive soziale Klasse zu handeln.

Obwohl es also gute Gründe gibt, sich mit den besitzenden Klassen in Chile zu beschäftigen, existieren erstaunlich wenige Arbeiten über sie. Dependenztheoretiker haben mit dem Begriff der Kompradoren- oder Lumpenbourgeoisie eine eher abstrakte Kategorie geschaffen als die Handlungen konkreter Akteure analysiert.[3] Auch in der kritischen Globalisierungsforschung wird vielfach einem Prozess ohne Subjekt das Wort geredet. Akteurskonstellationen bleiben weitgehend unberücksichtigt und gesellschaftliche Beziehungen mithin verborgen.

Historische Arbeiten über Wirtschaftseliten wiederum beschreiben *Monsieur le Capital* und *Madame la Terre* – aber selten als soziale Klasse. Ihre Beziehung zur Gesellschaft und zum Staat bleibt in der Regel ausgespart.[4] Das gilt auch für die Machtstrukturforschung, deren Begründer C. Wright Mills in seiner Untersuchung über *The Power Elite* zu dem Ergebnis gelangt ist, dass die Amerikaner von einem Triumvirat aus reichen Unternehmern, Politikern und Militärs regiert werden.[5] Für Chile haben Maurice Zeitlin und Richard Earl Ratcliff eine analoge

3 Damit sind die „Träger und Agenten des ausländischen Kapitals" gemeint, die von einer Integration ihrer Länder in einen asymmetrisch strukturierten Weltmarkt profitieren und zur Kapitalakkumulation „aus eigener Kraft" nicht fähig oder willens sind. Sie bilden nach Frank die dominante Fraktion der Bourgeoisie in Lateinamerika. Siehe Andre Gunder Frank: Kapitalismus und Unterentwicklung in Lateinamerika. Frankfurt a.M.: Europäische Verlagsanstalt 1968 [zuerst englisch 1967].

4 Siehe exemplarisch Ricardo Nazer Ahumada: La fortuna de Agustín Edwards Ossandón: 1815–1878. In: Historia 33, 2000, S. 369-415 und die Biographien in den historischen Lexika, die im zweiten Kapitel zitiert werden.

5 C. Wright Mills: The power elite. Oxford/New York: Oxford University Press 2000 [zuerst 1956]. Für stärker klassentheoretisch argumentierende Arbeiten in diesem Feld siehe William G. Domhoff: Who rules America? Englewood Cliffs: Prentice-Hall 2006 [zuerst 1967]. Mittlerweile gehen Untersuchungen dem *global corporate (policy) network* nach, das als transnationales Medium der Klassen- und Konsensbildung betrachtet wird,

Studie vorgelegt. Sie erfassten Mitte der 1960er Jahre die familiären Verbindungen, ökonomischen Verflechtungen, politischen Ämter sowie den Aktien- und Grundbesitz der *upper class*. Sie stellten fest, dass in Chile eine zahlenmäßig kleine, eng verflochtene herrschende Klasse existiert.[6] So eindrucksvoll die mit großen Datenmengen erstellte Momentaufnahme politökonomischer Macht ist, teilt die Untersuchung doch ein Defizit vieler Elitenanalysen: Eine ökonomisch definierte „herrschende Klasse" wurde ex ante festgelegt. Wie diese Gruppe ihren Wohlstand und Status in politische Macht umsetzte, bleibt ebenso im Dunkeln wie der historische Prozess der Klassenbildung.

Einzelne Arbeiten analysieren die Politik der Unternehmer und ihrer Verbände, konzentrieren sich dabei aber auf bestimmte Perioden, meist auf die Pinochet-Diktatur oder auf Umbruchzeiten wie die Krise Anfang der 1980er Jahre oder den Übergang zur Demokratie.[7]

An dieser Stelle setzt die vorliegende Untersuchung an. Sie beschränkt sich nicht auf die bloße Beschreibung einer Machtelite, sondern rekonstruiert den historischen Prozess der Klassenbildung. Unter welchen Umständen entwickelten Grundeigentümer, Financiers, Händler, Rentiers, Spekulanten und Industrielle gemeinsame Ordnungsvorstellungen und verwandelten sich in eine Klasse für sich? Wie setzten sie ihre politischen Ziele in der chilenischen Gesellschaft durch? Was taten sie, um eine aus ihrer Sicht fehlgeleitete Entwicklung zu blockieren? Und schließlich: War diese soziale Klasse in der Lage, nicht nur zu herrschen, sondern die politische, intellektuelle und moralische Führung auszuüben? Welche lokal-transnationalen Verbindungen ging sie dabei ein?

Allianzen, Selbstbewusstsein und Identität entstehen und verändern sich in der *longue durée*. Deshalb umfasst die vorliegende Klassenanalyse den Zeitraum von der Gründung der Republik in den 1830er Jahren bis in die Gegenwart. Die Periodisierung folgt den systemischen Zyklen abhängig-kapitalistischer Entwicklung in Chile. Das erste Kapitel behandelt den vom Britischen Empire getragenen Expansionszyklus des „langen 19. Jahrhunderts". Er reichte von der formalen Unabhängigkeit bis zur Weltwirtschaftskrise 1929 und zerfiel in Chile in

siehe William K. Carroll/Meindert Fennema: Is there a transnational business community? In: International Sociology 17 (3), 2002, S. 393-419.

6 Maurice Zeitlin/Richard Earl Ratcliff: Landlords and capitalists. The dominant class of Chile. Princeton: Princeton University Press 1988.

7 Guillermo Campero: Los gremios empresariales en el período 1970–1983. Comportamiento sociopolítico y orientaciones ideológicas. Santiago: Instituto Latinoamericano de Estudios Transnacionales 1984; Peter Imbusch: Unternehmer und Politik in Chile. Eine Studie zum politischen Verhalten der Unternehmer und ihrer Verbände. Frankfurt a.M.: Vervuert 1995; Eduardo Silva: The state and capital in Chile. Business elites, technocrats, and market economics. Boulder: Westview Press 1996.

zwei Phasen. Der erste „Wachstumszyklus“ des außenorientierten Entwicklungsmodells beruhte auf dem Weltmarktexport agrarischer und mineralischer Rohstoffe und dauerte bis zur weltweiten Rezession der 1870er Jahre. Der zweite Exportzyklus begann mit der Annexion der Salpetervorkommen im Pazifikkrieg 1879 und endete in der Großen Depression.

Das „kurze Jahrhundert“ der binnenorientierten Entwicklung in Chile, das in den 1920er Jahren seinen Ausgang nahm, wurde ab 1938 von einem reformorientierten Machtblock getragen. Die einzige Volksfrontregierung Lateinamerikas übernahm die Aufgabe, die industrielle Entwicklung zu vertiefen und zu lenken – und blieb dabei innerhalb der Grenzen, die ihr das historische Abhängigkeitsmuster und die alten Herrschaftseliten setzten. Auf die Radikalisierung in der chilenischen Gesellschaft reagierten die Kräfte der Reaktion mit Gewalt. Sie beendeten mit einem Militärputsch das Experiment eines demokratischen Weges in den Sozialismus.

Das dritte Kapitel beginnt mit dem Antritt des Pinochet-Regimes 1973. Ein neuer Block an der Macht, bestehend aus Militärs, Großkapital und politischen Technokraten, unterwarf die Gesellschaft und Wirtschaft einer weitreichenden neoliberalen Transformation. Der Machtblock setzte der industriellen Entwicklung ein Ende und griff ein vom Handels- und Finanzkapital dominiertes Akkumulationsmuster wieder auf, das nach der schweren Krise Anfang der 1980er Jahre leicht modifiziert wurde.

Das vierte und letzte Kapitel analysiert die zeitgenössische Entwicklung in Chile ab dem Übergang zur Demokratie 1989 bis heute. Eine neue politische Klasse, die sich in einem breiten Mitte-Links-Bündnis formierte, setzte das neoliberale Entwicklungsmodell fort und vertiefte die Integration in weltwirtschaftliche Zusammenhänge. Mit dem Wahlsieg der Rechten im Jahr 2010 wird dieser Zyklus vorläufig verlängert.

Die weltwirtschaftlich vermittelten Rhythmen von Expansion und Rezession bilden aber nicht die alleinige Grundlage der Periodisierung. Erstens verläuft kapitalistische Expansion ungleichzeitig und krisenhaft. Ein eigenes Kapitel behandelt deshalb den verschlungenen Weg von der kolonialen Produktionsweise zum Industriekapitalismus und die damit verbundene Erschütterung der alten Herrschaftsbeziehungen. Zweitens ist der Beginn eines neuen Akkumulationszyklus nicht gleichbedeutend mit einer neuen politischen Hegemonie in Chile. Den Übergang zur importsubstituierenden Industrialisierung initiierte, wie wir sehen werden, dasselbe politische Personal, das auch in der vorangegangenen Periode an den Schalthebeln der Macht gesessen hatte. Umgekehrt setzte ein neuer ziviler Machtblock den neoliberalen Zyklus, der in Chile früher als in anderen Ländern mit dem Militärputsch 1973 begann, fort.

Jeder Akkumulations- und Hegemoniezyklus wird entlang bestimmter Parameter untersucht, um die ökonomischen, politischen, sozialen und ideologischen Eigenarten einer peripheren gesellschaftlichen Ordnung sowie ihre Einbindung in globale Zusammenhänge zu erfassen. Nur mit einer solchen umfassenden Analyse wird verständlich, wie aus individuellen und in Konkurrenz zueinander stehenden Kapitalisten eine kollektiv handelnde Klasse werden konnte. Der Kontext, in dem sie agierte, wird anhand folgender Merkmale erschlossen:[8]

a) Wirtschaftliches Regime, Akkumulationsstrategien und Regulationsweise: Neben der Betrachtung allgemeiner Daten zur Wirtschaftsentwicklung steht die Frage im Vordergrund, inwieweit am Binnenmarkt ein Akkumulationszyklus entsteht bzw. welche Faktoren dem entgegen stehen, welchen Grundlinien die Steuer- und Sozialpolitik folgt und welche Struktur der Unternehmenssektor aufweist.
b) Weltmarkteinbindung und daran gekoppelte Abhängigkeitsmuster: Dazu gehören die Entwicklung der Austauschrelationen der wichtigsten Exportgüter, die Außenverschuldung und die Art der Einbindung in transnationale Warenketten, sowie, auf der Ebene der Wirtschaftsakteure, die Verbindung mit ausländischen Kapitalinteressen.
c) Politisches System und die Transformation des Staates: Analysiert werden die Instrumente des Regierens sowie die Machttechniken politischer Steuerung. Die Analyse geht über das Staatswesen und den Regierungsapparat hinaus. Sie wird erweitert auf Interessenverbände und politische Netzwerke, die auf die Formulierung und die Umsetzung von Politik einwirken.[9]
d) Ideen und Weltanschauungen: Untersuchungsgegenstand sind die ideologischen Projekte und Vorstellungen von sozialer Ordnung, die die besitzenden Klassen mittels ihrer Parteien und Interessenorganisationen formulieren und die „Hegemonialapparate“, die sie nutzen, um ihre Vorstellungen in der Gesellschaft zu verbreiten.

8 Verändert nach Stefan Schmalz/Anne Tittor: Hegemoniezyklen in Lateinamerika. Einführung und Kontext. In: Lateinamerika. Verfall neoliberaler Hegemonie? hrsg. von Dieter Boris [u.a.]. Hamburg: VSA 2005, S. 7-39, hier S. 13.

9 Der verwendete Staatsbegriff orientiert sich an Gramscis erweitertem Staat. Dieser umschließt neben der „politischen Gesellschaft“ (Exekutive, Legislative, Verwaltung, Militär etc.) auch zivilgesellschaftliche Organisationen und Netzwerke. Die Zivilgesellschaft ist ein institutionalisierter Diskursraum, in dem Herrschaftsverhältnisse abgesichert oder auch in Frage gestellt werden. Siehe Antonio Gramsci: Gefängnishefte. Kritische Gesamtausgabe. Bd. 4, hrsg. von Klaus Bochmann und Wolfgang Fritz Haug. Hamburg/Berlin: Argument 1999, § 88, S. 783.

e) Zusammensetzung des Blocks an der Macht: Welche Fraktionen gehören dem Machtblock an? Welche internen Auseinandersetzungen führen sie? Wie reagieren sie auf Gegenbewegungen? Berücksichtigt werden auch die Strategien, die die besitzenden Klassen anwenden, wenn sie nicht regieren.[10]

Bevor wir uns empirisch auf diesen Feldern bewegen, möchte ich meine theoretische Herangehensweise erläutern. Unter Klassenbildung wird der komplexe Vorgang verstanden, in dessen Verlauf eine Gruppe gemeinsame Vorstellungen entwickelt, Allianzen schmiedet und als Kollektiv handlungsfähig wird. Kurzfristige Eigeninteressen und interne Gegensätze werden dabei – zeitweilig – zugunsten gemeinsamer Ziele hintangestellt. Klassenidentität entsteht weder automatisch aus objektiven ökonomischen Strukturen noch zwangsläufig aus einem geschichtlichen Verlauf. Klassenbildung ist ein historisches, aber veränderliches Phänomen. Deshalb lassen sich solche Entwicklungen nur in einer historisch-soziologischen Betrachtung größerer Zeiträume erschließen.

Klassenbildung ist zudem ein relationaler und konflikthafter Prozess. Oft ist es erst die Konfrontation mit gegnerischen Kräften, die die besitzenden Klassen gemeinsam handeln lässt. Es sind Krisen und Umbruchzeiten, in denen um die Richtung des künftigen Entwicklungsweges gerungen wird und die den Klassenbildungsprozess vorantreiben. Dennoch werden gesellschaftliche Akteure nicht erst durch den Klassenkampf zur Klasse – in den meisten Auseinandersetzungen unter ihnen geht es um Prozesse der Klassenbildung selbst und nicht um Klassenkämpfe per se. Das Ringen um Selbstorganisation und Programmatik ist genauso Bestandteil solcher komplizierten Prozesse wie die Versuche, mit anderen gesellschaftlichen Akteuren Allianzen zu schmieden.

Eine historische Betrachtungsweise zeigt, dass eine Gruppe kollektiv handelnder Akteure wieder zerfallen kann. Als gut organisierte *pressure group* oder Interessenverband ist sie aber möglicherweise in der Lage, weiter zu beste-

10 Das Analyseschema greift Kategorien der Regulationstheorie auf, nämlich das Akkumulationsregime (a) und die Regulationsweise (b, c). Üblicherweise wird die Regulationsweise einer historischen Epoche mit den „strukturellen Formen“ Lohnverhältnis, Unternehmensformen, Geldverhältnis, Staat und internationale Einbindung bestimmt. Ziel ist es, Struktur- und Handlungsdimensionen – in anderen Worten die Akkumulationsstrategie und das politische Projekt der dominanten gesellschaftlichen Akteure – gleichermaßen zu erfassen. Siehe Joachim Becker: Akkumulation, Regulation, Territorium. Zur kritischen Rekonstruktion der französischen Regulationstheorie. Marburg: Metropolis 2002. Die neogramscianische Schule der Globalen Ökonomie bietet wichtige Anknüpfungspunkte für die Einbeziehung weltanschaulicher Deutungsmuster (d) und eine klassentheoretisch fundierte Analyse (e). Siehe Kees van der Pijl: Transnational classes and international relations. London/New York: Routledge 1998.

hen und ihre Interessen erfolgreich zu verteidigen.[11] Zudem machen historische Untersuchungen deutlich, dass besitzende Klassen nicht unbedingt kollektiv handeln müssen, um politisch wirksam zu sein. In einer auf Privateigentum beruhenden Wirtschaftsordnung haben jene, die die wichtigsten Produktionsmittel kontrollieren, eine strukturelle Übermacht. Mit der Androhung von Investitionsverweigerung, Kapitalflucht und Produktionsverlagerung können Kapitalbesitzer unliebsame politische Entscheidungen, beispielsweise in der Steuerpolitik, abwehren. Oftmals sind einzelne Unternehmer allein aufgrund ihrer finanziellen Ressourcen und ihrer Marktmacht über Preise und Löhne in der Lage, Einfluss auf Regierungen auszuüben. Deshalb kürzen, wenn sie nicht selbst die Regierung stellen, informelle Absprachen und Schattenkabinette ihre Wege zur Macht erheblich ab.

Der vorrangige Ort der Klassenbildung ist der Nationalstaat. Dieser bleibt der entscheidende Machtraum, in dem sich das Schicksal einer Klasse entscheidet. Dennoch ist das Nationale ein „Ankunftsort" externer materieller Entwicklungen, grenzüberschreitender Herrschafts- und Konfliktlogiken sowie ideologischer Einflüsse. Die Untersuchung vermeidet deshalb eine (national-) staatsfixierte Perspektive und bezieht die transnationale Dimension von Klassenbildungsprozessen in die Analyse kapitalistischer Entwicklung ein. Transnationale Verbindungen zwischen Akteuren und Institutionen, die von Kapitalflüssen bis zu Ideologietransfer reichen können, werden berücksichtigt. Die Herausforderung besteht darin, solche Verbindungen nicht als Einbahnstraße zu denken – *inside-out* oder *outside-in* –, sondern als kombinierte Handlungsräume zu erfassen: als Internalisierung globaler Prozesse und Internationalisierung lokaler Prozesse.[12]

Die gesellschaftlichen Akteure, die in der vorliegenden Untersuchung im Vordergrund stehen, sind jene Gruppen, die man der Bourgeoisie zurechnen kann. Sie nehmen eine bestimmte Position in der Sozialstruktur ein, sie besitzen, verleihen, investieren und vermehren Kapital, beschäftigen Arbeiter und arbeiten selbst nicht manuell oder für Lohn. Das Kriterium des Eigentums und der Verwertung ist nicht auf die unmittelbare Produktion beschränkt, sondern schließt den Ort des Reichtums, insbesondere des Geldreichtums, mit ein. Dieses

11 Stanley Aronowitz: How class works. Power and social movement. New Haven/London: Yale University Press 2003, insbesondere Kapitel 2.

12 Zur transnationalen Dimension von Klassenbildungsprozessen siehe Kees van der Pijl: The making of an Atlantic ruling class. London: Verso 1984, ders.: Transnational classes; Bastiaan van Apeldoorn: Theorizing the transnational. A historical materialist approach. In: Journal of International Relations and Development 7, 2004, S. 142-176.

breite Verständnis von Bourgeoisie umfasst die oben genannten Händler, Grundeigentümer, Unternehmer, Banker, Rentiers und Spekulanten.[13]

Mit dieser grundlegenden Gruppe können die Herrschaftsverhältnisse allerdings nicht in ihrer Gesamtheit erfasst werden. Unter dem Gesichtspunkt der Verteilungsverhältnisse kommt die regierende Klasse in den Blick. Sie besetzt die politische Bühne und trifft die Regelungen für die Wirtschaftspolitik und die Verteilung. Sie kann, muss aber nicht Teil des Machtblocks sein.

Mit dem Aspekt der Arbeitskontrollbeziehungen werden die Spitzenmanager erfasst. Nicht das Lohnarbeitsverhältnis bildet dann das entscheidende Kriterium, sondern ihre Steuerungs- und Entscheidungsmacht. Mehrere Generationen von Klassentheoretikern haben sich damit beschäftigt, ob die Führungskräfte in Unternehmen der neuen Mittelschicht, vielleicht sogar der Arbeiterklasse, angehören oder ob sie Teil der Bourgeoisie sind.[14] Dass sie im Sinne des Kapitals tätig werden, legen in Chile zwei empirische Phänomene nahe. Erstens ist die soziale Durchlässigkeit in die Chefetagen der lokalen Großunternehmen bis heute gering. Dorthin gelangen vor allem Angehörige und Vertraute der Eigentümer oder Manager, die selbst aus einer Unternehmerfamilie stammen.[15] Zweitens ist in der jüngeren Vergangenheit der Typus des „Manager-Unternehmers“ entstanden. Das sind Spitzenmanager, die in Zeiten günstiger Konjunktur Unternehmen aufgekauft oder gegründet haben. Als Eigentümer und Manager in einer Person sind sie nunmehr mit der Mehrung und Verwaltung ihres eigenen Vermögens befasst.

Schließlich beziehe ich die Rolle von Intellektuellen in die Untersuchung ein. Der Kampf verschiedener Gruppen um die gesellschaftliche Vorherrschaft ist immer auch ein Kampf um die „Gültigkeit“ und Akzeptanz von Ideen. Deshalb sind ideologische Projekte und ihre Vermittler, die Intellektuellen, von großer

13 Hans-Jürgen Krysmanski: Herrschende Klassen. Diskussionspapier zur VI. InkriT-Konferenz, 9.–12.5.2002, Berlin. Online unter http://www.uni-muenster.de/PeaCon/global-texte/g-m/herrschendeklassen-inkrit.htm (30.6.2011). Wenn es um die Analyse des Unternehmenssektor und seine Binnenstruktur geht, verwende ich auch den Begriff der Wirtschaftselite – ohne die politischen und ideologischen Prämissen der klassischen Elitetheorie zu teilen. Zur Kritik am Elitenbegriff siehe Alex Demirovic: Elite – einige Vorbehalte aus der Perspektive kritischer Gesellschaftstheorie. In: Oberschichten – Eliten – Herrschende Klassen, hrsg. von Stefan Hradil und Peter Imbusch. Opladen: Leske + Budrich 2003, S. 123-132.

14 Ihre Zuordnung blieb umstritten und wurde schließlich von E.O. Wright mit „widersprüchliche Klassenlage“ auf einen glücklichen Begriff gebracht, siehe Eric Olin Wright: Classes. London: New Left Books 1985.

15 Anders ist die Situation in den transnationalen Konzernen, die ihre Manager stärker nach Kriterien wie Ausbildung, spezialisiertes Know How und Berufserfahrung bei anderen TNK rekrutieren.

Bedeutung für die Herrschaftssicherung und Hegemoniegewinnung. Politisch-historische Forschungen zeigen, dass es keine „unabhängige Intellektuellenklasse“ gibt. Jede historische Periode bringt eine eigene „politische Expertokratie“ hervor, und jede gesellschaftliche Gruppe bildet sich ihre eigenen Intellektuellen, die eine klassengebundene Weltsicht formulieren.[16] In Chile arbeiteten Intellektuelle, insbesondere Wirtschaftswissenschaftler und Juristen, seit den späten 1950er Jahren daran, den Boden für eine „neoliberale Konterrevolution“ aufzubereiten. Nach dem Militärputsch, an dem sie teilweise selbst beteiligt waren, machten die sogenannten „Chicago boys“ das Land und seine Bevölkerung zu einem Experimentierfeld für ihre Lehrmeinungen.

Die Pinochet-Diktatur hat die Macht der Bourgeoisiekräfte weiter gestärkt. Heute, im demokratischen Chile, sprechen die Großunternehmer und Top-Manager dem Land Modellcharakter und sich selbst die gesellschaftliche Führungsrolle zu: „Chile ist ein Modell. Weder Größe noch Ort sind wichtig. Es ist ein Modell.“[17] Aber selbst für mächtige Akteure ist Klassenbildung ein veränderlicher Prozess, und die Macht im Staat und die Diskurshoheit in der Gesellschaft bleiben umkämpft: „Das Kapital und andere einflussreiche Kräfte müssen nicht zwangsläufig gewinnen. (...) Vielmehr hängt ihre Durchsetzungsfähigkeit zu einem großen Teil davon ab, ob sich andere, unterschiedlich positionierte gesellschaftliche Gruppen zusammenschließen, um sich ihnen entgegenzustellen.“[18] Das gilt auch für die chilenische Gesellschaft nach Pinochet.

16 Gramsci: Gefängnishefte. Bd. 8, hrsg. von Klaus Bochmann, Wolfgang Fritz Haug und Peter Jehle. Hamburg/Berlin: Argument 1998, § 24, S. 1948.

17 Topmanager der Banco de Chile im Interview mit der Autorin (18.11.2005).

18 Aronowitz: How class works, S. 61 (Ü.d.A.).

I. Das liberale Jahrhundert (1830–1930)

1. Englischer Kapitalismus und Krise in der Randzone

Als Beginn der formalen Unabhängigkeit gilt der 18. September 1810. An diesem Tag zwang eine Militärjunta die Beamten der spanischen Krone zum Verlassen des Landes. Es dauerte aber noch gut fünfzehn Jahre, bis die Spanier militärisch besiegt waren und nochmals einige Jahre bis zum Ende der Kämpfe um die Führung im neuen Staat. In der finalen Konfrontation 1829/30 setzte sich die konservative Fraktion der kreolischen Oligarchie gegen liberale, föderale und monarchistische Gruppen durch.

Die breite Bevölkerung – die Landarbeiter-Pächter auf den Haciendas, die Handwerker und die Arbeiter – spielte weder bei der Emanzipation vom spanischen Imperium noch in den Auseinandersetzungen zwischen den rivalisierenden Elitenfraktionen eine Rolle. Allerdings setzten die Mapuche den neuen Herren im Süden Grenzen. Sie hatten sich schon gegen die spanischen Kolonisatoren erfolgreich zur Wehr gesetzt und kämpften noch einige Jahre erfolgreich gegen ihre Unterwerfung und die Einverleibung ihres Gebietes in die postkoloniale territoriale Ordnung.

1.1. Aufbau und Verfestigung transnationaler Warenketten

Die wirtschaftliche Expansion Chiles nach der formalen Unabhängigkeit gründete auf den reichhaltigen Kupfer- und Silbervorkommen des Landes. Kupfer aus Chile eroberte ab den 1840er Jahren in rasantem Tempo den Weltmarkt. Dies lockte britische, französische und nordamerikanische Händler in die Hafenstadt Valparaíso. Sie exportierten die Rohstoffe und importierten europäische Waren, mit denen der kleine Binnenmarkt allerdings schnell gesättigt war. Doch ihr Reichtum basierte nicht auf Handel allein. Den überseeischen Warenverkehr koppelten sie an Investitionen im regionalen Rohstoffsektor und das Versicherungs- und Bankwesen. Sie eröffneten Zweigstellen an internationalen Umschlagplätzen (in El Callao, Panamá, Buenos Aires, Liverpool und London), ihre Gesellschaften notierten an der Londoner und Pariser Börse. Eine besondere Rolle spielte das Kreditgeschäft. Da es in Chile bis 1860 kein institutionalisiertes Bankensystem gab, gerieten die Betreiber kleiner Minen, handwerkliche Produzenten und Kleinunternehmer, mitunter auch Großgrundbesitzer, in direkte Abhängigkeit. Der anhaltende Liquiditätsmangel wurde durch den gleichfalls von den neuen Händlern kontrollierten Import verarbeiteter Güter aus Europa verstärkt. Er ermöglichte es, auf bequeme Weise Gewinne zu erzielen, ohne in den unwägbaren Produktionssektor einsteigen zu müssen.[19]

Trotz des florierenden Bank- und Spekulationsgeschäftes investierten die Kaufleute-Unternehmer (Braudel) in die chilenische Infrastruktur. Mag dahinter auch in erster Linie die Notwendigkeit gestanden haben, die Rohstoffgüter effizienter am Weltmarkt anbieten zu können, gingen davon doch Impulse für den Aufbau einer verarbeitenden Industrie aus.[20] Die erste, gänzlich privat finanzierte Eisenbahnlinie Chiles, eine Stichtrasse von den Bergbauregionen im Landesinneren zur Küste, nahm 1851 den Betrieb auf. Auch in den Bau der Bahnverbindung zwischen der Hauptstadt Santiago und dem Hafen Valparaíso floss das Kapital der Bergbauunternehmer. Der prosperierende Rohstoffsektor trug zudem zu einer Transformation der Agrarstruktur bei: Durch die Migration von Arbeitskräften in die nördlichen Minengebiete entstand ein neuer Markt für landwirtschaftliche Produkte. Bergbauunternehmer, Händler und Banker begannen, Ländereien zu erwerben und Agrargüter für den lokalen und transkontinentalen Markt zu produzieren.[21]

Ab der Mitte des 19. Jahrhunderts investierte auch der Staat in die Infrastruktur. Es entstanden Post- und Telegrafenverbindungen, das Straßennetz wurde erweitert, und ein Bauboom erfasste die Hauptstadt Santiago. Die Regierung holte den liberalen französischen Ökonomen Jean Courcelle-Seneuil ins Land, um den Finanzsektor zu reformieren. Unterstützt von der mächtigen *pressure group* der Geschäftsleute aus Valparaíso, verabschiedete sie ein von Courcelle-Seneuil entworfenes liberales Bankengesetz, das fortan jeder Person, die zu Handelsaktivitäten berechtigt war, die Gründung einer Bank erlaubte.[22] Auf

19 Aníbal Pinto: Chile, un caso de desarrollo frustrado. Santiago: Editorial Universidad de Santiago 1996, S. 53 f., S. 122 f.; Gabriel Salazar: Historia de la accumulación capitalista en Chile (apuntes de clase). Santiago: LOM 2003, S. 61, S. 75, S. 83.

20 Fernando H. Cardoso: Las elites empresariales en América Latina. In: Elites y desarrollo en América Latina, hrsg. von Seymour Lipset und Aldo Solari. Buenos Aires: Editorial Paidos 1971, S. 105-124; Rosemary Thorp: Progress, poverty and exclusion. An economic history of Latin America in the 20th century. New York/Baltimore: Inter-American Development Bank/The Johns Hopkins University Press 1998, S. 71, S. 92.

21 Carmen Cariola Sutter/Osvaldo Sunkel: Un siglo de historia economía de Chile, 1830–1930. Dos ensayos y una bibliografía. Madrid: Ediciones Cultura Hispánica del Instituto de Cooperación Iberoamericana 1982, S. 30; Arnold J. Bauer: Chilean rural society from the Spanish conquest to 1930. Cambridge [u.a.]: Cambridge University Press 1975, S. 175.

22 Der erste „Money Doctor“ in Chile war ein Schüler von Jean-Baptiste Say. Er sorgte im Rahmen seiner Beratertätigkeit und beim Aufbau der ersten Lehrkanzel für Wirtschaftswissenschaften an der Universidad de Chile für den Transfer und die Verbreitung libera-

dieser Grundlage eröffnete die Händler-Community neue Privatbanken, die mit sämtlichen Kreditinstrumenten handelten. Durch die gestiegene Liquidität expandierten Bergbau- und Agrarproduktion, Handwerk und verarbeitendes Gewerbe. Die Börsen in Valparaíso und Santiago nahmen durch die vielen neuen Aktiengesellschaften einen ungeahnten Aufschwung.

Von einem beginnenden Industrialisierungs*prozess* kann in dieser Periode allerdings nicht die Rede sein (hierzu dann ausführlich unter 3.1.). Es entstanden nur vereinzelt Fabriken, etwa ein Betrieb zur Glasherstellung, und Verarbeitungsbetriebe, die eng mit der Landwirtschaft (Getreidemühlen, Zuckermühlen) und dem wirtschaftlich zentralen Bergbau (Gießereien und Metallschmelzen) verbunden waren. Chiles Wirtschaftsstruktur glich deshalb einem „Tisch auf drei Beinen": Sie wurde bestimmt vom Kupferbergbau, dem Export-Import-Sektor, der die Basis für das Bank- und Finanzwesen des Landes legte, und der Landwirtschaft. Alle drei Bereiche waren auf Freihandel und Auslandsmärkte orientiert. Das vierte Standbein, die Industrie, fehlte.[23]

Die Rezession der Jahre 1857 bis 1861 unterbrach kurzfristig den Wachstumszyklus. Der Weltmarktpreis für Kupfer und Weizen sank, die Silberproduktion stagnierte. Schlechte Ernten, ungünstige Wechselkurse und Kreditklemmen trieben die Zahl der Unternehmensinsolvenzen in die Höhe. In dieser Situation verließ sich die Regierung nicht auf die Selbstheilungskräfte des Rohstoffmarktes. Sie erhöhte die Geldemission und löste staatliche Rücklagen auf. Schuldenfinanziert investierte sie – geradezu keynesianisch – in Infrastrukturprojekte und forcierte die öffentliche Bautätigkeit.[24] Der beschleunigten Auslandsverschuldung versuchte sie, mit einer Steigerung der Ausfuhren und dem Abschöpfen von Exportsteuern beizukommen. Die Erschließung neu entdeckter Silber- und Salpetervorkommen führte zu einer weiteren wirtschaftlichen Erholung. Die Abbaugebiete lagen zwar auf bolivianischem Territorium, wurden aber von chilenischen Bergbauunternehmern ausgebeutet.

ler Doktrinen. Siehe Francisco Encina: Nuestra inferioridad económica. Sus causas, sus consecuencias. Santiago: Nascimento 1955 [zuerst 1912], S. 146-151, S. 217 f.

23 Claudio Véliz: La mesa de tres patas. In: Desarrollo económico 5, 1963, S. 231-247.

24 Im Jahr 1858 nahm die Regierung den ersten Kredit im Ausland auf, und zwar bei Barings of London über 7,5 Millionen Dollar. Diesem folgten bis 1875 fünf weitere, in Summe fast 50 Millionen Dollar (in Dollar des jeweiligen Jahres). Juan Braun [u.a.]: Economía chilena 1810–1995. Estadísticas historicas. Documento de Trabajo 187. Santiago: Instituto de Economía/Pontificia Universidad Católica 2000, S. 174.

1.2. Der liberal-oligarchische Staat: beschränkte Demokratie und konservativer Fortschritt

Die Staatsbildung und die Gründung der chilenischen Nation lagen in den Händen einer konservativen Oligarchie. Im Vergleich zu anderen postkolonialen Gesellschaften Lateinamerikas etablierte sie frühzeitig eine relativ stabile politische Ordnung, die von einer starken, zentralisierten Regierungsmacht gesichert wurde. Die autoritär regierte „autokratische Republik" kleidete sich in ein bürgerlich-republikanisches Gewand. Die Verfassung von 1833, die mit einigen Änderungen bis 1925 in Kraft blieb, schrieb die Unverletzbarkeit von Privateigentum und die Gleichheit vor dem Gesetz fest. Dem Kongress kam die Aufgabe zu, Gesetze zu verabschieden. Insbesondere der Haushaltsplan und die Steuergesetze mussten alle 18 Monate von den Abgeordneten autorisiert werden. Dennoch verfügte der Präsident über große Machtfülle: Er ernannte den Staatsrat, die Richter, die Repräsentanten des Staates – und seinen Nachfolger. Zudem gab ihm die Verfassung ein Vetorecht gegenüber den Beschlüssen des Kongresses.[25] In Parlament und Senat, die relativ selbstständig agierten, konnten sich die Fraktionen innerhalb des Machtblocks frei artikulieren. Ganz im Sinne der Theorie von Montesquieu sollten sich die Institutionen gegenseitig kontrollieren.[26] In dieser Konstellation gelang es der konservativen Oligarchie, die verschiedenen Gruppen und Einzelakteure der besitzenden Klasse an ihr Projekt zu binden. Sie war mithin auf zweifache Weise herrschend: „führend" gegenüber den verbündeten Klassen und „herrschend" gegenüber den gegnerischen Klassen.[27]

Die Oligarchen herrschten zunächst durch ihre faktische Macht in der Gesellschaft. Auf ihren Ländereien regierten sie uneingeschränkt über die abhängig-tributpflichtige Bauernschaft und dominierten die regionalen politischen Institutionen. Ihr Führungsanspruch beruhte allerdings nicht auf Wahlmanipulation und dem autoritären Regierungssystem alleine. Sie suchte, ihren Anspruch auf die

25 Der Kongress besteht aus der Abgeordnetenkammer bzw. dem Parlament (von den Wahlberechtigten für sechs Jahre gewählt, Wiederwahl unbeschränkt möglich, 1 Abgeordneter pro 20.000 Einwohner) und dem Senat (damals 20 Senatoren, von einem Wahlkomitee für neun Jahre ernannt, Wiederwahl unbeschränkt möglich).

26 Zum *Estado portaliano* siehe Francisco Encina: Portales. Introducción a la historia de la época de Diego Portales, 1830–1891. Santiago: Nascimento 1934. Aus kritischer Sicht Gabriel Salazar: Construcción de Estado en Chile. La historia reversa de la legitimidad. In: Proposiciones 24, 1994, S. 92-110; für eine seltene gramscianische Lesart siehe Marcelo Cavarozzi: La etapa oligárquica de dominación burguesa en Chile. In: Canadian Journal of Latin American Studies 4 (8), 1979, S. 1-65.

27 Antonio Gramsci: Gefängnishefte. Kritische Gesamtausgabe. Bd. 1, hrsg. von Klaus Bochmann. Hamburg: Argument 1991, § 44, S. 101 f.

Macht im Staat und auf die Deutungshoheit über das Selbstverständnis der jungen Nation gleich doppelt zu legitimieren. Zum einen stellte sich die Oligarchie als „Hüterin der Nation“ dar, die für eine stabile, territorial integrierte Ordnung sorgte. Zum anderen rief sie das Prinzip politischer Repräsentation als beste aller möglichen Ordnungen aus. Von Verfassung und Gesetz vorgeschriebene Verfahrensweisen wurden strikt eingehalten (was in der nationalen Geschichtsschreibung zum Mythos des *legalismo* der herrschenden Klassen beigetragen hat).[28] In den zentralen Organen – der Exekutive, dem Senat und dem Parlament – saßen die Mitglieder der grundbesitzenden kastilisch-baskischen Aristokratie. Hinzu kam eine Handvoll jener Unternehmer, die im Handels-, Finanz- und Bergbausektor zu Reichtum gelangt waren und in adlige Kreise eingeheiratet hatten.[29] Diese eingeschränkte Demokratie sicherte die Vorherrschaft der konservativen Oligarchie ab und bildete gleichzeitig den politischen Rahmen für interne Kompromisse.

Letztlich baute der konservativ-oligarchische Staat jene Verwaltung auf, die für eine Integration in den Weltmarkt erforderlich war. Die Maßnahmen reichten von der Modernisierung des politischen Apparats und dem Aufbau eines Justizwesens über die Ausbildung qualifizierter Beamter und Techniker bis hin zur Säkularisierung kirchlicher Institutionen. Die ersten Regierungen Chiles liberalisierten den Handel, bewahrten aber auch merkantile Elemente aus der Kolonialzeit. Letztere zielten darauf ab, nationale Wirtschaftsaktivitäten zu schützen sowie technische Neuerungen bei der Ausbeutung der Rohstoffe auf den Weg zu bringen. Das Staatsbudget speiste sich vor allem aus der Besteuerung des Außenhandels, wobei Importe generell erheblich stärker besteuert wurden als Exporte. Mit den so erzielten Erlösen finanzierte die Regierung Infrastrukturprojekte und investierte in ausländische Staatsanleihen. Die Regierungen pendelten allesamt zwischen freihändlerischen und protektionistischen Konzepten. Auf Liberalisierungen folgte in Zeiten des Abschwungs, wie in den 1850er und 1870er Jahren, eine Anhebung der Zölle. Wirtschaftspolitik wurde konjunktur-

28 Castells sieht im Legalismus ein wichtiges Instrument der herrschenden Klasse, die Ansprüche der Mittelklassen zu integrieren (oder abzuweisen). Manuel Castells: La lucha de clases en Chile. México [u.a.]: siglo xxi editores 1974, S. 144.

29 Der Begriff „kastilisch-baskische Aristokratie“ stammt von Francisco Encina. Das waren jene Familien, die sich als Abkömmlinge der *Conquistadores* und als Einwanderer aus Kastilien in Chile niedergelassen hatten. Sie vermischten sich mit Händlern und Kolonialbeamten, die im 18. Jahrhundert vor allem aus den baskischen Provinzen zugewandert und zu beachtlichem Wohlstand gekommen waren. Mit dem Kauf von Adelstiteln, militärischen Rängen und der Schaffung des Erstgeburtsrechts machten sie sich zu den Herren über das Land. Siehe auch Luis Thayer Ojeda: Familias chilenas. Santiago: Guillermo E. Miranda 1906.

abhängig – zur Krisenbekämpfung oder Sanierung der Staatsfinanzen – betrieben.[30] Eine klare Linie ist nicht erkennbar. Wenig ideologisch verhielten sich zunächst auch die liberalen und konservativen Fraktionen des klassenherrschaftlichen Ensembles. Sie diskutierten zwar heftig in ihren Clubs und Bulletins über weltanschauliche Fragen. Ausgewiesene Liberale und Anhänger des Freihandels akzeptierten aber bereitwillig protektionistische Gesetze, wenn sie die eigene Geschäftstätigkeit begünstigten. Gleichzeitig forderten sie den zollfreien Import von Ausrüstungs- und Kapitalgütern sowie Rohstoffen für ihre industriellen Unternehmungen.[31]

Umso überraschender ist es, dass dieses recht reibungsfrei funktionierende System um 1850 ins Wanken geriet. Der fein austarierte Kompromiss zwischen alter Oligarchie und neuer Händlerschicht offenbarte trotz der engen Verquickung der Familien einerseits sowie des Handels und grundherrlicher Landwirtschaft andererseits immer mehr Risse. In den zunehmend offen ausgetragenen Kontroversen zwischen „Konservativen“ und „Liberalen“ differenzierten sich die Lager auch parteipolitisch aus. Beflügelt von ihren Reisen durch Europa und den aufklärerischen Ideen von 1848, die allgemeine Fragen nach Bildung, Kultur, Religion und politischen Rechten neu aufwarfen, verstärkten die liberalen Intellektuellen ihre Forderungen nach Demokratie.[32]

1851 und 1859 brachen bewaffnete Revolten gegen die Staatsmacht aus. In beiden Fällen endeten sie mit der Niederlage der jungen radikalen Liberalen,

30 Cariola/Sunkel: Un siglo de historia economía, S. 27; Pinto: Desarrollo frustrado, S. 39, S. 44 f.; Marcello Carmagnani: Desarrollo industrial y subdesarrollo económico. El caso chileno 1860–1920. Santiago: Colección Sociedad y Cultura 1998 [zuerst italienisch 1971], S. 113 ff.; Eduardo Cavieres: Comercio chileno y comerciantes ingleses. 1820–1880. Un ciclo de historia económica. Santiago: Editorial Universitaria 1999, S. 123 f. Historische Zeitreihen der Steuereinnahmen in Braun [u.a.]: Economía chilena, S. 6, S. 78 f., S. 147 f. Die höchste Einfuhrsteuer entfiel auf Kleidung und Lebensmittel (30–35 Prozent), entscheidend niedriger wurden diverse Luxusgüter wie Schmuck und einige Rohstoffe für die verarbeitende Produktion, beispielsweise Wolle, Baumwolle und Ziegel besteuert (5–10 Prozent). Von Importzöllen gänzlich befreit waren Maschinen für den Einsatz in der Landwirtschaft und im Bergbau.

31 Cavarozzi: Etapa oligárquica; Eduardo Cavieres: Anverso y reverso del liberalismo en Chile, 1840–1930. In: Historia 34, 2001, S. 39-66; Gabriel Salazar: Diferenciación y conflicto en la clase dominante chilena (1820–1973). Santiago: mimeo 1983.

32 Eine junge Bildungselite, die in Frankreich mit liberalen Ideen und dem utopischen Sozialismus in Kontakt gekommen war, trat für Volksbildung und erstmals für die Anliegen der Arbeitenden und der Mapuche ein. Herausragende Figuren waren Santiago Arcos, Francisco Bilbao und José Victorino Lastarria. Siehe Cristián Gazmuri: El „48“ chileno. Igualitarios, reformistas radicales, masones y bomberos. Santiago: Universitaria 1999; Sergio Villalobos/Rafael Sagredo (Hg.): Ensayistas proteccionistas del siglo XIX. Fuentes para la historia de la República VI. Santiago: Dirección de Bibliotecas, Archivos y Museos 1993.

deren Bewegung nicht zuletzt von Bergbauunternehmern, landwirtschaftlichen Produzenten und Mühlenbesitzern getragen wurde, gegen die militärisch überlegene Zentralregierung. Kaum ein anderes Ereignis der chilenischen Geschichte hat so divergierende Deutungen erfahren wie diese „Bürgerkriege“. Eine Lesart, für die hier Zeitlin stellvertretend stehen soll, sieht eine neue soziale Klasse gegen das „feudale Regime“ der Oligarchie rebellieren. Zeitlin verweist auf die Ziele der jungen Liberalen – demokratische, stärker föderale und dezentrale staatliche Strukturen – und setzt die Niederlage mit einer „gescheiterten bürgerlichen Revolution“ gleich. In Zeitlins Interpretation repräsentieren die Aufständischen eine junge Bourgeoisie. Er zählte Cousiño zur „produktiven Kapitalfraktion“, weil dieser mit der Produktion aus seiner Kohlemine in Lota die Importe britischer Kohle ersetzte. Gleiches gilt für Urmeneta und andere Bergbaukapitalisten, die mit ihren Kupferschmelzen und Gießereien Swansea konkurrenzierten, und für Alemparte, Souper und Pando, die mit ihren Getreidemühlen den britischen Handelshäusern ihre Rolle als führende Mehlproduzenten streitig machten.[33]

Für A. G. Frank hingegen handelt es sich bei den Aufständischen um die chilenische „Lumpenbourgeoisie“, die von der „Metropolenbindung“ profitiert und im Bündnis mit dem Auslandskapital gegen die „national orientierte“ politische Klasse im Zentrum mobil gemacht habe. Die Freihändler hätten sich an einer Regierung gestört, die die Bergbauerlöse rigide zugunsten des geographischen und politischen Zentrums abschöpfte. Demnach formierten sich im Konflikt um die Ausgestaltung der Wirtschaftspolitik auf der einen Seite die Fraktionen des Rohstoff- und Export-Import-Sektors, die ihre externen Märkte zu erweitern und Importe zu verbilligen trachteten. Kurz: Sie traten für eine liberalere Modernisierung ein. Dieser Logik folgend stünde auf der anderen Seite die konservativ-grundbesitzende Oligarchie, die im autoritär-hierarchischen Zentralstaat ihre Machtbasis hatte.[34]

In den Bürgerkriegen einen Machtkampf zwischen „produktiven“ und „freihändlerischen“ Kapitalinteressen auszumachen, scheint mir zu weit gegriffen. Meines Erachtens ging es weniger um konkurrierende wirtschaftspolitische Paradigmen oder „Klassenstandpunkte“, sondern um die Machtverteilung im

33 Julio Cesar Jobet: Ensayo crítico del desarrollo económico-social de Chile. Santiago: Editorial Universitaria 1955; Hernán Ramírez Necochea: Historia del imperialismo en Chile. Santiago: Austral 1960; Maurice Zeitlin: The civil wars (or the bourgeois revolutions that never were). Princeton: Princeton University Press 1984. Zeitlin spricht allerdings nicht von einem feudalen, sondern von einem autoritären, zentralisierten kapitalistischen Staat, den die bürgerlichen Revolutionäre reformieren wollten.

34 Frank: Kapitalismus und Unterentwicklung, S. 88; ähnlich Pinto: Desarrollo frustrado, S. 61 f.

Staat, insbesondere darum, wie die Steuereinnahmen verteilt und eingesetzt werden sollen. Weniger überraschend als ihr heftiger Ausbruch ist deshalb die schnelle Befriedung der Gegensätze nach der militärischen Niederlage der Liberalen. In Kernpunkten der Wirtschaftspolitik gelang es den Liberalen, die Niederlage langfristig in einen Sieg umzuwandeln. Die „liberale Republik" (1861–1891) trug ihren einschlägigen Forderungen Rechnung. Die Regierungen stärkten den Freihandel ohne protektionistische Fußangeln, drängten den Einfluss der katholischen Kirche weiter zurück und milderten den autoritären Charakter des politischen Systems deutlich ab. Versammlungs- und Organisationsfreiheit sowie die Freiheit der Bildung fanden Aufnahme ins Grundgesetz. Eine Neuerung verkürzte die Amtszeit des Präsidenten und verbot seine Wiederwahl. Die Reform von 1874 führte die Direktwahl der Senatoren ein und gab dem Kongress mehr Befugnisse. Im Jahr 1882 wurde das Wahlrecht auf alle Männer erweitert, die über 21 Jahre alt waren, schreiben und lesen konnten sowie in den Wählerregistern eingetragen waren.[35]

Trotz intensiver, kontroverser Debatten im Kongress lösten sich die Lager nach den „Bürgerkriegen" bis zur Unkenntlichkeit wieder auf. Bündnisse wechselten nach tagespolitischen Interessenlagen. Der Kongress blieb eben das, was er seit Anbeginn war: die Versammlung der herrschenden Klasse. Auch das politische Personal blieb dasselbe, und mit der Milde gegenüber den Aufständischen betonte man deutlich die gemeinsamen Interessen. Bereits nach nur einem Jahr, in einigen Fällen nach zwei Jahren, kehrten die „bürgerlichen Aufständischen" wieder in das gesellschaftliche Leben und ihre politischen Ämter zurück.[36]

35 Harold Blakemore: Gobierno chileno y salitre inglés, 1886–1896. Balmaceda y North. Santiago: Editorial Andrés Bello 1977; Sergio Villalobos: Breve historia de Chile. Santiago: Editorial Universitaria 2004 [zuerst 1979], S. 141 ff. Es gilt allerdings zu beachten: Weder sind die aufständischen Elemente als genuin pro-demokratisch zu bezeichnen (weitergehende demokratische Rechte waren kein Thema), noch spielten die Grundbesitzer in Chile die „klassische" Rolle einer anti-demokratischen Kraft, wie sie ihnen Barrington Moore Jr. zuschreibt. Die ersten liberalen Präsidenten (ab 1871) gelangten mit Unterstützung der Konservativen Partei ins Amt. Die Partei der Großgrundbesitzer verhinderte auch nicht die erste Reform des Wahlgesetzes von 1874.

36 Ein Merkmal der liberalen Republik des 19. Jahrhunderts war es, so Villalobos, dass die individuellen und politischen Rechte für die Mitglieder der Elite garantiert waren. Für ihre Gefolgsleute an der „Basis" galt dies nicht. Zur personellen Kontinuität in Legislative und Exekutive siehe César Caviedes: The politics of Chile. A sociogeographical assessment. Boulder: Westview Press 1979, Tabelle 4, S. 87.

1.3. Die Zusammensetzung der Wirtschaftselite

Die erfolgreiche Kaufmannschicht, die sich am Anfang des ersten Wachstumszyklus herausgebildet hatte, stieg zügig zu einer gesellschaftlich und wirtschaftlich mächtigen Gruppe auf. Die ausländischen Händler integrierten sich meist rasch in die ansässige, traditionelle Oligarchie, ein Prozess, der Mitte des 19. Jahrhunderts bereits weit fortgeschritten war. Die Grundbesitzer nutzten die neuen Verbindungen und bildeten bald keine typische landbesitzende Klasse (mehr), die allein von den Erträgen ihrer Latifundien lebte. Sie engagierten sich in den nun profitableren Wirtschaftszweigen. Grundeigentum respektive Landwirtschaft ergänzte allenfalls ihr Vermögen oder diente als Statussymbol. Umgekehrt galt Gleiches für die Merchant Banker[37] und Bergbaumagnaten, die ihre angestammten Geschäftsfelder ebenfalls erweiterten. Wurden die Söhne von Grundbesitzern verstärkt im Export-Importsektor reich, so kauften Minenbesitzer, Handelsagenten und Banker Haciendas oder investierten in Sägemühlen und Molkereien. An der Spitze der gesellschaftlichen Pyramide verblassten deshalb die Klassenunterschiede, aufsteigende Bourgeoisie und traditionelle Oligarchie verschmolzen. Das hatte weitreichende Folgen für die Entwicklung des Landes: "The wealthy bourgeoisie and the aristocrats had no cause to clash; they were equals. (...) At the top, class distinctions blended; thus there was no sharp conflict between the emerging capitalist groups and the landholders."[38]

1.3.1. Bourgeoise Aristokratie, aristokratische Bourgeoisie

Die koloniale Elite Chiles entstammte aristokratischen Familien, die unter der spanischen Herrschaft aus Kastilien, Navarra und dem Baskenland eingewandert waren. Die führenden Familien differenzierten sich in eine stärker lokal orien-

37 Das private Bankwesen wurde bis weit in die zweite Hälfte des 19. Jahrhunderts durch die Kombination von Warenhandel, Versicherungs- und Bankgeschäften geprägt. Die „Merchant Banker" waren Händler, die neben ihrer kaufmännischen Tätigkeit die Finanzierung von Handelsgeschäften, aber auch von Aktivitäten im Bergbau oder im verarbeitenden Gewerbe, übernahmen. Ihre Tätigkeit war risikobehaftet, eröffnete aber hohe Verdienstmöglichkeiten und einen raschen gesellschaftlichen Aufstieg. Die hier gewählte Begrifflichkeit ist nicht zu verwechseln mit den gleichnamigen englischen Handelsbanken, die als Spezialbanken den Außenhandel durch Wechselkredit- und Emissionsgeschäfte unterstützten. Siehe Detlef Krause: Die Commerz- und Disconto-Bank 1870–1920/23. Bankgeschichte als Systemgeschichte. Stuttgart: Franz Steiner Verlag 2004, S. 49.

38 James Petras: Politics and social forces in Chilean development. Berkeley/Los Angeles: University of California Press 1969, S. 80, S. 93.

tierte *aristocracia latifundista* und in eine *aristocracia comerciante* aus. Letztere knüpfte Kontakte zu ausländischen Diplomaten und war stärker auf Schmuggel, Handel und Finanzgeschäfte orientiert. In der neuen Republik und unter dem Eindruck der ab 1830 einsetzenden wirtschaftlichen Veränderungen, entwickelten sich beide schließlich zu politisch und wirtschaftlich orientierten „Clans". Unterschiedliche Weltsichten und Geschäftsstrategien konnten dabei sogar zu Brüchen innerhalb einer Familie führen, wie im Fall der Larraín: Ein Zweig der Familie blieb konservative Grundbesitzer, ein anderer entwickelte sich in Richtung liberaler Händler.[39]

Alberto Edwards beschreibt in seinem Hauptwerk die alten Dynastien, die zu Beginn des 19. Jahrhunderts von Neuankömmlingen – zu Reichtum gelangten Händlern, Kaufleuten und „Männern der Arbeit" – infiltriert wurden. In diesem Prozess hätte sich die alte Elite von absoluten, ländlich geprägten Herrschern in eine Oligarchie mit Geschäftssinn, Risikofreude und „Liebe zur Arbeit" verwandelt. Nach Edwards entstand so eine „vermischte Aristokratie", mit „bürgerlichen Attributen" , die aber „aristokratische Elemente" – Abstammungsbewusstsein, die Verachtung für die einfachen Leute und Landbesitz als vorrangige Quelle sozialen Ansehens – beibehalten habe: „In Chile hat sich die bürgerliche Revolution friedlich unter der Kolonialherrschaft vollzogen: Unsere Oberschicht war gleichzeitig aristokratisch und bürgerlich, als die Stunde der Unabhängigkeit kam."[40]

Aufgrund ihrer Herkunft spielte die Stadt bei den Unternehmungen der landbesitzenden Klasse in Chile eine wichtige Rolle.[41] Von ihren prächtigen Stadthäusern aus organisierte sie den lokalen und überregionalen Handel mit den eigenen Gütern. Sie war im kleinen und mittleren Bergbau (*pequeña y mediana minería*) tätig. Für die kleineren landwirtschaftlichen Produzenten fungierte sie als Kreditgeber (bis weit ins 19. Jahrhundert hinein war die Hypothekarbank eine der wichtigsten Kreditinstitutionen).

Wie die Biographien der Larraín und Vial exemplarisch zeigen, waren ausgedehnte Reisen nach Europa üblich, auch Lebensstil und Konsumgewohnheiten

39 Caviedes: Politics of Chile, S. 85 f.; Cavieres: Anverso y reverso del liberalismo; Salazar: Diferenciación y conflicto; ders.: Accumulación capitalista, S. 59 ff.; Sergio Villalobos: Origen y ascenso de la burguesía chilena. Santiago: Editorial Universitaria 1998.

40 Alberto Edwards: La fronda aristocrática en Chile. Santiago: Editorial Universitaria 1982 [zuerst 1928], S. 39 (Ü.d.A).

41 Wirtschaftliche, administrative und symbolische Macht war in der iberischen Kolonialherrschaft in Städten konzentriert. Das gilt für das Mutterland und für die Besitzungen in Übersee, die von einem verzweigten Städtenetz aus kontrolliert wurden. Siehe Louisa Hoberman/Susan Socolow (Hg.): Cities and society in colonial Latin America. Albuquerque: University of New Mexico Press 1986.

orientierten sich an europäischen, insbesondere französischen Vorbildern. Mitglieder der verzweigten Familien bekleideten politische Ämter im Senat, im Parlament und in der Regierung. Sie amtierten als Bürgermeister und traten als lokale Honoratioren auf. Im 1838 gegründeten Agrarierverband Sociedad Nacional de Agricultura (SNA) stellte die grundbesitzende Klasse die Führungsriege.[42]

Mit zunehmender Weltmarktintegration ergänzten Beteiligungen an Aktiengesellschaften, Finanz- und Spekulationsgeschäfte das Spektrum gewinnbringender Unternehmungen. Auch Land wechselte oftmals den Besitzer. Die Erben verkauften ihren Anteil an „neureiche" Minenbesitzer und Händler – was nicht ausschloss, dass sie ihre Einkünfte als Anwälte, Unternehmer oder Staatsbeamte in derselben oder folgenden Generation wieder in Grundbesitz investierten. Dieses Muster „unternehmerischen Verhaltens" stellt eher die Norm als die Ausnahme dar, denn in historischer Sicht übten die mächtigsten Gruppen selten nur eine wirtschaftliche Tätigkeit aus: „[N]ur an der Basis [herrscht] Spezialisierung".[43] Ihr Profitstreben führte zu einer großen Offenheit der chilenischen Aristokratie gegenüber gut ausgebildeten und wirtschaftlich erfolgreichen „Meritokraten": Neuankömmlinge, ob Immigranten oder chilenische Aufsteiger, erhielten Zutritt zu ihren Zirkeln und Familien, wenn dadurch die eigene wirtschaftliche Basis gestärkt und erweitert werden konnte.

Es fand in Chile nicht nur eine „Bourgeoisifizierung der Aristokratie"[44] (Wallerstein) durch neue wirtschaftliche Aktivitäten statt, sondern auch eine „Aristokratisierung der Bourgeoisie". Damit bezeichnet Wallerstein einen, vor allem in europäischen Ländern des 16. bis 18. Jahrhunderts empirisch belegten Wandlungsprozess. In seinem Verlauf wird der Bourgeois – in seiner Erscheinungsform als Handelskapitalist, Financier oder Unternehmer – zu einem aristokratischen Rentier und erwirbt Grundbesitz. Dieser Rollenwechsel vollzieht sich nach Wallerstein deshalb, weil die Kapitalisten Monopolgewinne anstreben. Sie schützen sich gegen die Unwägbarkeiten der Produktion und sinkende Profitraten in wettbewerbsdominierten Märkten. Sie wünschen sich Märkte, die zugleich

42 Pedro Pablo Figueroa: Diccionario biográfico de Chile, Bd. 1+2. Santiago: Imprenta, litografía y encuadernación Barcelona 1897; ders.: Diccionario biográfico de Chile, Bd. 3. Santiago: Imprenta, litografía y encuadernación Barcelona 1901; Virgilio Figueroa: Diccionario histórico, biográfico y bibliográfico de Chile, Bd. 4+5 (1872–1940). Santiago: Imprenta y litografía La Ilustración 1931.

43 Fernand Braudel: Sozialgeschichte des 15.–18. Jahrhunderts. Bd. 2: Der Handel. München: Kindler 1990, S. 411.

44 Der im englischen Original verwendete Begriff „Bourgeoisification" wird mit „Bourgeoisifizierung" übersetzt, weil der Begriff Bürger (und Verbürgerlichung) im Deutschen rechtliche und politische Aspekte beinhaltet, hier aber ökonomische Interessen und Positionen angesprochen sind.

ausgenutzt und umgangen werden können, und Wirtschaftsformen, die eine angemessene Mischung von Wettbewerb und Monopol garantieren. Deshalb, so Wallerstein, versucht zumindest kurzfristig jeder Kapitalist, ein Aristokrat zu werden und den Profit in Rente zu verwandeln. Zu dieser Einschätzung gelangt man dann, wenn man Akteure nicht abstrakt-theoretisch erfasst, sondern ihr Handeln in konkreten historischen Zusammenhängen untersucht.[45]

Dies lässt sich auch für das Chile des 19. Jahrhunderts zeigen. Edwards, Mate, Morandé, Cousiño, Subercaseaux und Urmeneta sind Vertreter einer „neuen Unternehmerbourgeoisie" in Chile, die zusammen mit ausländischen, vor allem britischen Partnern im ersten Expansionszyklus im Bergbau oder mit Handel und Geldgeschäften zu beträchtlichem Reichtum kam. Sie waren englische, französische oder spanische Immigranten, die sich nach der formalen Unabhängigkeit als Merchant Banker in Valparaíso niedergelassen hatten. Einige wenige entstammten der kolonialen Mittelschicht. Sie organisierten den Handel entlang der Pazifikküste und hatten beträchtlichen Anteil an der Pazifik-Atlantik-Route bis zu den ozeanischen Inseln. Sie betrieben Silber- und Kohleabbau und beteiligten sich an Kupferminen. Später dehnten sie ihre Aktivitäten auf den nachgelagerten verarbeitenden Sektor (Kupferschmelzen, Kohle- und Ziegelfabriken, Getreide- und Zuckermühlen) aus. Sie weiteten ihre Bank- und Kreditgeschäfte am Kontinent bis nach Mexiko und bis nach Europa aus und tätigten spekulative Investitionen. Ihre Söhne und Töchter heirateten in die oligarchischen Familien ein.[46]

Üblicherweise festigten diese Familien der Wirtschaftselite zunächst ihre politische Position. Mitglieder des Clans bekleideten staatliche Ämter, vorzugsweise in Parlament oder Senat. Danach erwarben sie Ländereien. Die bedeutendsten Banker und Bergbaumagnaten kauften Grundstücke im Hinterland von Valparaíso, dem Zentrum der Unternehmerbourgeoisie, und, nachdem die südlichen Provinzen verkehrstechnisch erschlossen waren, entlang der Eisenbahnlinie nach Araucanía. Der Besitz von Grund und Boden konnte zwar als Inflationsanker und als Hypothek dienen, sein Erwerb war aber nicht unbedingt von gewinnorientierten Überlegungen geleitet: Er diente dem Zugewinn von sozialem Prestige und war ein Zeichen dafür, dass man zur Oberschicht gehörte. Dennoch gab es unter den neuen Grundherren auch „progressive Landwirte", die ihre Latifun-

45 Immanuel Wallerstein: The bourgeois(ie) as concept and reality. In: New Left Review 167, 1988, S. 91-106, hier S. 174 f., 181.

46 Figueroa: Diccionario histórico, Bd. 1; ders.: Diccionario histórico, Bd. 2; Figueroa: Diccionario biográfico, Bd. 3; Figueroa: Diccionario histórico, Bd. 4+5; Ricardo Nazer Ahumada: La fortuna de Agustín Edwards; Estrategia: Empresarios en la historia. Un reconocimiento de Estrategia al espíritu emprendedor. Santiago: Editorial Gestión 1995, S. 89-94.

dien in stärkerem Maße nach unternehmerischen Kriterien bewirtschafteten und Lohnarbeitsverhältnisse einführten. Sie setzten Bewässerungsanlagen, fortschrittliche Technologie und neue Anbaumethoden ein.[47]

Für die Merchant Banker und Bergbaumagnaten in Chile gilt dasselbe wie für die „falschen Bürger“ in Europa: Ihr Ehrgeiz besteht darin, „die Ränge der Aristokratie zu erreichen, in ihr aufzugehen, mindestens jedoch ihre mit reicher Mitgift ausgestatteten Töchter adlig zu verheiraten.“[48] Nicht anders als die Wedgwood in England lenkten sie ihre Gewinne in den Erwerb von Landgütern. Wie ihre *Counterparts* in Europa bemühten sich die Industriellen um die Akzeptanz der „alten Familien“ und regierten im Bündnis mit dem Landadel und den Agrariern. Umgekehrt gingen die Grundeigentümer in der Bourgeoisie auf. Mit anderen Worten: Eine nicht-kapitalistische Bourgeoisie war ebenso die historische Realität des Kapitalismus wie eine kapitalistische Aristokratie.

1.3.2. Transnationale Handelshäuser und „nationale Pioniere“

Bis zur Mitte des 19. Jahrhunderts verliefen die Unternehmungen der lokalen chilenischen Wirtschaftselite sehr erfolgreich. Edwards, Matte, Cousiño, Subercaseaux, Urmeneta oder Ossa werden in der Unternehmergeschichtsschreibung als *nationale* Unternehmer bezeichnet. Die erste Generation erfolgreicher Immigranten erhielt dieses Etikett nicht nur deshalb, weil sie die Staatsbürgerschaft angenommen und sich schnell und erfolgreich in die lokale Elite integriert hatte. Die „nationalen Pioniere“ wurden zum Symbol für die Besonderheit des „chilenischen Unternehmergeists“ am lateinamerikanischen Kontinent.[49]

47 Bauer: Rural society, S. 66, S. 71, S. 85, S. 105, S. 180. Dass es unterschiedliche wirtschaftspolitische Strategien zwischen „alten“ und „neuen“ Grundbesitzern gegeben hat, darauf deutet die Gründung des Consorcio Agrícola del Sur hin. Dort sammelten sich die Agrarunternehmer des Südens, während die SNA von traditionellen Großgrundbesitzern dominiert war. In einer Hinsicht waren sich alte und neue Hacenderos allerdings immer einig: wenn es darum ging, die sozialen Verhältnisse am Land aufrechtzuerhalten. Zur SNA und deren Kontrolle durch die *oligarquía patronal* siehe Genaro Arriagada: La oligarquía patronal chilena. Santiago: Ediciones Nueva Universidad 1970.

48 Fernand Braudel: Das Mittelmeer und die mediterrane Welt in der Epoche Philipps II. Bd. 2: Kollektive Schicksale und Gesamtbewegungen. Frankfurt a.M.: Suhrkamp 1994, S. 516; Wallerstein: The bourgeois(ie). Zur Verwandlung der Bourgeoisie in eine Rentierklasse siehe auch Enzo Faletto: Génesis histórica del proceso político chileno. Santiago: Editorial Quimantú 1971.

49 Siehe exemplarisch Estrategia: Empresarios en la historia; Cecilia Montero: La revolución empresarial chilena. Santiago: CIEPLAN/Dolmen Ediciones 1997.

Der „Ansturm“ transnational operierender Handelsagenten beendete langsam die lokale Vorherrschaft eines Großteils der einheimischen Elite. Britische, zum geringeren Teil deutsche, französische und US-amerikanische Kompanien wurden in den am weitesten entwickelten Wirtschaftssektoren aktiv. Sie gründeten Zweigstellen als chilenische Personengesellschaften, ihre Mehrheitseigentümer selbst jedoch lebten oftmals in London, Hamburg oder New York. Ihre Mitarbeiter verbrachten häufig einige Zeit in Chile und rotierten zwischen verschiedenen Stützpunkten am Kontinent, um am Ende ihrer Karriere wieder in ihr Herkunftsland zurückzukehren.[50] Durch den privilegierten Zugang zu Kapital über die Mutterunternehmen, bessere Kenntnisse der internationalen Märkte und ausgefeiltere unternehmerische Strategien besetzten die internationalen Unternehmen die Hauptrouten des interkontinentalen Handels. Ihr Kerngeschäft, den Export von mineralischen Rohstoffen (Kupfer, Silber, Kobalt, Blei, im zweiten Exportzyklus Salpeter), verbanden sie mit dem Handel von Agrargütern wie Weizen, Hafer, Gerste, Früchte oder Vieh.

Die chilenische Handelsoligarchie wurde ab Mitte des Jahrhunderts zunehmend auf sekundäre Wirtschaftskreisläufe reduziert, vor allem auf den regionalen Warenaustausch mit Ecuador und Peru. Sie verwendete ihre gesamte Energie auf den Wettbewerb mit den peruanischen Rivalen.[51]

Hierarchische Beziehungen und Arbeitsteilung zwischen ausländischen und „nationalen“ Akteuren lassen sich auch in der Handelsschifffahrt zeigen. Der größte Anteil des transkontinentalen Geschäfts gelangte ab den 1830er Jahren in die Hände von vier Firmen: Gibbs und Sewell Patrickson kontrollierten die Handelsrouten nach Großbritannien, Alsop dominierte den Handel von und nach den Vereinigten Staaten und Lebris Bertheaume jenen mit Frankreich. Diese Häuser unterhielten darüber hinaus enge Verbindungen mit Handelsstützpunkten in Peru, wo sie zum Teil ebenfalls Niederlassungen gegründet hatten. Andere Export-Import-Unternehmen waren auf den Handel mit südamerikanischen Häfen, Frankreich und Spanien konzentriert. Huth Gruning spannte seine Handelsroute zwischen Valparaíso, dem peruanischen Hafen El Callao, Baltimore, Hamburg und Liverpool; Dousther Serruys wickelte praktisch alleine den Warenverkehr mit Amsterdam ab. Das Kerngeschäft bestand darin, verarbeitete

50 Nur einige wenige Engländer und Franzosen heirateten und blieben in Chile (prominente Ausnahmen sind Edwards und Subercaseaux); anders die später einwandernden Italiener und Spanier – sie siedelten sich mehrheitlich im Land an.

51 Diese Konkurrenz stammte noch aus der kolonialen Periode und wurde im 19. Jahrhundert mehrmals auch bewaffnet ausgetragen. Juan Ricardo Couyoumdjian: El alto comercio de Valparaíso y las grandes casas extranjeras, 1880–1930. Una aproximación. In: Historia 33, 2000, S. 63-99; Cavieres: Comercio chileno; Salazar: Accumulación capitalista, S. 63.

Produkte nach Chile einzuführen und Rohstoffe aus Lateinamerika zu exportieren. Unterhalb dieser Handelsebene gab es eine Gruppe Nordamerikaner und Chilenen, die Konsumgüter (Wein, Cognac, Tabak, Kleidung, etc.) aus Europa und den USA sowie Rohstoffe und Zwischenprodukte importierten. Letztere waren zur Weiterverarbeitung in Chile bzw. zum Einsatz in der dortigen Industrie bestimmt. Im Gegenzug exportierten sie Wein, Holz, Leder und andere landwirtschaftliche Produkte sowie Kupfer nach Mittelamerika und zu Zwischenhäfen.

Die Agenten der transnationalen Handelshäuser fungierten als Kommissionäre, Importeure, Exporteure, Versicherungsmakler und Banker. Sie besaßen oder verwalteten Aktien chilenischer und britischer Unternehmen, die im Land operierten, und saßen in den Vorständen der neu gegründeten Aktiengesellschaften. Ihre Importtätigkeit konzentrierte sich auf Bereiche ohne große Konkurrenz, die nach erheblicher Kapitalausstattung verlangten. Besonders ertragreich war der Import von Ausrüstungsgütern und Maschinen.

Die zentrale Stellung ausländischer Akteure im Außenhandel führte bald zu ihrer Dominanz im wohl wichtigsten Bereich einer expandierenden Ökonomie: dem Finanz- und Kreditsektor. Die transnationalen Handelshäuser fungierten seit Mitte des 19. Jahrhunderts als finanzielle Intermediäre für die Landwirtschaft und den Bergbau, eine Rolle, die sie dann auch für die Industrie übernahmen. Manchmal investierten sie in diese Sektoren oder führten nach der Insolvenz eines Gläubigers die Unternehmen selbst weiter.[52]

Zwischen den Handels- und Bankhäusern auf der einen und den Bergbauunternehmern und landwirtschaftlichen Produzenten auf der anderen Seite entwickelte sich auf der Basis von Kauf- und Kreditverträgen ein komplexes Beziehungsnetzwerk. Ein illustratives Beispiel liefern die Unternehmensaktivitäten von José Tomás Urmeneta und seines Schwiegersohns Maximiano Errázuriz, Abkömmling einer traditionsreichen kolonialen Familie. Urmeneta beutete seit 1852 die Kupfervorkommen in Tamaya aus. Das Unternehmen Errázuriz y Urmeneta betrieb die Metallschmelzen in Guayacán (Ecuador) und fungierte als Kreditgeber für kleinere Minenbesitzer. Aufgrund gesellschaftlicher und politischer Verbindungen, aber auch aufgrund wirtschaftlicher Notwendigkeiten, war es eng mit Agustín Edwards verbunden: Edwards war der „Hausbanker" des Unternehmens und zu dieser Zeit als einziger berechtigt, den Output aus Guayacán auf dem britischen Markt zu verkaufen. Das Verkaufsrecht war ihm aufgrund eines Kredites zugefallen, den er dem Unternehmen für den Wieder-

52 Couyoumdjian: Alto comercio, S. 74 f; Julio Pinto: Historia y minería en Chile. Estudios y fuentes. In: América Latina en la Historia Económica 1, 1994, S. 65-88.

aufbau und die Modernisierung einer Gießerei gegeben hatte. Teil der Kreditverpflichtung war zudem, Edwards mit 1,5 Prozent an den Verkaufserlösen von Guayacán zu beteiligen. Der Weiterverkauf der Produktion lag beim mächtigsten Handelshaus dieser Zeit, Anthony Gibbs & Sons de Londres. Es strich runde acht Prozent für Kommission, Garantien und Verkaufsbeteiligungen außerhalb Großbritanniens ein und weitere fünf Prozent für die Kohle und feuerfesten Ziegel, die für den Einsatz in der Gießerei aus England importiert wurden. Da Errázuriz y Urmeneta gegenüber kleineren Minenbetreibern selbst als Kreditgeber auftraten, wurde Edwards indirekt auch deren Handelsagent, also alleiniger Nutznießer aus der Vermarktung und dem Export ihrer Produktion. Solche Kreditverpflichtungen konnten kleinere Minenbetreiber in einseitige Abhängigkeit und in den Ruin treiben, vor allem dann, wenn „die Großen" zu Absprachen kamen. In dem gegenständlichen Fall trat dann der Kreditgeber Errázuriz auch noch als Konkursverwalter auf den Plan.

Bei den chilenischen Wirtschaftsakteuren lässt sich eine relativ klare Hierarchie ausmachen. „An der Basis" fanden sich die Produzenten des kleinen Bergbaus, die über horizontale (regionale) und vertikale (lokal-transnationale) Beziehungen von den Financiers abhängig waren. Eine Stufe darüber stand eine Anzahl bedeutender Händler und Unternehmer, die mit Silber und Kupfer spekulierten, ihre Geschäftsfelder diversifizierten und Zugang zu überregionalen Netzwerken erlangten. Auf der höchsten Ebene finden wir eine dritte Gruppe, die Bergbauunternehmer. Ihr können die „nationalen Pioniere", also jene, die sich in Chile nach den geschlagenen Unabhängigkeitskriegen Anfang der 1830er Jahre niedergelassen hatten, zugerechnet werden. Sie waren frühzeitig entweder in Kredit- und Finanzgeschäfte im Bergbausektor eingestiegen oder Verbindungen mit ausländischen Kommissions- und Handelshäusern eingegangen. Die meisten von ihnen waren bis Mitte des 19. Jahrhunderts äußerst erfolgreich. Als die Konkurrenz zunahm und die weltwirtschaftliche Integration voranschritt, stiegen sie in der Hierarchie ab, wie beispielsweise Urmeneta oder Errázuriz. Ihre Position halten konnten Edwards, Ossa, Waddington und Escobar. Entscheidend dafür war, wie es Joshua Waddington[53] und Agustín Edwards erfolgreich vormachten, auf eigene Rechnung in den Überseehandel einzusteigen. Die anderen benötigten nur einen Zwischenhändler. In der Mehrzahl waren sie allerdings – zumeist bei Gibbs – verschuldet, was sie möglicherweise dabei behindert hat, ein eigenständiges Exportsystem aufzubauen.

53 Waddington trennte sich im Laufe seiner Karriere von seinen britischen Teilhabern und beschränkte seine wirtschaftlichen Aktivitäten zunehmend auf den lateinamerikanischen und lokalen Markt.

Die außenabhängige Entwicklung förderte ein Kontrollsystem, das in erster Linie auf dem Finanzsektor beruhte. In anderen Worten: Die Abhängigkeit der chilenischen Minenbetreiber und Händler von externen Finanzmitteln schwächte längerfristig ihre Position. Eine lokale oder regionale Produktion voranzutreiben, war keine Option. Lieber partizipierten sie als Juniorpartner an den Gewinnen der expansiven Exportwirtschaft. Die modernisierende Wirkung der „Pioniere" war deshalb sehr beschränkt. Sie dynamisierten mit dem Import von Maschinen und Ausrüstungsgütern die unternehmerischen Tätigkeiten *an der Spitze*, in ihren „Stammunternehmen". Hinsichtlich weiterer produktiver Investitionen waren sie jedoch äußerst zurückhaltend. Moderne Produktionsverfahren in der Landwirtschaft, im Bergbau und in der verarbeitenden Industrie wurden nur langsam eingeführt. Der gesamte erste Expansionszyklus war durch ein extensives Wachstumsmodell gekennzeichnet: Er beruhte auf der (Über-) Ausbeutung der Arbeitskräfte.

2. Höhepunkt und Niedergang der außenorientierten Entwicklung: Vom Salpeterboom in die Weltwirtschaftskrise

Konnte die erste große Rezession Mitte des 19. Jahrhunderts noch relativ zügig überwunden werden, traf die Weltwirtschaftskrise Mitte der 1870er Jahre die drei Standbeine der chilenischen Wirtschaft mit voller Wucht und beendete den ersten Wachstumszyklus. Nach erfolglosen wirtschaftspolitischen Interventionsversuchen setzte die Regierung nunmehr auf Krieg. Im Pazifikkrieg gegen Peru und Bolivien (1879–1884) eroberte das chilenische Militär mit technischer Unterstützung Großbritanniens und Frankreichs die Küstengebiete der Atacamaregion mit den Salpetervorkommen von Antofagasta und Tarapacá. Der Krieg heizte die durch die Krise entstandenen Zahlungsbilanzprobleme jedoch zunächst weiter an. Erst der letztliche Sieg sicherte der chilenischen Wirtschaft die Basis für den zweiten außenhandelsorientierten Wachstumszyklus.

In gewisser Weise unterschied sich die Salpeterära, die mit dem Pazifikkrieg begann und in der Weltwirtschaftskrise endete, nicht vom vorangegangenen, exportorientierten „Wachstumszyklus": Sie gründete auf der Ausbeutung von natürlichen Ressourcen und Arbeitskraft. Begleitet wurde sie von einer „kosmopolitischen Invasion" in den nördlichen Provinzen: Unternehmer, Händler und Spekulanten aus lateinamerikanischen Ländern, Europa, Asien und den Vereinigten Staaten wollten reich werden mit dem „weißen Salz" der Atacamawüste, das bald in die ganze Welt verschifft wurde. In einem wesentlichen Punkt unterschied sich die Salpeterära allerdings vom Kupferzyklus: Sie erhöhte entscheidend die Macht der ausländischen Wirtschaftsakteure in der chilenischen Ökonomie.

2.1. Liberaler Etatismus: Steuern auf Rohstoffexport

Mit der Annexion der Gebiete in Peru und Bolivien im Zuge des Pazifikkrieges wurde Chile zum weltweit führenden Nitratexporteur. Bereits 1880 machte das Salz die Hälfte aller chilenischen Exporte aus, vom Beginn des 20. Jahrhunderts bis zum Ausbruch des 1. Weltkriegs stieg sein Anteil auf über 70 Prozent. Die größten und ertragreichsten Salpeterfelder gingen nach und nach in ausländischen Besitz über. Um die Jahrhundertwende war die Nitratindustrie zu einer britischen Angelegenheit geworden,[54] und auch in den anderen Rohstoffsektoren stiegen ausländische Akteure zu den wichtigsten Investoren auf. Die neu erschlossenen Kupferminen El Teniente, Chuquicamata und Potrerillos gelangten genauso wie die Goldminen in den ersten Jahren nach der Jahrhundertwende in den Besitz US-amerikanischer Unternehmer. Die US-Dominanz im Kupfersektor, der zur Basis der Exportökonomie im 20. Jahrhundert wurde, sollte länger Bestand haben als die britische in der Nitratgewinnung: Durch die Entwicklung synthetischen Salpeters verlor dieser Wirtschaftszweig ab den 1920er Jahren seine Bedeutung.[55]

Bereits während des Pazifikkrieges hatte der liberale Präsident Domingo Santa María verkündet: “Let the gringos work freely in nitrates. I’ll be waiting for them at the door – with export taxes.”[56] Wie von dem „liberalen Etatisten“ angekündigt, mussten die Salpeter-Produzenten etwa ein Drittel des Umsatzes als Exportabgaben an den chilenischen Staat abführen. Die Steuern auf Nitratexporte machten von 1880 bis 1918 etwa die Hälfte der Staatseinnahmen aus. Im Gegenzug wurden die Verkaufs-, Grundstücks-, Erbschafts- und Schenkungssteuer, Abgaben auf Patente sowie Gewinnsteuern erheblich reduziert oder

54 In der Literatur gibt es viele Hinweise darauf, dass der britische Spekulant und Unternehmer North, in Komplizenschaft mit chilenischen Bankern und den anglo-chilenischen Eigentümern der Nitratindustrie, der Architekt des bewaffneten Aufstands war. Gerüchte, vor allem in US-amerikanischen Regierungskreisen, wonach England den Krieg (mit-)initiierte, lassen sich nicht verifizieren. Gleichwohl unterstützten vor Ort stationierte britische Marineoffiziere die chilenische Militärmacht. Der US-Amerikaner W.E. Curtis 1888 kommentierte den Ausgang des Feldzuges mit der Aussage “Chile is an English colony” (Curtis zit. in Blakemore: Gobierno chileno, S. 21).

55 El Teniente, anfangs in Besitz der chilenischen Ingenieure Gana und Concha y Toro, wurde 1903 von William Braden aufgekauft, technologisch aufgerüstet und fünf Jahre später an Guggenheim verkauft. Chuquicamata erwarb 1912 Burrage, der die riesigen Vorkommen mit Guggenheim ausgebeutete. Beide Standorte wanderten schließlich in den Besitz von Kennecott. Die Mine in Potrerillos wurde von Anaconda betrieben. Diese beiden US-Unternehmen kontrollierten auch die Goldminen. Siehe Simon Collier/William F. Sater: A history of Chile, 1808–1994. Cambridge: Cambridge University Press 1996, S. 160 f.

56 Alessandri 1950 zit. in Zeitlin: The civil wars, S. 80.

sogar abgeschafft.[57] Zu rund einem Viertel flossen die staatlichen Einnahmen in öffentliche Dienstleistungen (Infrastruktur, Schul- und Gesundheitswesen, aber auch in die Schaffung verschiedener Polizeieinheiten). Neben steigenden Ausgaben für das Militär und die Bedienung der Staatsschuld absorbierte das 1887 gegründete Industrieministerium (Ministerio de Industria, Obras Públicas y Ferrocarriles) bis zu 30 Prozent des nationalen Budgets.[58]

Die einseitige Ausrichtung der Exporte und des nationalen Haushalts auf ein einziges Exportgut machte Chiles Ökonomie hochgradig abhängig von externen Faktoren. Importkapazität, Devisenbewirtschaftung und binnenorientierte Investitionen waren den Fluktuationen der Auslandsmärkte und Weltmarktpreise unterworfen. Diese Abhängigkeit zeigte sich in den instabilen Auf- und Abschwungsphasen bis zur Weltwirtschaftskrise. Versuche der Nitratunternehmer, Produktionsquoten festzulegen, scheiterten regelmäßig. Sobald sich die Konjunktur verbessert hatte, scherten die großen Produzenten aus. Auch die chilenische Regierung hatte wenig Interesse an einer Produktionsbeschränkung. Da die Steuerabgaben auf Exportmengen eingehoben wurden, blieb ihre Haltung gegenüber den Bestrebungen, ein Förderkartell zu schaffen, ambivalent.[59]

In die Zollpolitik dieser Periode kam einige Bewegung. Das 1897 beschlossene Zollgesetz sah Importabgaben von 60 Prozent ad valorem auf landwirtschaftliche und verarbeitete Güter vor. Die Zollsätze für Güter waren sehr unterschiedlich gestaltet, je nachdem, ob sich entsprechende *pressure groups* im Kongress durchsetzen konnten. So wurden beispielsweise auf raffinierten Zucker hohe Importsteuern eingehoben, um die beiden lokalen Raffinerien zu schützen. Der Import von Baumwolle war hingegen freigestellt, was jene ausländischen Handelshäuser begünstigte, die die Bekleidungs- und Textilindustrie dominierten. Zwischenprodukte und Maschinen konnten ebenfalls großteils ohne Abgaben eingeführt werden. Der Unternehmer- und der Agrarierverband lobby-

57 Cariola/Sunkel: Un siglo de historia economía, S. 89-92, Tabelle 19, S. 138; Braun [u.a.]: Economía chilena, S. 148. Während der Anteil direkter Steuern auf Eigentum und Einkommen ab 1845 bis zu 15 Prozent der Staatseinnahmen ausgemacht hatte, befreite sich die herrschende Klasse im Zuge des Salpeterbooms von Steuern auf ihren Reichtum. Auch indirekte Steuern durchliefen ab 1860 eine Abwärtsspirale und kamen ab 1885 für einige Jahre bei null an. Ende des 1. Weltkriegs stiegen sie wieder moderat an.

58 Cariola/Sunkel: Un siglo de historia economía, S. 93 f.; Blakemore: Gobierno chileno.

59 Gabriel Palma: Trying to „tax and spend" oneself out of the "Dutch Desease". The Chilean economy from the War of the Pacific to the Great Depression. In: An economic history of twentieth-century Latin America. Bd. 1: The export age. The Latin American economies in the late nineteenth and early twentieth centuries, hrsg. von Enrique Cárdenas [u.a.]. Basingstoke/New York: Palgrave 2000, S. 217-264, hier S. 228 f.; Pinto: Desarrollo frustrado, S. 86.

ierten kräftig für einen solcherart „wohlverstandenen Protektionismus", während sich die Stimmen für eine einheimische Grundstoffindustrie auf einzelne Unternehmer und intellektuelle Zurufe beschränkten.[60]

Aufgrund der Konjunktur, der Anhebung der Importzölle, niedriger Kreditzinsen und der verstärkt angeworfenen Geldpresse entwickelten sich Börsenaktivitäten und Investitionen in Unternehmen um die Jahrhundertwende äußerst dynamisch. Von der Expansion privater Unternehmenstätigkeit zeugen einige Firmengründungen: Carozzi (Teigwaren, 1898), Compañía Industrial (verarbeitete Lebensmittel 1902) Cristalerías de Chile (Glas, 1904), El Melón (Zement, 1906), zahlreiche Verpackungs- und Druckunternehmen sowie Betriebe der Konsumgüterindustrien. Es gab allerdings deutliche Anzeichen, dass die Finanzstruktur auf schwachen Beinen stand und Investitionen vor allem spekulativen Charakter hatten: Nur ein Sechstel des auf Unternehmen gezogenen Kapitals wurde auch tatsächlich eingezahlt. Anders gesagt: Die Aktien wurden, noch bevor die Nominale entrichtet wurde, weiter verkauft. Die Börsenblase platzte 1905/06 und die Volkswirtschaft schlitterte in eine Rezession, die von der weltweiten Krise zwar verstärkt, aber nicht verschuldet wurde.

Generell verlief die wirtschaftliche Entwicklung in der Zwischenkriegszeit infolge starker Fluktuationen der *terms of trade* und der Entwicklung synthetischer Nitrate sehr instabil. Dennoch setzte das Zusammenspiel von staatlicher Politik und Interessenverbänden wirtschaftliche und institutionelle Entwicklungsimpulse, die den Ausschluss einheimischer Erzeuger aus der Rohstoffproduktion kompensierten. Importbeschränkungen und massive Währungsabwertungen trugen zusammen mit der niedrigen Inflation dazu bei, die Nachfrage auf den internen Markt zu lenken und den produktiven Sektor zu stärken.

60 Sofofa (Hg.): Cien años de industria, 1883–1983. Santiago: Ediciones Patmos Ltda. 1983, S. 88; Henry Kirsch: Industrial development in a traditional society. The conflict of entrepreneurship and modernization in Chile. Gainesville: University Presses of Florida 1977, S. 135.

2.2. Der Niedergang der autoritär-konservativen Ordnung

Die Auswirkungen der neuen Konstellation – der Nitratboom und der Aufstieg transnationaler Investoren – auf den Staat waren zwiespältig. Mit dem Niedergang ihrer wirtschaftlichen Domänen und der Verdrängung aus dem Rohstoffsektor verlagerte sich die herrschende Klasse darauf, den Überschuss in Form von Abgaben aus der Exportenklave abzuschöpfen. Im Unterschied zu anderen lateinamerikanischen Ländern bewahrte sie dabei politische Autonomie: Sie legte die gesetzlichen Regelungen fest und bestimmte über den Mitteleinsatz. Die politische Organisation der Wirtschaft in Chile kann auf die Formel „Rohstoffe + Freihandel = Steuerstaat" gebracht werden.

Über die Frage, wofür die staatlichen Mittel verwendet werden sollten, entbrannte Ende des Jahrhunderts nochmals ein bewaffnet ausgetragener Konflikt innerhalb des Blocks an der Macht. Auf der einen Seite standen die „Präsidentialisten" und liberale Demokraten (unterstützt von der Staatsbürokratie und großen Teilen des Heers), auf der anderen Seite die Konservativen im Kongress (unterstützt von der Marine). Die Konfliktlinie ähnelte jener, die ein halbes Jahrhundert zuvor in den Bürgerkriegen sichtbar geworden war: Die „Kongressoligarchie" rebellierte 1891 gegen den Präsidenten, der seine Machtfülle ganz gegen ihre Interessen nutzen wollte.

Staatspräsident Balmaceda, ein Großgrundbesitzer, hatte als Minister während des Pazifikkrieges den Weltmächten noch versichert, die Nitratgebiete würden geöffnet "for English, French, German, and American citizens, for citizens of all countries, to enrich themselves (...) in unlimited competition (...) and economic liberty".[61] Als Präsident machte er ein knappes Jahrzehnt später dann gegen den „Salpeterkönig" Thomas North und dessen Transportmonopol, die Nitrate Railways Company, mobil. Die Nitratfelder sollten in einer öffentlichen Auktion versteigert werden, zu der nur Chilenen zugelassen waren. Die konservative Kongressmehrheit setzte dagegen ihr gewichtigstes Machtinstrument ein: Sie verweigerte die Verabschiedung des Budgets. Auf Balmacedas gesetzwidriges Dekret, mit dem alten Haushaltsplan weiter zu regieren, folgte die bewaffnete Mobilisierung. Die Fraktionen der herrschenden Klasse ließen es nicht zu, dass die Präsidialmacht allein über die Verwendung der (Export-) Einnahmen entschied.[62]

61 Vargas 1974 zit. in Zeitlin: The civil wars, S. 80.

62 Blakemore: Gobierno chileno; Luis Vitale: Interpretación marxista de la historia de Chile. Bd. 4: Ascenso y declinación de la burguesía chilena (1861–1891). Santiago: LOM 1993, S. 284-290; Zeitlin: The civil wars, Kapitel 3.

Für Frank war Balmaceda ein „Anti-Imperialist", der von der „Lumpenbourgeoisie", die von der „Metropolen-Satelliten-Struktur" des kapitalistischen Weltsystems profitierte, bekämpft wurde. Idealisierende Darstellungen wollen in ihm einen Politiker sehen, der eine nationale Entwicklungsstrategie verfolgte.[63] Allerdings wandten sich auch jene, die der „Sprecher des aufkommenden Industriekapitalismus" zu vertreten glaubte, gegen ihn, das wird in der vereinfachenden Gegenüberstellung von „nationalen" versus „imperialistischen" Kräften unterschlagen.

Dass chilenische Banken, die englische Nitratunternehmen in Peru und Bolivien finanzierten, und große Produzenten, die ihre Nitratgeschäfte mit britischen Partnern betrieben, Teil der Anti-Balmaceda-Bewegung waren, scheint klar. Aber auch die kleineren und mit hohen Kosten produzierenden Nitratunternehmer, in der Hauptsache Chilenen, bekämpften das Programm der *chilenización*: Sie fürchteten durch den Verkauf staatlicher Förderrechte eine Überproduktion, die ihre Existenz in der bereits spürbaren Rezession bedrohte.[64] Neben den repräsentativsten Teilen der Agrarbourgeoisie – die Weinproduzenten, Mühlenbesitzer und Viehzüchter – wandten sich auch die Industriellen und ihre Vertretung gegen Balmaceda, ebenso wie die organisierte Arbeiterschaft. Als die Arbeiter ein Ende der Kämpfe und eine Normalisierung der Versorgungslage forderten, schickte der Präsident Regierungstruppen in den Norden, die gewaltsam gegen die Protestierenden vorgingen. Zu Balmacedas Unterstützern zählten die Kupfer-, Silber- und Kohleminenbesitzer, die Mitte des Jahrhunderts ihre Unternehmensimperien aufgebaut hatten und nun mit deren Niedergang konfrontiert waren. Zu diesem einstmals mächtigen Klassensegment kamen einige chilenische Nitratindustrielle, die der ausländischen Konkurrenz nicht gewachsen waren, zumal sie denselben Steuerbelastungen unterlagen. Ein originär industriekapitalistischer Sektor war nur rudimentär vorhanden und politisch zu schwach, um in den Auseinandersetzungen eine Rolle zu spielen.

Wie schon in den „Bürgerkriegen" Mitte des Jahrhunderts macht auch diesmal die Front der Gegner und Unterstützer deutlich, dass Kapitalfraktionen und die ihnen idealtypisch zugeordneten Interessenlagen in der Realität verschwimmen. Und auch für den Ausgang der Kämpfe gilt dasselbe wie für die „Bürgerkriege" einige Jahrzehnte zuvor: Die Anführer wurden amnestiert und trafen in den

63 Frank: Kapitalismus und Unterentwicklung, S. 94-98, 105 f.; ähnlich Hernán Ramírez Necochea: Balmaceda y la contrarevolución de 1891. Santiago: Editorial Universitara 1958; Jobet: Ensayo crítico.

64 Zeitlin: The civil wars, S. 113 f.

Elite-Clubs bald wieder auf ihre ehemaligen Gegner.[65] Die unterlegene Fraktion kehrte in das politische System zurück und wurde in der folgenden Legislaturperiode in Gestalt der neu gegründeten Liberaldemokratischen Partei zweitstärkste Kraft im Kongress. Zu dieser integrativen Art des Umgangs mit Konflikten mag beigetragen haben, dass soziale Fragen in den Auseinandersetzungen zwischen den rivalisierenden Fraktionen im Machtblock kein Thema gewesen waren.

Die wesentlichen Merkmale der konservativen Ordnung blieben also zunächst intakt, zumal der Sieg im Pazifikkrieg die autoritären Strukturen im Staat und den hegemonialen Herrschaftsanspruch des Machtblocks gestärkt hatte.[66] Keine der Parteien stellte das beschränkte Demokratiemodell in Frage. Eine Politik der Honoratioren, die die subalternen gesellschaftlichen Gruppen gleichzeitig ausschloss und paternalistisch kontrollierte, bildete das Machtparadigma der herrschenden Klasse bis in die 1920er Jahre.

Dennoch war der Zenit der autoritär-konservativen Ordnung zur Jahrhundertwende überschritten. Die Sphären der Zivilgesellschaft und des Staates differenzierten sich stärker aus. Alte und neue gesellschaftliche Gruppen, die am Rande des Primärgütermodells und in der städtischen Ökonomie entstanden waren, organisierten sich in Parteien und Verbänden. Die Grundbesitzer waren in der Konservativen Partei zu Hause, die Vertreter der Bergbau-, Finanz- und Handelsbourgeoisie in der Liberalen Partei. Das Aufbrechen der sozialen Frage überzeugte einige Liberale davon, die Anliegen der Arbeiterschaft ernst zu nehmen.

Im Zuge der Rezession mehrten sich die Aufstände der Arbeiter in den Salpeter-, Silber-, Kohle- und Kupferminen, in den Häfen und in den großen Städten. Die Nitratarbeiter verlangten Löhne in bar statt der Gutscheine der Bergbaugesellschaften, die sie nur in den teuren, firmeneigenen Läden gegen das Lebensnotwendige eintauschen durften. Angesichts des Geldwertverlustes verlangten auch die Fabrikarbeiter stabile Reallöhne, Schutzmaßnahmen für die gefährliche Arbeit und Abendschulen. Mehr noch als fehlende Arbeitsgesetze und schlechte Arbeitsbedingungen wurden die elenden Lebensumstände der städtischen Unterschichten zu einer moralischen Frage für die aufgeklärten Bourgeoisiekräfte. Sie schloss sich der Liberalen Allianz, der Radikalen oder der Demokratischen Partei an. In diesen, nach europäischen Vorbildern geschaffenen Parteien sammelten sich die wirtschaftlichen Eliten des Südens und des Nordens, aber

65 Davon zeugen die Biografien der *Balmacedistas*, nachzulesen in Figueroa: Diccionario histórico Bd. 1.

66 Kriege gegen Nachbarn, Spanien und die Mapuche spielten seit der Unabhängigkeit eine wichtige Rolle, und zwar gleichermaßen für den Aufbau einer effektiven Staatsmacht, für die Legitimation von Steuererhöhungen und beim Schmieden eines Elitenkonsens.

auch liberale und antiklerikale Intellektuelle, die Bildungselite, Freiberufler und die entstehenden Mittelschichten. Auch die Arbeiterklasse begann sich in nationalen Verbänden und schließlich in Arbeiterparteien zu organisieren. Das Massaker von Iquique, bei dem 1907 Hunderte streikende Nitratarbeiter von Heeres- und Marinetruppen erschossen wurden, beförderte diese Entwicklung. Bislang hatten die Arbeiter vor allem anarchosyndikalistischen Widerstandsgemeinschaften angehört und eine Strategie der Generalstreiks verfolgt, die meist brutal niedergeschlagen wurden.[67]

Nach dem Massaker von Iquique reifte in der herrschenden Klasse langsam die politische Einsicht, die arbeitenden Massen durch Reformzugeständnisse in das Gesellschaftssystem einzubinden. Während die Sozialpolitik zunächst ausschließlich auf die Bildung fokussierte, wurden schrittweise – und im internationalen Vergleich frühzeitig – die Arbeitsbedingungen im engeren Sinne modifiziert und der Aufbau eines eng am formalen Arbeitsverhältnis orientierten Sozialsystems betrieben. Dabei wurde zum einen der Arbeitsprozess gesetzlich reguliert (Arbeitsverträge, Streikrecht, Vereinigungsrecht, die Einrichtung eines Arbeitsgerichtes etc.). Zum anderen erfolgte der Aufbau einer Sozialgesetzgebung, die eine obligatorische Kranken- und Pensionsversicherung für Beschäftigte im öffentlichen und privaten Sektor beinhaltete.[68]

Die Wahlen von 1920 waren das Ende der liberal-oligarchischen Fraktion als führende Klasse im Staat: Mit Arturo Alessandri als Präsident kam die erste nicht von den Liberalen oder Konservativen dominierte Regierung ins Amt. Da das Wahlrecht immer noch stark eingeschränkt war, signalisiert diese Wende

67 Im Jahr 1909 wurde die Arbeiterföderation FOCH gegründet, 1912 die Sozialistische Arbeiterpartei POS (1922 umbenannt in Kommunistische Partei) und ein Jahr später der Arbeiterbund der Region Chile, siehe Jorge Arrate/Eduardo Rojas: Memoria de la izquierda chilena. 1850–2000, Bd. 1. Santiago: Javier Vergara Editor 2003, Kapitel 2. Zu den entstehenden Mittelklassen siehe Patrick Barr-Melej: Reforming Chile. Cultural politics, nationalism, and the rise of the middle class. Chapel Hill: University of North Carolina Press 2001.

68 Johannes Jäger: Politische Ökonomie der Sozialpolitik: Uruguay und Chile im Vergleich. In: Sozialpolitik in der Peripherie. Entwicklungsmuster und Wandel in Lateinamerika, Afrika, Asien und Osteuropa, hrsg. von Johannes Jäger [u.a.]. Frankfurt a.M./Wien: Brandes & Apsel/Südwind 2001, S. 37-56. In der Chronologie ihrer Verabschiedung wurden eingeführt: das Gesetz für Ruhe- und Heimtage (1907) und für die Errichtung von Arbeiterwohnungen (1909), Kinderschutzgesetz (1912), Unpfändbarkeit des Sterbegeldes (1913), das Gesetz für eine Entschädigung bei Arbeitsunfällen, das Pensionsgesetz für staatliche Eisenbahner sowie das erste Gesundheitsgesetz von 1918 und das Arbeitsgesetz von 1920.

eine Transformation zumindest von Teilen der Elite.[69] Alessandri stand trotz heftiger Kritik an der Oligarchie für gemäßigte Reformen, die den sozialen Aufruhr eindämmen sollten. Die konservativ dominierte Abgeordneten- und Senatskammer alarmierte denn auch weniger sein sozialpolitisches Programm als vielmehr sein „liberal-zentralistisches Staatsmodell" (Salazar). Dennoch konnte Alessandri ein wesentliches Ziel durchsetzen: Im Jahr 1925 wurde mit einem Plebiszit eine neue Verfassung verabschiedet. Das bis 1973 in Kraft befindliche Grundgesetz verankerte soziale Grundrechte, Arbeitsgesetze und den Schutz der Industrie. Der Präsident wurde fortan direkt gewählt und erhielt zusätzliche Macht. Vor allem wurde es dem Kongress erschwert, seine Minister abzusetzen. Dennoch blieb das Staatsmodell ein liberales. Ein System der *checks and balances* garantierte, dass keine Fraktion im Machtblock auf Kosten der anderen regieren konnte. Der Kongress behielt seine Hoheit über Haushalts- und Steuerangelegenheiten – und bot damit der besitzenden Klasse weiterhin die Möglichkeit, sich von drohenden Steuerverpflichtungen zu befreien.[70]

69 Zwischen 1915 und 1920 stieg die Zahl der Wahlberechtigten von 5,4 auf 9,6 Prozent der Bevölkerung, die Zahl der aktiv ihr Wahlrecht Ausübenden wuchs im selben Zeitraum von 4,2 auf 5,0 Prozent. Das zeigt, wie geschlossen das politische System war.

70 César Caviedes: The southern cone. Realities of the authoritarian state in South America. Totowa/New Jersey: Rowman & Allanheld 1984, S. 58 f.

2.3. Die Wirtschaftselite und die Ankunft des Industriekapitalismus

Der Geldfluss aus den Nitratfeldern schob die finale Krise der herrschenden Klasse fürs Erste hinaus. Die Einnahmen aus dem Rohstoffsektor und dem Kreditgeschäft verwendete sie darauf, Luxusgüter zu importieren und ausgedehnte Reisen nach Europa zu unternehmen.[71] Einige Großgrundbesitzer – Bunster, Menéndez, Braun oder Izquierdo – durchliefen eine allmähliche Transformation zu Agrarkapitalisten. Insgesamt aber hatte die Durchdringung mit ausländischen Kapitalinteressen zunächst den paradoxen Effekt, die Grundeigentümer als „Klasse im Staat" zu stärken: Da die chilenische Bourgeoisie weder den Rohstoffexportsektor noch die Industrie kontrollierte, verfügte sie nicht über die nötige Macht, der grundbesitzenden Klasse ihre führende Rolle im Machtblock streitig zu machen.[72]

Die chilenische „Bergbaubourgeoisie" zog es vor, ihr Eigentum dem ausländischen „Konkurrenten" zu verkaufen, der am meisten bot. Sie investierte ihr Geld in andere Wirtschaftszweige und/oder in Grundbesitz. Diejenigen, die im Rohstoffsektor blieben, waren zum einen Kleinbergbauunternehmer mit beschränkter wirtschaftlicher Macht und so gut wie keinem politischen Gewicht, zum anderen einige Abkömmlinge der Oligarchie, die mit wenig Kapitaleinsatz und schnellem Erfolg in die Salpeterindustrie eingestiegen waren (die Nitratgewinnung war zwar arbeitsintensiv, erforderte aber wenig technologischen Einsatz). Die chilenische Finanzbourgeoisie, die dem Staat zur Finanzierung des Salpeterkrieges noch kräftig unter die Arme gegriffen hatte, transferierte ihr Kapital in die Nationalbanken der Nachbarländer, investierte in die bolivianischen Zinnminen oder in die Viehzucht Argentiniens. Sie deckte mit ihren Privatbanken den Kreditbedarf der Akteure an der Spitze der wirtschaftlichen Pyramide ab und finanzierte ausländische Unternehmergruppen.

71 Die historischen Lexika geben Einblick in den Luxuskonsum und den an europäischen Vorbildern orientierten Lebensstil der Elite.

72 Arnold J. Bauer: Industry and the missing bourgeoisie. Consumption and development in Chile 1850–1950. In: Hispanic American Historical Review 70 (2), 1990, S. 227-253, hier S. 243; siehe auch Luis Vitale: Interpretación marxista de la historia de Chile. Bd. 5: De la república parlamentaria a la república socialista (1891–1931). Santiago: LOM 1994, S. 72, S. 77 f.

2.3.1. Die chilenische Unternehmeroligarchie: Profit und Rente

Gegen Ende des 19. Jahrhunderts stiegen einige der alten Merchant Banker und Bergbaumagnaten verstärkt in den verarbeitenden Sektor ein. Ihre Verdrängung als Mitbewerberin am internationalen Markt kompensierte die chilenische Unternehmeroligarchie zumindest teilweise durch Investitionen am Binnenmarkt. Sie investierte vor allem in die leichte Konsumgüterindustrie, den metallverarbeitenden Sektor und die moderne Landwirtschaft.

Zum Firmenimperium der Edwards gehörte die Sociedad Explotadora de Tierra del Fuego, ein landwirtschaftliches Produktionszentrum im Süden des Landes. Vor der Jahrhundertwende beteiligte sich die Familie an der größten Zuckerraffinerie des Landes und an Brauereinen, die von deutschen Einwanderern gegründet worden waren. Sie kaufte die Zeitung El Mercurio und erweiterte sie zu einem Verlagshaus (Agustín Edwards hatte an der Universität Princeton Journalismus und Verlagswesen studiert). Die Familie besaß Anteile an der Compañía Chilena de Tabacos, an Cristalerías de Chile, einer Chemiefabrik und an Verpackungs- und Keramikherstellern. In den 1920er Jahren erhöhten die Edwards ihre Unternehmensbeteiligungen durch Sperrminorität oder Mehrheitsanteil erheblich. Investitionen wurden meist über die hauseigene Bank getätigt oder im Tandem mit der britischen Banco Anglo Sud-Americano, zu der enge Geschäftsbeziehungen bestanden.

Auch die im Kohlebergbau reich gewordene Familie Cousiño Goyenechea – der aus bescheidenden Verhältnissen stammende Cousiño hatte in die angesehene Familie Goyenechea eingeheiratet – verwandelte sich in eine Investorgruppe. Sie hielt Anteile an Minen, Banken, Versicherungsgesellschaften, Forstbetrieben und Bahnlinien. Agrar- und Weinproduktion auf den eigenen Landgütern vervollständigte ihr unternehmerisches Profil. Mitunter gingen die Familien Allianzen untereinander ein. Durch Fusion entstand 1902 die Compañía Cervezas Unidas (CCU), die unter der Führung der beiden „Unternehmeroligarchen" Agustín Edwards und Carlos Cousiño Goyenechea rasch zum Marktführer avancierte.

Zwei Söhne aus dem Matte-Clan wandten sich nach längeren Aufenthalten in den USA, wo sie in politischer Ökonomie und Finanzwirtschaft ausgebildet worden waren, Bank- und Investitionsgeschäften zu. Ein anderer Zweig der Familie verlegte sich auf Eisenbahnbau und die Papierindustrie. Luis Matte Larraín gründete eine Kartonagenfabrik, die er mit der Papierfabrik eines deutschstämmigen Ingenieurs fusionierte. Auf diese Weise entstand 1920 einer der größten Betriebe dieser Zeit am lateinamerikanischen Kontinent: die Compañía Manufacturera de Papeles y Cartones (CMPC). Ismael Edwards Matte – Spross einer prominenten Nebenlinie, die aus der Verbindung der Häuser Edwards Ossandón und Matte Pérez entstanden war – zeigte hingegen überhaupt keine „produktivistischen" Bestrebungen. Er bekämpfte Arturo Alessandris

(Steuer-) Politik auf das Heftigste, „um weiterhin von seinem Reichtum zu leben ohne zu arbeiten.[73]

Bei ihren industriellen Investitionen ging die Unternehmeroligarchie häufig mit europäischen Immigranten zusammen. Die Einwanderer, die verstärkt ab den 1860er Jahren ins Land kamen, waren in erster Linie gut ausgebildete Unternehmer, Techniker und Ingenieure. Die Immigration war in Chile ein organisierter und hochgradig selektiver Prozess mit dem Ziel, die unternehmerische Basis zu erweitern (sie sollte nicht in erster Linie das Arbeitskräfteangebot erhöhen).[74] Die Immigranten traten in die Handelshäuser ein, um ihr Wissen über die lokalen Marktbedingungen zu erweitern oder wurden im verarbeitenden Gewerbe tätig. Zu den prominentesten Firmengründern dieser Periode zählen Carozzi, die Bierbrauer Anwandter, Gubler und Ebner, Gildemeister (Nahrungsmittel, Baumaterial, Maschinen und Großhandel), Helfmann (Druck), Fuhrman und Délano (Textil), Bernstein (Zuckerraffinerie) und Simonetti (Holzwirtschaft). Die Maschinen- und Brückenbaufirma der eingewanderten Iren Lever und Murphy stellte ab den späten 1880er Jahren Lokomotiven und Güterwaggons her, deren Teile mit Ausnahme der Räder allesamt vor Ort gefertigt und zusammengebaut wurden.[75]

Untereinander Allianzen einzugehen, war für beide Seiten vorteilhaft. Die Immigranten-Unternehmer brachten technisches Wissen und berufliche Erfahrung ein und erhielten von den einheimischen „Unternehmeroligarchen" im

73 Figueroa: Diccionario histórico, Bd. 1, S. 370, Bd. 4, S. 221-228; Figueroa: Diccionario biográfico, Bd. 1+2, S. 293-298, S. 351, S. 391 ff; ders.: Diccionario biográfico, Bd. 3, S. 16 ff.; ders.: Diccionario biográfico, Bd. 4, S. 221-228; Kirsch: Industrial development, Appendix 3, S. 184 ff; Estrategia: Empresarios en la historia, S. 25-30, S. 95-122.

74 Zwischen 1860–1913 kamen insgesamt nur etwas mehr als 62.000 Personen nach Chile. Ab 1890 lag die Regelung der Einwanderung bei der Industriellenvereinigung Sofofa. Ihre Serviceleistungen reichten von Zuschüssen für die Überfahrt über Landkauf bis hin zur Vermittlung von Arbeitsverträgen in der Industrie. Kirsch: Industrial development, S. 89 f.

75 Die Carozzis kamen Ende des 19. Jahrhunderts nach Chile und etablierten sich in der Nahrungsmittelindustrie. Einwanderer Guillermo Helfmann kam Mitte des 19. Jahrhunderts nach Valparaíso, wurde Journalist, importierte Druckmaschinen und errichtete eigene Druckereien. Seine Söhne gründeten nach der Jahrhundertwende einen „modernen" Zeitschriftenverlag und kauften Agustín Edwards Zig-Zag-Verlag. Von der Weltwirtschaftskrise schwer gebeutelt, bauten die Helfmanns ihren Verlag in den 1940er Jahren wieder auf, mit stärker internationaler Ausrichtung. Gildemeister startete Mitte des 19. Jahrhunderts in Lima mit Import-Export-Geschäften und stieg dann in die Salpetergewinnung ein. Die Krise des Sektors traf die Unternehmerfamilie nicht, ihre Geschäfte waren sektoral und regional ausreichend diversifiziert. In den 1940er Jahren wurde Gildemeister Repräsentant für Caterpillar, Siemens und andere Multis, nach dem Krieg stieg die Familie in die Zementproduktion ein. Holding und Firmen wurden in den 1990er Jahren an transnationale Player verkauft. Siehe Estrategia: Empresarios en la historia.

Gegenzug das nötige Kapital für die Firmengründung und Kontakte vor Ort. Meist blieben die Immigranten-Unternehmer in ihrer angestammten Branche tätig, und ihr wirtschaftlicher Erfolg qualifizierte sie für eine Funktion im Industriellenverband Sofofa.[76] Die *gesellschaftliche* Integration in die *upper class* schafften aber nur wenige. Zudem übernahmen die lokalen Großkapitalisten in vielen Fällen die Kontrolle über die inzwischen florierenden Unternehmen, wie im Falle von Edwards und Cousiño, die ihre deutschen Partner nach einigen Jahren auszahlten. Die größten und erfolgreichsten Unternehmen gelangten so in die Hand einer kleinen Gruppe, die untereinander enge wirtschaftliche, soziale, politische und verwandtschaftliche Verbindungen aufwies.

Eine Untersuchung der Eigentums- und Kontrollverhältnisse der 42 führenden Industrieunternehmen Chiles zeigt, dass diese vom späten 19. Jahrhundert bis in die 1930er Jahre von denselben Personen, Familien oder Gruppen der Unternehmeroligarchie geführt wurden. Im Falle jener Unternehmen, bei denen der Aktienbesitz breiter gestreut war, reichte oftmals ein geringer Aktienanteil für eine Sperrminorität oder Minderheitenkontrolle. Wechselseitige Kapitalbeteiligungen waren ebenso häufig wie über Kreuz verflochtene Direktorien (*interlocking directorates*). Insbesondere die Besitzer von Banken und Investitionsgesellschaften saßen zumeist auch in den Vorstandsetagen der „produktiven" Unternehmen, an denen sie Anteile hielten. Die Zusammensetzung der Vorstände der im Jahr 1922 an der Börse in Santiago notierten Unternehmen bestätigt diese erhebliche Konzentration von Macht: Von 151 Vorstandsmitgliedern der verarbeitenden Betriebe waren 77 Prozent in zumindest zwei weiteren Wirtschaftssektoren (Finanz, Bergbau, Landwirtschaft, Immobiliensektor, Handel, Transport/Baugewerbe) in Führungspositionen tätig.[77]

Die Unternehmen, an denen die chilenische Wirtschaftsbourgeoisie beteiligt war, erlangten durch ihre Kapitalstärke und durch Fusionen innerhalb relativ kurzer Zeit eine Monopolstellung im jeweiligen Sektor. Die wichtigste und ein-

76 Figueroa: Diccionario histórico, Bd. 4+5, S. 1088; siehe auch Kirsch: Industrial development, S. 76 f. für Einwandererkarrieren.

77 Kirsch: Industrial development, Kapitel 6. Im Jahr 1918 beschäftigten 3,3 Prozent aller Betriebe 43,2 Prozent aller Arbeiter (ohne Angestellte, die in der Datenquelle nicht ausgewiesen wurden); im Vergleichsjahr 1937 waren es 5,6 Prozent der Unternehmen, die 47,4 Prozent Arbeiter und Angestellte beschäftigten. Die von Kirsch errechnete Lorenz-Kurve (auf Grundlage des Indikators Arbeitskraft) bestätigt den hohen Konzentrationsgrad in den Sektoren Nahrungsmittel, Getränke, Papier und Druck, Baumaterial sowie Tabak für beide Vergleichsjahre. Veränderungen sind lediglich beim „Spätentwickler" Textil und Bekleidung festzustellen: Der Sektor nahm erst nach der Weltwirtschaftskrise monopolistische Strukturmerkmale an. Zu den Erhebungsmethoden siehe Appendix 2, S. 112 f., S. 117 ff.

flussreichste chilenische Monopolgruppe der ersten Hälfte des 20. Jahrhunderts entstand im Bereich Papier, Druck und Holzwirtschaft. In Mattes CMPC fand nicht nur eine Integration verschiedener Sektoren, Finanzquellen und Industriezweige statt. Die Unternehmensgruppe bildete auch den Nukleus des ideologischen und politischen Kampfs für die Beibehaltung des Goldstandards und für freihändlerische Positionen.

2.3.2. Die transnationalen Handelshäuser am Binnenmarkt

Die Rezessionen ab Mitte des 19. Jahrhunderts, aber auch Veränderungen im Zollregime überzeugten die transnationalen Handelshäuser davon, dass es der Ertragslage nützte, wenn sie ihre Güterketten verkürzten. Das belegt der Brief des Geschäftsführers von Gibbs in Valparaíso, den er 1919 an das Stammhaus in London schickte: „Angesichts der Probleme am Arbeitsmarkt in Europa und Nordamerika sollten viele Produkte, die bislang importiert werden mussten, in Chile hergestellt werden. Jetzt können diese Verkaufsartikel viel billiger vor Ort gefertigt werden, und mit den hohen Zöllen erhält man eine gute Gewinnspanne."[78]

In den meisten Fällen engagierten sich die Handelshäuser in industriellen Aktivitäten, die als komplementär zum „Kerngeschäft" angesehen wurden. Einige Beispiele: Heinecken, Schwartz & Co. und Graham Rowe, die Rohstoffe für die Produktion aus Peru importierten, waren Aktionäre der Zuckerraffinerie CRAV und mit der operativen Leitung des Unternehmens befasst. Die deutschen Handelsfirmen Vorwerk und Weber trugen 1900 mit einem Siebtel des Kapitals zur Gründung der Chemie- und Seifenfabrik Cía. Industrial bei und waren mit Sitz und Stimme im Vorstand vertreten. Die Importhäuser Saavedra Bénard, Vorwerk und Hormann waren Hauptaktionäre eines Papier- und Verpackungsherstellers; Gibbs investierte in mehrere Nagelfabriken, die er dann fusionierte. Das Handelshaus Nieto y Cía. exportierte Nahrungsmittel, die in der angeschlossenen Konservenfabrik haltbar gemacht wurden. Williamson Balfour, Gibbs und Duncan Fox kauften Mühlen, modernisierten sie und führten sie als Aktiengesellschaften (um mit einer Emission in London das in die Modernisierung investierte Kapital wieder hereinzubekommen). Vergleichbare Beispiele sind in der Herstellung von Alkohol, Möbeln, Verpackungsmaterial und Glas zu finden.

78 Couyoumdjian: Alto comercio, S. 82 (Ü.d.A.). Es gibt aber auch Belege für Klagen der Handelshäuser, Alleinvertretungen und Verkaufsrechte seien nicht zu haben, ohne den Fabrikanten finanziell unter die Arme zu greifen oder eine gewisse Summe Kapital zu investieren.

Handelshäuser, die Maschinen und Ausrüstungsgüter für die Landwirtschaft, den Bergbau, den Transportsektor und die Industrie importierten, betrieben Gießereien oder Werkstätten. In den Werkstätten wurden Endprodukte montiert, die zu schwer und/oder zu voluminös für den Schifftransport waren, und Reparaturen durchgeführt. Die Unternehmen der Handelshäuser unterhielten meist auch Konstruktionsbüros mit qualifizierten Ingenieuren, die für die Installation, Inbetriebnahme und Wartung der importierten Maschinen sorgten. Mit diesen produktionsbezogenen Dienstleistungen konnten die chilenischen Gießereien nicht konkurrieren. Kapitalintensive Sektoren wurden sogar ganz von ausländischen Unternehmen dominiert. Siemens-Schuckert etwa rüstete 80 Prozent aller Elektrizitätswerke, die Nitratfirmen und die Kupferminen aus (1913). In seinem Zweigwerk montierten etwa 80.000 Beschäftigte die importierten Komponenten.[79]

Die Handelshäuser näherten sich mittels Firmenbeteiligungen und ihrer Präsenz in *interlocking directorates* dem lokalen Großkapital an. Dies geschah in erster Linie, um die Bildung von Konglomeraten mit Monopolcharakter zu unterstützen.

3. Die Krise des außenorientierten Modells und die Anfänge des Industriekapitalismus: Die Dialektik des Übergangs

In den meisten wirtschaftsgeschichtlichen Periodisierungen für Lateinamerika firmiert die Weltwirtschaftskrise 1929 als Zäsur. Sie löste das Modell der Exportorientierung ab und leitete die Phase der importsubstituierenden Industrialisierung (ISI) ein. Allerdings gab es in Chile bereits zuvor einen verarbeitenden Sektor, und es gilt herauszufinden, aus welchen historischen, wirtschaftlichen und gesellschaftlichen Gründen kein Akkumulationskreislauf am Binnenmarkt in Gang kam.

79 Cavieres: Comercio chileno, S. 125 ff.; Couyoumdjian: Alto comercio, S. 75 ff.; Kirsch: Industrial development, Appendix 3, S. 184 ff., Tabelle 17, S. 55, 79, 82, 86, S. 192 f.; Ricardo Lagos: La industria en Chile. Antecedentes estructurales. Santiago: Universidad de Chile 1966, S. 27; Salazar: Accumulación capitalista, S. 118.

3.1. Ungleich verbundene Entwicklung

Industrielle Fertigung gab es in Chile bereits zur Mitte des 19. Jahrhunderts (siehe Abschnitt 1.1.). Dieser Sektor wurde begünstigt durch die Ausgaben- und Steuerpolitik der „autokratischen Republik". Zwar verlor diese Entwicklung durch die Politik der liberalen Folgeregierungen an Dynamik, doch der Pazifikkrieg 1879–84 stimulierte vor allem durch die staatliche Nachfrage nach chemischen und pharmazeutischen Produkten, Kleidung, Schuhen, Lederwaren und anderen Gütern erneut die Produktion. Zum überwiegenden Teil waren es einfache Konsumgüter und Nahrungsmittel, mit denen der durch Urbanisierung und die Eroberung von Territorien erweiterte Binnenmarkt beliefert wurde. Aber auch die Schwerindustrie gab Lebenszeichen: Ende 1880er Jahre wurden in Chile Lokomotiven, Güterwaggons, Stahlbrücken und Zement hergestellt. Zwischen den einzelnen Industriezweigen sind gewisse Synergien festzustellen. Rohzucker wurde mit der Schifffahrtslinie CSAV aus Peru importiert. Die Dampfkessel der Schiffe wurden mit Kohle aus dem Süden Chiles beheizt, das Verpackungsmaterial für den Zucker (Papiersäcke, Holzkisten und Nägel) stammte ebenfalls aus chilenischer Produktion. Die Zuckerraffinerie stellte außerdem Alkohol, Süßigkeiten, Säuren und Schuhpolitur her.

Für Chile liegen einige Arbeiten vor, die sich bemühen, die Frühzeit der Industrialisierung genauer zu erfassen. Kirsch stellt einen konsistenten Industrialisierungsprozess im Zuge des Pazifikkrieges fest, der zu einem kontinuierlichen Wachstum bis zum 1. Weltkrieg führte. Für Muñoz hat während des Krieges eine erfolgreiche Importsubstituierung stattgefunden, die ab den 1920er Jahren allerdings wieder zurückging. Palma erkennt eine erste importsubstituierende Phase in der Zwischenkriegszeit, die ihren progressiven Charakter aus Staatsinterventionen und der früh entstandenen Gewerkschaftsbewegung bezog. Eine fortschreitende industrielle Entwicklung kann jedoch keine der Untersuchungen nachweisen, im Gegenteil. Carmagnani kommt in seinem empirisch hervorragend fundierten Vergleich der Perioden 1895–1910 und 1910–1918 zu dem Ergebnis, dass Output und Kapitaleinsatz im verarbeitenden Sektor in der ersten Periode stärker stiegen als in der zweiten.[80] Was sind die Gründe dafür, dass die

80 Carmagnanis Untersuchung (italienisches Original 1971) erschien in spanischer Übersetzung erst 1998 und wurde deshalb in der chilenischen Literatur zum Thema kaum rezipiert. Siehe Carmagnani: Desarrollo industrial; Kirsch: Industrial development; Lagos: La industria; Oscar Muñoz: Crecimiento industrial de Chile, 1914–1965. Santiago: Universidad de Chile 1968; ders.: Chile y su industrialización. Pasado, crisis y opciones. Santiago: CIEPLAN 1986; Gabriel Palma: From an export-led to an import-substituting economy. Chile 1914–39. In: Latin America in the 1930s. The role of the

industrielle Aktivität zwar zeitweilig zunahm, aber kein nachhaltiger Industrialisierungsprozess in Gang kam?

Mit Bloch kann Chile als ein „Land der Ungleichzeitigkeit“ bezeichnet werden. Es wurde von den fortgeschrittenen Mächten in die „gebieterische internationale Arbeitsteilung“ (Braudel) einbezogen und zur Peripherie degradiert. Lord Chatham soll gesagt haben: „Sollte es sich Amerika einfallen lassen, auch nur einen Strumpf oder einen Nagel für ein Hufeisen herzustellen, bekäme es das ganze Gewicht der britischen Macht zu spüren.“[81] Strümpfe und Nägel wurden in Chile längst hergestellt, aber europäische Erzeugnisse überschwemmten den lokalen Markt und würgten die einheimische Produktion ab. Fabriktextilien aus England ersetzten im Laufe des 19. Jahrhunderts die aus der Andenregion eingeführte Wolle und die Erzeugnisse aus den chilenischen Familienwerkstätten. In Santiago gab es 1870 nur mehr eine einzige Spinnerei. Der Betrieb des US-amerikanischen Immigranten Délano in der Nähe von Concepción existierte zwar bis ins frühe 20. Jahrhundert, kämpfte aber immer wieder mit großen Schwierigkeiten. Die Mehrzahl der Textilfirmen befand sich unter der Kontrolle von Export-Import-Häusern, die importierte Rohstoffe endfertigen ließen. Auch die Getreidemühlen waren der US-amerikanischen Konkurrenz nicht gewachsen. Das Weizenland Chile war am Ende des 19. Jahrhunderts zu einem Mehlimporteur geworden. Die Gesellschafts- und Klassenstruktur verstärkte diese ungleich verbundene Entwicklung. Während sich der Luxuskonsum der Oberschichten an europäischen Vorbildern orientierte, war die Kaufkraft der Mittel- und Unterschicht zu gering, um der verarbeitenden Industrie Impulse zu geben.

3.2. Abhängige Industrialisierung und Klassenstruktur

Chiles Industrie entwickelte sich trotz staatlicher Maßnahmen komplementär zu den Schwankungen des Außenhandels: Stiegen Exporte und Importe, wuchs auch die industrielle Produktion im Land. In anderen Worten: Die Industrialisierung bildete eine Funktion des Außenhandels und blieb fortgesetzt abhängig von der Einfuhr wichtiger Inputs aus dem Ausland. Das gilt gleichermaßen für die Hersteller einfacher Konsumgüter wie für die Schwerindustrie. Beide griffen auf importierte Technologie, Maschinen, Maschinenteile und Rohstoffe zu. Aus der Zunahme industrieller Aktivitäten kann deshalb nicht auf einen sich entwickeln-

periphery in world crisis, hrsg. von Rosemary Thorp. London/Basingstoke: Macmillan Press 1984, S. 50-80.

81 Zitiert in Fernand Braudel: Sozialgeschichte des 15.–18. Jahrhunderts. Bd. 3: Aufbruch zur Weltwirtschaft. München: Kindler 1990, S. 450, siehe auch S. 460 ff.

den Wachstumspol oder entstehenden Akkumulationskreislauf am Binnenmarkt geschlossen werden.

Ein weiteres Hindernis war der Kapitalmarkt, der trotz der Reformen Mitte des 19. Jahrhunderts in seiner Struktur „elitistisch" blieb. Die Hypothekar- und Privatbanken finanzieren die Großkapitalisten. Jene Wirtschaftsakteure, die nicht über Landbesitz oder Anteile an Minen als Sicherheit verfügten, bekamen hingegen keinen Kredit. Diese Situation änderte sich erst Ende der 1920er Jahre mit einem Gesetz, das die Schuldverschreibungen von Unternehmen und Gesellschaften mit beschränkter Haftung regelte, und mit der Gründung einer Bank für die Industrie. Die Kapitaleinlagen englischer Banken in Industrieunternehmen dienten reinen Investitionszwecken. Sie finanzierten in den meisten Fällen die wirtschaftlichen Unternehmungen britischer Handelsfirmen und des chilenischen Großkapitals.[82] Einzig die Immigranten-Unternehmer konnten mitunter auf Kredite der deutschen und spanischen Banken zählen. Sie bildeten aber nicht den strategischen Kern der industriellen Klasse. Die mächtigsten Akteure des Sektors waren die ausländischen Handelshäuser. Sie engagierten sich, wie oben gezeigt, jedoch in industriellen Aktivitäten, die als komplementär zum „Kerngeschäft" angesehen wurden und trugen so wenig zu einem Industrialisierungs*prozess* bei. Die Investitionen europäischer und US-amerikanischer Industriekonzerne folgten derselben Logik.

Die „ausländische Übermacht" dient den dependenztheoretisch geleiteten Autoren als Erklärung für den Rückzug bzw. die mangelnde Durchsetzungsfähigkeit der chilenischen Wirtschaftsbourgeoisie. Für andere ist es das kulturelle Erbe des Kolonialismus, das eine Rentiermentalität gefördert und „Unternehmergeist" verhindert habe. Vertreter des lateinamerikanischen Strukturalismus, die nach dem 2. Weltkrieg in der UN-Wirtschaftskommission für Lateinamerika (CEPAL) die entwicklungsstrategischen Leitlinien formulierten, betonen konjunkturelle Gründe: Unter den Bedingungen einer hohen Inflation und einer mangelnden Kapitalbildung durch Importabhängigkeit könne es einen „schumpeterianischen Unternehmer" mit langfristigen Investitionsvorhaben gar nicht geben. Warum die chilenischen Wirtschaftseliten ihre Position zugunsten ausländischer Akteure aufgaben und gesamtwirtschaftlich keine modernisierende Rolle spielten, kann man mit Wallerstein aber auch ganz grundsätzlich beantworten: Die Bourgeoisie hatte schlicht keinen Grund, eine Aufgabe zu erfüllen, mit der sie nichts zu gewinnen hatte. Die lokalen Großkapitalisten zogen den industriel-

82 US-Banken investierten vor der Weltwirtschaftkrise nicht im Ausland, mit Ausnahme der First National Bank of New York, allerdings auch nur in sehr beschränktem Ausmaß. Kirsch: Industrial development, Tabelle 17, S. 86 sowie S. 90; Couyoumdjian: Alto comercio, S. 74.

len Sektor bei entsprechenden Gewinnerwartungen in Betracht. Mit ihren Zielvorgaben – monopolistische Marktstellung, schneller Profit und wenig Risiko – entwickelte er sich aber nicht zu einer Stütze der anderen Wirtschaftszweige. Produktivitätszuwächse und gesamtwirtschaftliche Impulse blieben weitgehend aus.

3.3. Die strukturellen Beschränkungen abhängiger Industrialisierung

Nach Marx werden in entwickelten Ökonomien im Akkumulationszyklus zwei Abteilungen geschaffen: Die Abteilung I produziert Kapitalgüter für die Industrie, Landwirtschaft und den Bergbau; die Abteilung II Güter für den unmittelbaren Konsum der Bevölkerung. Die Verbindung zwischen beiden schafft einen „interindustriellen" Markt bzw. einen Akkumulationskreislauf am Binnenmarkt, der zum Motor der Reproduktion des Kapitals wird. In Chile entstand die Klasse der Produzenten der Abteilung II (Konsumgüter) Mitte des 19. Jahrhunderts. Die Produzenten der Abteilung I traten in Gestalt der ausländischen Handelshäuser auf, die begannen, Kapital- und Ausrüstungsgüter zu importieren. Das bedeutet, dass sich die Abteilung I nicht unter der Ägide eines produktiven Industriekapitals entwickelte, sondern mit dem ausländischen Handels- und Finanzkapital verbunden war. Der strategisch bedeutsame „interindustrielle" Markt zwischen den Abteilungen I und II wurde damit zu einer Funktion des Außenhandels und nicht des Binnenmarktes. Die Unternehmer, die sich auf Konsumgüter spezialisierten, setzten auf die Einfuhr von Kapitalgütern aus dem Ausland, genauso wie der Staat, der importierte Konsumgüter besteuerte, aber Kapitalgüter freistellte („sektoraler Freihandel").

Die Agenda des „nichtmonopolistischen Kapitals" (Poulantzas) umfasste folgende Forderungen: Der Staat sollte Ausrüstungsgüter für staatliche Infrastrukturprojekte von einheimischen Herstellern beziehen und deren Export in die Region fördern, eine entschiedene Zollpolitik betreiben und eine nationale Schwerindustrie aufbauen. Vor allem der letzte Punkt wurde innerhalb der Sofofa heiß diskutiert. Einigkeit konnte nicht erzielt werden: Der metallverarbeitende Sektor war dafür. Das Großkapital und die große Mehrheit der Unternehmer, die 200 bis 300 Hersteller von Konsumgütern, wandten sich gegen das Projekt einer Fábrica Nacional de Máquinas. Sie waren an den Import von Ausrüstungs- und Kapitalgütern und an Verhandlungen mit ausländischen Unternehmern gewöhnt, die zum Teil in denselben Vorstands- und Aufsichtsratsgremien saßen. Außerdem befürchteten sie, dass eine monopolistische und staatlich geschützte Kapitalgüterindustrie ihre Produktionskosten erhöhen würde. Spätestens 1910 war klar, dass dieses Projekt in Chile nicht realisiert werden würde: Die Versuche Deutschlands, eine Großindustrie in Chile zu errichten und die Briten zu verdrängen, scheiterten aufgrund des 1. Weltkriegs. Die Abteilung I blieb in der chilenischen Wirtschaftsstruktur bis in die 1930er Jahre abwesend.[83]

Eine Folge dieser am Binnenmarkt nicht zustande gekommenen Beziehung zwischen den Abteilungen I und II war die Spaltung des Währungssystems in die nationale Währung Peso für die Binnenwirtschaft und das Pfund Sterling im Import-Export-Sektor. Um die Produktion zu modernisieren, brauchte es Devisen. Ein weiterer Grund war das Fehlen eines produktiven nationalen Sektors der Abteilung II, der eine gewisse Konkurrenz- und Exportfähigkeit hätte besitzen und damit Liquidität für den Binnenmarkt generieren können. Deshalb blieben die Investitionskapazität und die Entwicklung der Abteilung II abhängig von der Importkapazität und das heißt: von einem dynamischen Primärgüterexportsektor. Wenn sich der primäre Sektor positiv entwickelte, die Exporte von Kupfer, Silber, Weizen, Nitrat, Jod, Obst, etc. eine mengenmäßige, besser natürlich eine wertmäßige Steigerung erfuhren, dann konnten die dort erzielten Überschüsse für den Import der benötigten Kapitalgüter eingesetzt werden. Der Rohstoffexportsektor finanzierte somit den chilenischen Kapitalismus.[84]

Auf die Erschütterung der kolonialen Produktionsweise und die daraus entstehenden produktiven Herausforderungen gab es für den Block an der Macht grundsätzlich zwei Möglichkeiten zu reagieren: entweder selbst die nötige produktive Struktur aufzubauen oder den Importweg zu wählen. Die erste Strategie wäre eine politische und wirtschaftliche Kehrtwendung und der Bruch mit dem ausländischen Handels- und Finanzkapital gewesen. Die mit dem Auslandskapital verbundene, freihändlerisch orientierte herrschende Klasse war dazu nicht bereit. Der zweite Weg ließ das Bündnis intakt und erforderte bestenfalls kleine Änderungen in der Unternehmensorganisation und in den Arbeitsbeziehungen. Die herrschende Klasse entschied sich, wie in 2.2. gezeigt, für die Variante „Rohstoffe + Freihandel = Steuerstaat". Auf struktureller Ebene wurden mit der Importvariante zwei Zyklen der kapitalistischen Akkumulation – Zirkulation und Produktion – miteinander verbunden. Dies geschah jedoch mit den ausländischen Handelskonglomeraten als zwischengeschalteten Akteuren, die den strategischen Ort der wirtschaftlichen Entwicklung besetzten. Es handelte sich, in anderen Worten, um die Fortsetzung des Primärgüterexportmodells auf erweiterter Basis.

83 Palma: From an export-led to an import-substituting economy; ders.: Trying to „tax and spend" oneself; Salazar: Accumulación capitalista, S. 128 ff.

84 Carmagnani: Desarrollo industrial.

Der Import von Kapitalgütern gab den Unternehmern zumindest die Möglichkeit, ihre Gewinne von den Handelsgewinnen zu „emanzipieren", indem sie Produktion und Absatz verarbeiteter Güter erhöhten. Die Abwertung des Peso und die Inflation konnten im 19. Jahrhundert erfolgreich auf die Arbeiter abgewälzt werden. Sie wurden auf Kosten der Löhne oder durch Entlassungen „gelöst".[85] Aber im ersten Jahrzehnt des 20. Jahrhunderts zeigte sich, dass die Konkurrenz- und Exportfähigkeit der verarbeitenden Industrie in Chile angesichts der Verteuerung der Importe durch den niedrigen Wechselkurs gerade einmal bis in den „alten Markt" – nach Peru, Bolivien und Ecuador – reichte. Von einer über diesen Raum hinausgehenden Wettbewerbsfähigkeit konnte keine Rede sein. Ja, nicht einmal am Binnenmarkt waren die chilenischen Industriellen den Betrieben der ausländischen Handelshäuser und Investoren gewachsen.

Sie waren Gefangene der „Wirkweisen unerledigter Vergangenheit und verhinderter Zukunft" (Bloch): konfrontiert mit fortgeschrittenen ausländischen Konkurrenten am Binnenmarkt, der Freihandelsorientierung im Machtblock, dem Wertverlust der nationalen Währung und einer Arbeiterschaft, die angesichts ihrer Lebensbedingungen immer weniger bereit war, Löhne unterhalb der Inflationsrate hinzunehmen.

85 Carmagnani: Desarrollo industrial, S. 37; zur Beschäftigung in den Nitratprovinzen siehe Cariola/Sunkel: Un siglo de historia economía, S. 85.

II. Binnenorientierte Entwicklung: Die zweite Übergangsphase zum Industriekapitalismus (1930–1973)

Die zweite Übergangsphase zum „modernen Kapitalismus" setzte in Chile in den 1930er Jahren ein. Die Weltwirtschaftskrise verdrängte die ausländischen Handelskonglomerate und schuf eine strategische Leerstelle in der wirtschaftlichen Führung. Die Krise des Außenhandels ließ keine andere Möglichkeit mehr zu, als die industrielle Entwicklung fortzusetzen und zu vertiefen. Diese Aufgabe übernahm eine Volksfrontregierung, die einzige in Lateinamerika, und mit ihr eine neue politische Klasse aus der Mittelschicht. Die Strategie der importsubstituierenden Industrialisierung zeigte allerdings nicht die erhofften Resultate: Weder die Einkommensunterschiede noch die wirtschaftliche Außenabhängigkeit hatten sich verringert. Der Triumph der Unidad Popular 1970 war eine Antwort auf die spürbar gescheiterte ökonomische Modernisierungsstrategie der Christdemokraten. Die Radikalisierung der *movimentos populares*[86] und den Linksruck der Regierung Allende beantworteten die *poderes fácticos*, die Netzwerke der rechten und finanz-industriellen Machtkartelle, 1973 mit einem Militärputsch.

1. Binnenorientierung mit fortgesetzter Außenabhängigkeit

Die Weltwirtschaftskrise traf die chilenische Ökonomie härter als die anderer Länder. Mit einem Werteinbruch von mehr als 70 Prozent bei den Exporten befand sich das Land zusammen mit Bolivien, Kuba, El Salvador, Peru, China und Malaysia an der Spitze von 49 rohstoffexportierenden Nationen. Da Kredite nicht mehr verfügbar und die Goldreserven beschränkt waren, sank die Importkapazität Anfang der 1930er Jahre wert- und mengenmäßig auf rund ein Sechstel des Wertes von 1929. Erschwerend hinzu kam eine beachtliche Staatsverschuldung. Die abnehmenden Exporteinnahmen flossen in Tilgungszahlungen, die durch die schwache Währung weiter erschwert wurden.

86 Eine deutsche Übersetzung für diesen Begriff wäre „Volksbewegungen". Allerdings erscheint diese insofern inadäquat, als „Volk" in Lateinamerika keinerlei negative Konnotation anhaftet. Die *movimentos populares* sind politische Bewegungen „von unten", an denen sich auch linke Parteien und Gewerkschaften beteiligen.

Am 15. Juni 1931 erklärte die Regierung schließlich ein Schuldenmoratorium.[87] Zu den am schwersten betroffenen Sektoren gehörten der Bergbau, dessen Erträge innerhalb von drei Jahren um 70 Prozent zurückgegangen waren, und der Bausektor. Weniger stark betroffen waren die Landwirtschaft und die verarbeitende Industrie. Bereits 1934 erreichte letztere wieder das Niveau von vor der Krise.[88]

Im Zuge der Weltwirtschaftskrise wurde die Politik eines binnenmarktorientierten Wachstums beschleunigt und vertieft. Die Erhöhung der Importzölle, Außenhandelskontrollen und eine entsprechende Geld- und Steuerpolitik stimulierten erfolgreich die Inlandsproduktion. Ende der 1930er Jahre deckten lokale Betriebe vollständig den Bedarf an leichten Konsumgütern und zu drei Vierteln an langlebigen Konsumgütern, Zwischenprodukten und Kapitalgütern. Die höchsten Produktionssteigerungen erzielte, wie in ganz Lateinamerika in dieser Periode, der Textilsektor, gefolgt von der metallverarbeiteten Industrie und der Holzverarbeitung. Diese Steigerung verdankte sich nicht in erster Linie einer Zunahme der Produktivität, sondern dem Zuwachs an Unternehmen und Beschäftigten.[89]

Die Ankurbelung der Industrieproduktion in Chile darf jedoch nicht verwechselt werden mit wirtschaftlichem Nationalismus. So blieb die Nitratproduktion unter der Mehrheitskontrolle der Guggenheims, die großen Kupferminen befanden sich zu 90 Prozent in den Händen von US-Eigentümern und -investoren. Auch von einer kohärenten nationalen Entwicklungsstrategie konnte zunächst

87 Die chilenische Regierung konnte allerdings noch bis 1930 Kredite aufnehmen, im Unterschied zu den anderen Ländern Lateinamerikas, die vom plötzlichen Kreditstopp der USA im Juni 1928 hart getroffen wurden. Die Rezession trat deshalb in Chile erst 1930 offen zu Tage. Charles P. Kindleberger: The 1929 World Depression in Latin America – from the outside. In: Latin America in the 1930s. The role of the periphery in world crisis, hrsg. von Rosemary Thorp. London/Basingstoke: Macmillan Press 1984, S. 315-329.

88 Frederick Stirton Weaver: Latin America in the world economy. Mercantile colonialism to global capitalism. Boulder: Westview Press 2000; Markos Mamalakis: The growth and structure of the Chilean economy. From independence to Allende. New Haven: Yale University Press 1976.

89 Muñoz: Crecimiento industrial; Palma: From an export-led to an import-substituting economy, S. 64 ff. Bereits im letzten Drittel des 19. Jahrhunderts waren Tausende Familien auf der Flucht vor den unwürdigen Lebensbedingungen am Land nach Santiago und in kleinere Städte im Valle Central, nach Valparaíso und in die nördlichen Bergbauprovinzen gezogen. Die Ansiedlung von Industrie in großen Städten, insbesondere in der Hauptstadt, verstärkte die Land-Stadt-Migration. In den späten 1930er Jahren war Chiles Bevölkerung überwiegend in Städten konzentriert; die Bevölkerung Santiagos wuchs von rund einer halben Million in den 1920er Jahren auf über zwei Millionen Anfang der 1960er Jahre.

keine Rede sein. Was später zum Modell der importsubstituierenden Industrialisierung (ISI) wurde, begann mit lose verbundenen Maßnahmen. Mit diesen wurde auf den Devisenmangel und die schwache Investitionsneigung der Unternehmer reagiert.[90]

Ganz anders das Bild in der Landwirtschaft: Sie verlor den Anschluss an die allgemeine Entwicklung. Sämtliche Indikatoren – Gewinne, Investitionen, Output, Düngemitteleinsatz, Importe von Maschinen und Ausrüstungsgütern sowie der Expansionsrhythmus kultivierter Flächen – gingen ab 1930 zurück. Nahrungsmittel mussten zu hohen Kosten importiert werden, um die wachsende städtische Bevölkerung zu ernähren.[91] Strukturalisten erklären dies mit den monopolistischen Besitzverhältnissen in Chile und mit der Vorrangstellung der Industrie im Rahmen der ISI-Strategie.[92] Allerdings diskriminierten die wirtschaftspolitischen Maßnahmen, die auf die Weltwirtschaftskrise folgten, den Agrarsektor nicht, im Gegenteil. Geförderte Kredite, eine geringe Steuerbelastung und ein Ausgleich für Exportverluste sollten die Produktion stimulieren. Zudem gab es eine Reihe von Ausnahmen für Importsteuern auf Kapital- und Zwischengüter, die in der Landwirtschaft benötigt wurden. Ein anderes Argument, in der zeitgenössischen Debatte von liberaler Seite vorgebracht, sieht in den Preiskontrollen für (Grund-) Nahrungsmittel das entscheidende Hemmnis für eine effiziente Agrarproduktion.

90 Die ISI-Strategie sollte den lateinamerikanischen Ländern ein Aufschließen zu den fortgeschrittenen Ländern ermöglichen. Sie wurde nach dem 2. Weltkrieg von der UN-Wirtschaftskommission für Lateinamerika, der CEPAL, konzipiert („Cepalismo“, „Desarrollismo“) und war eine Reaktion auf die sich verschlechternden *terms of trade* für Primärgüter und den Protektionismus der Industrieländer, v.a. der USA. Wichtige Elemente waren Zollschutz und Förderung für lokale Unternehmen sowie staatliche Steuerung. Celso Furtado: Economic development of Latin America. Cambridge: Cambridge University Press 1970.

91 Mamalakis beziffert die jährliche durchschnittliche Wachstumsrate zwischen 1933 und 1955 mit knapp unter 1,5 Prozent jährlich (Mamalakis: Growth and structure, S. 130). Nach Berechnungen von Ffrench-Davis [u.a.] lag sie zwischen 1940 und 1953 bei 1,8 Prozent (Ricardo Ffrench-Davis [u.a.]: The industrialization of Chile during protectionism, 1940–1982. In: An economic history of twentieth-century Latin America, hrsg. von Enrique Cárdenas [u.a.]. Bd. 3: Industrialization and the state in Latin America. The postwar years. Basingstoke/New York: Palgrave 2000, S. 114-153, hier S. 140).

92 Zu Beginn der 1950er Jahre besaßen 1,4 Prozent der Landbesitzer 62,8 Prozent der landwirtschaftlichen Nutzfläche, im Jahr 1965 waren es 0,3 Prozent, die über 55 Prozent verfügten, siehe Federico G. Gil: The political system of Chile. Boston: Houghton Mifflin Company 1966, S. 148. Die Zahlenangaben variieren je nach Quelle (je nachdem, welche Einheiten der Berechnung zu Grunde liegen), bestätigen aber die starke Konzentration.

Die Preis- und die gesamte Agrarpolitik war allerdings einer sensiblen Interessenpolitik geschuldet. Die Industriebourgeoisie und die Regierungen der 1930er und 1940er Jahre widersetzten sich gleichermaßen einer Anhebung des Preises für landwirtschaftliche Güter, weil daraus ein Lohndruck in den städtischen Industrien und damit auf den Profit entstanden wäre. Die Preisbindung war mithin gleichbedeutend mit einem Einkommenstransfer an die städtischen Arbeiter und Konsumenten. Für die Großgrundbesitzer bedeuteten die niedrigen Preise für landwirtschaftliche Güter keine Gefahr – denn diese waren gar nicht auf Erträge im Agrarsektor angewiesen. Sie hatten längst auch andere wirtschaftliche Standbeine aufgebaut. Die Hauptlast der Krise trugen die kleinen und mittleren Produzenten, die weder auf staatliche Kompensationen noch auf andere Einkunftsquellen zählen konnten.

Der zweite Aspekt der Interessenpolitik bestand darin, die Großgrundbesitzer mit der Unterdrückung gewerkschaftlicher Aktivitäten, niedrigen Löhnen sowie der Verhinderung einer Landreform zufrieden zu stellen. Zusammengefasst herrschte folgender Konsens: billige Lebensmittel für die städtischen Arbeiter im Tausch gegen die Aufrechterhaltung der Besitzverhältnisse am Land und die Verfügungsgewalt der Großgrundbesitzer über eine ungeschützte, gewerkschaftsfreie ländliche Arbeitskraft. Dieser Konsens zwischen regierender Klasse und den *poderes fácticos* hielt bis weit in die 60er Jahre des 20. Jahrhunderts.[93]

Eine Landreform und stärker integrierte Agrarpolitik initiierte erst die Regierung Frei (1964–1970). Anders als in Mexiko, Bolivien, Guatemala oder Kuba war die Landreform in Chile keine Reaktion auf heftige soziale Auseinandersetzungen. Sie war ihrem Charakter nach gemäßigt. Die Landarbeiter erhielten das Recht, sich gewerkschaftlich zu organisieren und eine Mindestlohnregelung. In der Folge stiegen die Realeinkommen der Landbevölkerung, was zu ihrer stärkeren Integration in den Markt führte. Tiefgreifend verändert wurde die ungleiche Landverteilung allerdings nicht. Zwar waren Enteignungen ineffizient geführter Latifundien möglich, sie mussten aber von der Regierung finanziell kompensiert werden. Zwischen dem Beginn der Landreform und dem Ende der Regierungsperiode Frei wurden 1.400 *fundos* enteignet. Das entspricht etwa einem Viertel der gesetzlich dafür in Frage kommenden Latifundien. Die offizielle

93 Dass die herrschende Politik auch die Volksfrontära (1938 bis 1952) überdauerte, kann mit den Interessenlagen der führenden Kraft im Regierungsbündnis, der mittelständischen Radikalen Partei, begründet werden. Ihre Vertreter waren erstens selbst mit den Agrarunternehmern des Südens verbunden; zweitens wäre ihre wichtigste Wählerbasis, die städtischen Mittelklassen, von höheren Löhnen im Agrarsektor und den daraus erwachsenden steigenden Lebensmittelpreisen negativ betroffen gewesen. Drittens hätte wohl einzig die (radikale) Linke von einer Landarbeitergewerkschaft profitiert und damit die Position der Radikalen Partei im Regierungsbündnis geschwächt.

Zahl der Grundbesitzer ging um ein Drittel zurück. Dennoch blieb ein Großteil des fruchtbaren Landes in ihrem Besitz – entweder, weil es von ihnen selbst unterteilt wurde, um der Konfiszierung zu entgehen, oder, weil dem Besitzer im Falle der Enteignung ein Grundstück seiner Wahl von bis zu 80 Hektar überlassen wurde. Zudem durften die ehemaligen Grundbesitzer den gesamten Maschinenpark, den Viehbestand und das Saatgut behalten. Das Versprechen der Regierung, 100.000 bäuerliche Kleinproduzenten mit Land zu versorgen, blieb für mehr als zwei Drittel von ihnen uneingelöst.[94]

Die Politik unter Frei zielte weniger auf die Umverteilung von Land als vielmehr darauf, eine ertragreichere und effektivere landwirtschaftliche Produktion zu fördern. Dies galt insbesondere für Sektoren von agroindustrieller Bedeutung und mit Wachstumspotenzial (wie Obst, Wein, Rüben). Eine wichtige Rolle spielte dabei die Corfo, die staatliche Agentur für Produktionsförderung. Sie trieb die Mechanisierung der Landwirtschaft und den Aufbau einer Agroindustrie voran (z.B. mit der Gründung von Molkereien, Zellulose- und Zuckerrübenfabriken). Vielfach wurden solche Modernisierungsprojekte in technischer und finanzieller Kooperation mit den USA durchgeführt.

Das endgültige Aus für die Latifundien kam erst mit den Landbesetzungen und Enteignungen unter der Unidad Popular. Produktivität und Output verbesserten sich allerdings nicht, im Gegenteil. Der Ertragsrückgang von 10 bis 15 Prozent am gewaltsamen Ende der sozialistischen Regierungszeit 1973 lag an der Ineffizienz der nunmehr „mittelgroßen" *fundos*. Die Schaffung einer *área reformada*, die mehr als die Hälfte der landwirtschaftlich kultivierten Fläche des Landes umfasste, begünstigte den Schwarzmarkt.[95]

Nicht nur zwischen Industrie und Landwirtschaft zeigten sich in der ISI-Periode Ungleichgewichte, auch das Wachstum innerhalb der Industrie selbst schwankte über die Zeit beträchtlich. Am stärksten wuchs der industrielle Sektor während der 1940er Jahre, um jährlich durchschnittlich acht Prozent. Danach reduzierte sich das Wirtschaftswachstum in Chile merklich und rangierte unter-

94 Cristóbal Kay: Agrarian reform and the class struggle in Chile. In: Latin American Perspectives 5, 1978, S. 117-140, hier S. 123 ff.; Sergio Aranda/Alberto Martínez: Estructura económica. Algunos características fundamentales. In: Chile, hoy, hrsg. von Aníbal Pinto [u.a.]. México: siglo xxi editores 1970, S. 55-172, hier S. 147.

95 Die Bauern im reformierten Sektor erhielten einen monatlichen Betrag, unabhängig von Erträgen oder Arbeitsleistung. Viele Bauern betrieben daher „nebenbei" eine eigene kleine Landwirtschaft, deren Erträge sie auf dem entstehenden Schwarzmarkt verkauften. Die dort zu erzielenden Preise waren um einiges höher als die staatlich garantierten Abnahmepreise für Grundnahrungsmittel. Siehe Kay: Agrarian reform, S. 131 f.; Jonathan R. Barton: The legacy of Popular Unity. Chile 1973–2003. In: Capital & Class 82, 1997, S. 9-16.

halb des lateinamerikanischen Durchschnitts.[96] Die Importstruktur zeigt, dass Konsumgüter mit wenig Kapitalbedarf und relativ niedrigem Technologieeinsatz Einfuhren zwar weitgehend ersetzten, sich der Importbedarf aber nicht verminderte. Er verschob sich lediglich: weg von Konsumgütern und hin zu Halbfabrikaten, Investitionsgütern und Rohstoffen, die in der Industrie benötigt wurden.

Die Regierungen der ISI-Periode bauten die staatliche Wohlfahrtspolitik mit Arbeiterschutzbestimmungen, Mindestlohn- und Abfertigungsregelungen aus. Soziale Leistungen konzentrierten sich auf jenen Teil der – vornehmlich männlichen, städtischen – Arbeiterschaft, der politisch gut organisiert und in strategisch wichtigen Sektoren beschäftigt war (Militär, Bergbau, ISI-Leitindustrien, öffentlicher Dienst, Bildungswesen). Generell waren Angestellte besser gestellt als Arbeiter. Landarbeiter waren bis 1965 gänzlich von sozialpolitischen Regelungen ausgeschlossen.[97]

Die Staatseinnahmen konnten mit der Entwicklung der sozialen Ausgaben allerdings kaum Schritt halten, weil es nicht gelang, die Besitzenden über Steuern ausreichend zur Kasse zu bitten. Die primäre Einnahmequelle für den Staat bildeten in der gesamten Periode die indirekten Steuern. Hier überragten die Konsumsteuern ab Mitte der 1940er Jahre die Abgaben auf Importe, Exporte und Rohstoffgewinnung erheblich. Abgaben auf Besitz und Vermögen, die 1928 eingeführt worden waren, machten rund 20 Prozent des gesamten Steueraufkommens aus. Landbesitz wurde bis 1964 einheitlich mit lediglich drei Prozent seines geschätzten Wertes besteuert.[98] Dieser Verteilungskampf wurde über die Notenpresse „gelöst“ und führte zu jener galoppierenden Inflation, die ab Mitte der fünfziger Jahre zu einem Problem aller sozialen Schichten wurde.[99]

96 Daten der CEPAL in Igor Paunovic: Growth and reforms in Latin America and the Caribbean in the 1990s. Santiago: CEPAL 2000, Tabellen 2 und 3, S. 10 und S. 13.

97 Jäger: Sozialpolitik; Ffrench-Davis [u.a.]: Industrialization, S. 139 ff.

98 Braun [u.a.]: Economía chilena, S. 84. Gil: Political system, S. 173 ff.

99 Wie auf die hohe Inflation zu reagieren sei, wurde (nicht nur) in Chile sehr kontrovers diskutiert. Strukturalisten sehen die Ursache in den spezifischen Ungleichgewichten einer peripheren Ökonomie, etwa dem schwachen Agrarsektor, fehlenden Devisen und inländischen Ersparnissen sowie im Steuersystem. Werden keine langfristigen Strukturreformen gemacht, schafft Inflationsbekämpfung nur neue Ungleichgewichte (wie Arbeitslosigkeit, Reichtumskonzentration). Monetaristische Ökonomen setzen hingegen auf eine schnelle Inflationsbekämpfung durch verminderte Staatsausgaben, Kontrolle der Geldmenge, Freigabe der Preise etc. In Chile oszillierten die Regierungen der 1950er Jahre zwischen diesen Polen. Frei versuchte der Inflation durch langfristige Strukturreformen beizukommen.

1.1. Die Grenzen der Importsubstitution

In Chile vollzog sich, wie auch in den anderen Ländern Lateinamerikas, eine „abhängige Entwicklung“ (F.H. Cardoso): Die Maßnahmen des Entwicklungsstaates bewirkten zwar einen Fortschritt im Industrialisierungsprozess, die industrielle Wachstumsrate zu halten stieß aber auf große Probleme. Der Grund dafür liegt in dem Umstand, dass die als *sustitución fácil* bezeichnete erste Etappe der Importsubstitution etwa Mitte der 1950er Jahre zu Ende war. Um die zweite Phase – die Substitution von Kapitalgüterimporten und die Herstellung exportfähiger Industrieprodukte – voranzutreiben, hätte es Kapital, fortgeschrittene Technologie und größere Märkte gebraucht. Erst dadurch wäre eine Massenproduktion rentabel geworden. Auch die Diversifizierung der Ausfuhren gelang nicht. Exportführer blieb der Kupfersektor, der keine *linkages* zur nationalen Industrie aufwies. Gewinne wurden von den multinationalen Konzernen kaum in Chile reinvestiert.

Das ISI-Modell scheiterte an mehreren, miteinander verwobenen Schwierigkeiten. Eine Schwachstelle war die ungleiche Einkommensverteilung. Insgesamt stiegen die Löhne und Gehälter in der Periode der Volksfrontregierungen von 1940 bis 1953 real um 40 Prozent. Dieser Anstieg war jedoch in hohem Maße ungleich verteilt. Während sich die manuell Arbeitenden mit lediglich sieben Prozent zufrieden geben mussten, verbuchten die Angestellten eine Gehaltssteigerung von 46 Prozent. Die Gruppe der Unternehmer, Kapitaleigner und Selbständigen verzeichnete mit Abstand den höchsten Zuwachs: ein Plus von 60 Prozent. Ab 1953 verschob sich die Einkommensverteilung im Land noch mehr zugunsten der wohlhabenden Schichten. Unter Alessandri steigerte die Kapitalseite – die so titulierte Bourgeoisie und das Kleinbürgertum – ihren Anteil an den nationalen Einkommen von 63 auf 68 Prozent. Angestellte und Arbeiter verzeichneten komplementäre Verluste, wobei letztere die größten Einbußen hinzunehmen hatten. Auch unter Frei holten die Blue-Collar-Arbeiter nur geringfügig auf, ihr Lohnniveau blieb real unter jenem von 1960.[100]

Die zweite Schwachstelle war Chiles fortgesetzte Abhängigkeit vom Zufluss ausländischen Kapitals. Um die staatlichen Ausgaben zu finanzieren, nahmen die Regierungen Kredite im Ausland auf. Auch die lokale Importsubstituierung ging einher mit einer verstärkten Durchdringung der chilenischen Wirtschaft mit ausländischem, insbesondere US-amerikanischem Kapital (siehe Abschnitt 1.2). Der

100 Zur Einkommensverteilung siehe Pinto: Desarrollo frustrado, S. 224 ff., Tabelle XV, S. 225, basierend auf Berechnungen der CEPAL. Für die Periode ab 1960 siehe Barbara Stallings: Class conflict and economic development in Chile, 1958–1973. Stanford: Stanford University Press 1978, S. 215-226.

Devisenabfluss durch Gewinne und Dividenden auf ausländische Direktinvestitionen sowie für Zinszahlungen auf Auslandskredite war erheblich: Er stieg zwischen 1950 und 1967 um mehr als 300 Prozent. Die Wachstumseffekte, die vom Zustrom an Auslandskapital ausgingen, waren jedoch gering, wie die Raten in der Industrie zeigen. Die Direktinvestitionen ausländischer Kapitalgeber stimulierten überdies nicht die unternehmerischen Aktivitäten ihrer chilenischen Kollegen: Die Investitionsrate, in der Nachkriegsperiode bis 1973 generell unter dem lateinamerikanischen Durchschnitt, fiel in der zweiten Hälfte der 1960er nochmals stärker gegenüber der ersten Hälfte des Jahrzehnts.[101]

Die dritte Achillesferse des ISI-Modells bildete das Verhältnis zwischen Staat und Unternehmern. Die CEPAL ging in ihrem entwicklungsstrategischen Konzept von der Prämisse aus, dass die importsubstituierende Industrialisierung ein „gemeinsames Projekt" der progressiven politischen Klasse, der staatlichen Manager und der einheimischen Unternehmer sei. Die Vertreter der organisierten Arbeiterbewegung sollten in die tripartistischen Entscheidungsstrukturen einbezogen werden. Eine zweite Prämisse besagte, dass innerhalb des Bündnisses zwischen Staat und Unternehmern ersterer die Rolle des *senior partner* zu übernehmen habe: Die staatlich geförderte und gelenkte Industrialisierung wurde als notwendig angesehen, weil der einheimische Privatsektor und Kapitalmarkt zu schwach waren.[102]

Staatliche Planung und Intervention stießen in der Praxis jedoch auf eine Reihe von Schwierigkeiten. Ein Problem war die Frage, wie es dem Staat gelingen sollte, private Investitionen zu lenken: aus jenen Sektoren heraus, die zwar hohe Kapitalerträge versprachen, aber entwicklungspolitisch nicht oder wenig bedeutsam waren, in jene Bereiche hinein, die hohe soziale Erträge brachten. Um private Investitionen nicht nur nach schnellen Gewinnen zu richten, sondern in Einklang mit der nationalen wirtschaftlichen Entwicklung zu bringen, setzten Entwicklungsplaner in Chile auf „weiche" Mittel wie geförderte Kredite, Steuervor-

101 Die verfügbaren Zahlen über private und öffentliche Investitionen differieren nach Berechnungsart, zeichnen aber ein übereinstimmendes Muster: Ab Mitte der 1960er Jahre gingen die privaten Investitionen stark zurück und bewegten sich fortan um vier bis fünf Prozent des BIP. Für ein anhaltendes Wachstum um fünf Prozent wird von einer Investitionsquote von 21 Prozent am BIP ausgegangen. Staatliche Investitionen kompensierten den Ausfall. Siehe Stallings: Class conflict, Tabelle 7.4., S. 162 und Tabelle A.7., S. 248; Aranda/Martínez: Estructura económica, Tabelle 34, S. 162; Leonicio Flavio Rojas: Industrial firm-founders and development strategies in Chile. The generations of neo-liberalism. Unpublished dissertation, Department of Sociology, Duke University 1991, Tabelle 5, S. 63-64.

102 Valpy FitzGerald: La CEPAL y la teoría de la industrialización. In: Revista de la CEPAL, número extraordinario, Octubre 1998, S. 47-61.

teile und Subventionen. Diese Begünstigungen nahmen die chilenischen Unternehmer bereitwillig an, eine Einmischung in ihre Investitionsentscheidungen und Unternehmenspolitik verbaten sie sich aber. Es oblag deshalb gänzlich dem Staat, kapitalintensive Sektoren wie etwa die Grundstoff- und Versorgungsindustrien aufzubauen und zu finanzieren.[103]

Eine wichtige institutionelle Neuerung kann als Anschauungsbeispiel für das gespannte Verhältnis zwischen Entwicklungsstaat und Unternehmern dienen: die Gründung der Corfo im Jahr 1939. Die Entwicklungsagentur sollte laut Gründungsakt eine „zielgerichtete Industrialisierung“ anleiten. Ihr praktisches Wirkungsfeld bestand darin, Industrieunternehmen zu gründen und zu fördern. In manchen Fällen kaufte die Corfo Anteile an bestehenden Firmen, in anderen Fällen errichtete sie unter Einsatz von Privatkapital neue Unternehmen oder leistete Starthilfe. Ihre zweite Aufgabe war die Bereitstellung von Krediten an die Privatwirtschaft. Diese wurden zum Teil in chilenischen Pesos ausgegeben. Von größerer Bedeutung waren jedoch die Dollarkredite, die die Corfo im Ausland – in erster Linie bei der Export-Import Bank der US-Regierung (Ex-Im-Bank) – aufnahm und für die sie die Sicherheiten garantierte.

Die Gründung der Corfo war von heftigen Debatten im Kongress begleitet. Konfliktträchtig war nicht die Einrichtung der Agentur an sich (Unternehmerkreise hatten schon lange eine Koordinierungs- und Finanzierungsstelle gefordert). Vielmehr ging es um die Frage, mit welcher Finanzierungsgrundlage, Entscheidungsstruktur und welchen Machtbefugnissen sie ausgestattet werden sollte.[104] Die Industriellenvereinigung und die liberal-konservativen Parteien setzten sich insofern durch, als die Corfo nur zu einem geringen Teil aus direkten Steuern finanziert wurde – die Dotierung erfolgte aus Auslandskrediten (der Ex-Im-Bank und später der Weltbank). Im Vorstand der Agentur hatten die vier Unternehmerorganisationen aus Industrie, Landwirtschaft, Bergbau und Handel (Sofofa, SNA, Sonami und CCC) sowie ein Vertreter der Gewerkschaftsdachor-

103 Eduardo Silva: The import-substitution model. Chile in comparative perspective. In: Latin American Perspectives 34 (3), 2007, S. 67-90; Paul Drake: Chile, 1930–58. In: The Cambridge history of Latin America. Bd. 8: Latin America since 1930. Spanish South America, hrsg. von Leslie Bethell. Cambridge [u.a.]: Cambridge University Press 1991, S. 269-382; Vivek Chibber: Reviving the developmental state? The myth of the “national bourgeoisie”. In: Socialist Register 2005. The empire reloaded, hrsg. von Leo Panitch und Colin Leys, S. 144-165.

104 Nach Thorp und Arriagada wurde die Zustimmung der Rechten zur Regierungsvorlage im Tausch gegen die Ächtung der Landarbeitergewerkschaft und Aufrechterhaltung der Besitzverhältnisse am Land erkauft. Siehe Arriagada: La oligarquía patronal; Thorp: Progress, poverty and exclusion, S. 121; Correa widerspricht (Sofía Correa Sutil: Con las riendas del poder. La derecha chilena en el siglo XX. Santiago: Editorial Sudamericana 2004, S. 87).

ganisation und der Ingenieure Sitz und Stimme. Parlament und Senat entsendeten je zwei Vertreter, drei Mitglieder nominierte der Staatspräsident. Politische Repräsentanten bildeten mithin die Mehrheit gegenüber den Interessenverbänden. Dennoch war die Planungsbehörde kein Werkzeug in den Händen einer progressiven politischen Allianz: Erstens wurden die parlamentarischen Körperschaften, denen die Kontrolle der Geschäftstätigkeit der Corfo oblag, von Konservativen dominiert; zweitens erforderten wichtige Entscheidungen eine Zweidrittelmehrheit im Vorstand.

Konfrontationen mit dem Privatsektor blieben aus. Es war schnell klar, dass es weder darum ging, einen staatlichen Industriesektor aufzubauen noch aus der Agentur eine Interventionsbehörde zu machen. Ziel war es vielmehr, in die Infrastruktur für die industrielle Entwicklung zu investieren und den Privatsektor durch Finanzstimuli und technische Hilfe zu stärken.[105]

1.2. Monopolstrukturen und Auslandskapital am Binnenmarkt

Der Schutz der lokalen Unternehmen vor ausländischer Konkurrenz führte erneut zu Monopolstrukturen in verschiedenen Industriezweigen. Diese Tendenz zur Konzentration kann zum einen mit dem beschränkten Binnenmarkt und der peripher-abhängigen Position erklärt werden. Aus ihr ergab sich ein hoher Technologie- und Kapitalbedarf, dem nur die großen Unternehmen mit Marktmacht begegnen konnten. Zum anderen suchten auch die Planer und Politiker einen „ruinösen" Wettbewerb am kleinen Binnenmarkt zu vermeiden. Für die Unternehmer selbst war es selbstredend von Vorteil, Konkurrenz zu mindern. Damit sicherten sie sich nicht nur die Monopolgewinne, sondern entgingen auch dem Druck zur ständigen Aufwertung bzw. Effizienzsteigerung ihrer unternehmerischen Aktivitäten.

Nach den Berechnungen von Lagos stieg die Konzentration (gemessen an den Beschäftigten) zwischen 1937 und 1957 um 16 Prozent. Im Jahr 1957 generierten weniger als ein Prozent der Unternehmen des Landes 38 Prozent der

105 Zu den bedeutendsten Unternehmensgründungen, an denen die Corfo voll umfänglich oder teilweise beteiligt war, gehörten Endesa (Energie), CAP (Stahl), der Erdölkonzern Enap, die Zuckerraffinerie Iansa und die Fluglinie LAN. Wenn die Firmen (und Profitraten) sich stabilisiert hatten, wurden sie unter ihrem Buchwert – vornehmlich an chilenisches Privatkapital, mitunter auch an US-Investoren – verkauft. In den 1960er Jahren förderte die Agentur v.a. die Exportdiversifizierung. Während der Unidad Popular-Periode nationalisierte die Corfo die dafür vorgesehenen Unternehmen; ab 1973 führte sie dann den Reprivatisierungsprozess durch. Siehe Stallings: Class conflict, S. 48, S. 58; Ffrench-Davis [u.a.]: Industrialization, S. 127 ff.

Wertschöpfung des verarbeitenden Sektors. Generell war die Produktion von Kapitalgütern am stärksten konzentriert, gefolgt von den Zwischengütern und den Konsumgüterindustrien. Bei letzteren wiesen allerdings einige Zweige (Tabak, Getränke) eine monopolistische Struktur auf.[106] Mitte der 1960er Jahre vereinigten die 25 führenden „produktiven Unternehmen" mehr als die Hälfte des Vermögens aller Unternehmen in Chile auf sich (Banken und Finanzinstitutionen ausgenommen). Die meisten dieser Betriebe stammten aus der Frühgeschichte der Industrialisierung. Ab Anfang der 1950er Jahre ging die Zahl der Firmenneugründungen stark zurück. Die staatliche Schutz- und Förderpolitik verbreiterte also nicht die unternehmerische Basis, sondern begünstigte die „Großen".[107]

Die unter dem Schutz des Staates entstandenen Unternehmen können auch als Erscheinungsform einer neuartigen Fraktion der besitzenden Klasse gesehen werden: einer weitgehend integrierten Handels-, Finanz- und Industriebourgeoisie mit Verbindungen zum Auslandskapital (siehe Abschnitt 3). Ihr größtes Geschäftsfeld waren ISI-Industrien, und ihre Endprodukte waren auf den lokalen Markt gerichtet. Die in ihrem Besitz stehenden größten Privatbanken des Landes – Banco de Chile, Banco Sudamericano, Banco Edwards, Banco de Crédito e Inversiones (BCI) und Banco Español de Chile – verfügten im Jahr 1970 über fast 60 Prozent der nationalen Währungsreserven, Spareinlagen und Gewinne im Bankensektor. Angesichts der inflationären Tendenzen und des beschränkten Kapitalmarktes waren die Geldinstitute ein wichtiges Finanzierungsinstrument für die unternehmerische Expansion ihrer Eigentümer.

Die Konzentration der ausländischen Handelsunternehmen auf den industriellen Sektor in der ISI-Periode hatte zur Folge, dass sie zwischen 1930 und 1957 die meisten Fabriken gründeten – mehr als die einheimischen Unternehmer oder die Corfo. Multinationale Konzerne investierten nicht nur in die Konsumgüterindustrien, sondern immer häufiger auch in technologisch fortgeschrittene Sektoren, etwa Energie, Chemie und Telekommunikation (die US-Telefonfirma ITT war Marktführer). Weil Handelsbeschränkungen und Zollbarrieren die Einfuhren verteuerten, war es rentabler, den lateinamerikanischen Markt durch eine Produktion vor Ort zu versorgen. Das galt beispielsweise für die Automobilproduk-

106 Siehe Lagos: La industria, S. 72, S. 104, S. 115-121, S. 159-177. Der ermittelte Konzentrationsgrad ist relativ hoch, wurde aber beispielsweise von den USA im selben Zeitraum noch übertroffen; der Wert hinsichtlich der Wertschöpfung entsprach relativ jenem der USA. Einen ähnlichen Konzentrationsgrad wie Chile wiesen auch Frankreich, Kanada, Italien und Schweden auf, und zwar sowohl bezogen auf die Gesamtwirtschaft als auch auf die Sektorebene.

107 Oscar Muñoz: Los inesperados caminos de la modernización económica. Santiago: Editorial Universidad de Santiago 1995, S. 16 f.; Ffrench-Davis [u.a.]: Industrialization, S. 115 ff.; Petras: Politics and social forces, S. 43.

tion. Der Ford Motor Company, die bereits 1924 ein Zweigwerk in Chile eröffnet hatte, folgten in den 1950er und 1960er Jahren Fiat, General Motors, Nissan, Peugeot, British Leyland und andere Autohersteller. Die Multis gründeten Tochterunternehmen, manchmal in eigenem Namen, manchmal in Kooperation mit lokalen Unternehmern, oder tauschten Konzessionen und Patente gegen Aktienanteile an heimischen Betrieben. US-Konzerne nutzten die Vorrangstellung, die ihnen im Rahmen von US-kreditfinanzierten Projekten zukam.

Mitte der 1960er Jahre überwog ausländisches Kapital in der Stahlproduktion (Koppers), bei elektrischen Maschinen, Tabak (British American Tobacco) und in der Milchwirtschaft. In den Branchen (Petro-) Chemie und Arzneimittel (z.B. Bayer, Shell, Dow Chemical, Duncan Fox), Getränke und Genussmittel (Coca Cola, Nestlé), Gummi- und Reifenherstellung (General Tire and Rubber Corporation), bei metallverarbeiteten Produkten und in der Transportausrüstung war sein Einfluss erheblich. Im Großhandel waren britische und US-amerikanische Unternehmer führend (Duncan Fox, Williamson Balfour bzw. Grace und Wessel Duval).[108]

In den Vorständen von 42 auslandskontrollierten Industrieunternehmen (aus dem Sample der führenden 100 Unternehmen in Chile, Daten von 1970) saßen 179 Chilenen.[109] Eine Kooperation mit der lokalen Wirtschaftselite hatte für die Multis eine Reihe von Vorteilen: Sie profitierten von ihren lokalen Marktkenntnissen und konnten mit ihrer Beteiligung mitunter diskriminierende Gesetze umgehen, die ihre Investitionsaktivitäten beschränkt hätten. Bündnisse zu schmieden war angesichts politischer Polarisierung – und der Gefahr von Nationalisierungen – zudem ratsam.

Chilenisches Privatkapital war dennoch stark in der verarbeitenden Industrie vertreten. Auch in der Gasversorgung, Kohleproduktion, Forstwirtschaft und Fischerei dominierten lokale Unternehmer. Die Verbindung von einheimischem und ausländischem Kapital zeigt folgendes Bild: Je größer das Unternehmen bzw. sein Vermögen, desto höher der Anteil ausländischer Beteiligung. Mitte der 1960er Jahre standen elf der 25 führenden Unternehmen mehrheitlich in ausländischem Besitz. Das entspricht 63 Prozent des Vermögens (in der Gruppe 51–100 verfügten ausländische Konzerne, die in Chile aktiv waren, „nur mehr" über

108 Multinationale Konzerne dominierten ja bereits den Rohstoffsektor, der mehr als die Hälfte der gesamten ADI auf sich zog. Kennecott und Anaconda besaßen die größten Kupferminen, Bethlehem Steel beutete die Eisenminen aus. Britisches und US-amerikanisches Kapital dominierte den Jod- und Nitratsektor.

109 Roger Burbach: The Chilean industrial bourgeoisie and foreign capital, 1920–1970. Unpublished dissertation, submitted at the Department of History, Indiana University 1975, S. 164.

19 Prozent des Vermögens aller in dieser Gruppe befindlichen Unternehmen). Andererseits war in den auslandskontrollierten Unternehmen auch ein markanter Anteil chilenischen Kapitals feststellbar. Hier kann man die umgekehrte Tendenz erkennen: Je kleiner das mehrheitlich in ausländischem Besitz stehende Unternehmen, desto größer der lokale Anteil.[110]

Dass in lokal-transnationalen Allianzen sowohl individuelle unternehmerische Strategien als auch das Klasseninteresse eindeutig besser gewahrt wurden, brachten die Spitzenverbände Sofofa und CPC zum Ausdruck: Sie traten für den ungehinderten Zufluss ausländischen Kapitals und für günstige Investitionsbedingungen ein.

1.3. *Estado popular* und gewaltsames Ende der Importsubstitution

Mit dem Wahlsieg der Unidad Popular im Jahr 1970 wurden die von der Bourgeoisie befürchteten Nationalisierungen Wirklichkeit. Im zweiten Jahr ihrer Amtszeit ging die Regierung Allende daran, große Unternehmen im Rohstoff- und im Finanzsektor, im Außenhandel sowie strategisch wichtige Industriebetriebe zu verstaatlichen.

Mit der Sozialisierung von Unternehmen im verarbeitenden Bereich sollte die wirtschaftliche Konzentration aufgebrochen und der von Corfo und Planungsministerium konstatierten mangelnden Auslastung industrieller Kapazitäten entgegengewirkt werden. Angesichts leerer Kassen und der Kreditblockade – um die sozialistische Regierung zu schwächen, verweigerten die Ex-Im-Bank, private Banken und die multilateralen Geber Kredite oder verminderten ihre Kreditlinien drastisch – sollte die Nationalisierung der Kupferminen das dringend benötigte Geld für soziale Ausgaben bringen. Die Sozialisierung von Eigentum war gleichzeitig verbunden mit einer Stärkung der Volksmacht (*poder popular*): Die Gestaltungs- und Entscheidungsmacht sollte von der Bourgeoisie an die organi-

110 Die konkreten Zahlenangaben variieren, was an der Zuordnung der Aktienanteile und der relativ starken Fluktuation liegen dürfte. Zudem spiegeln die Zahlen nicht die Abhängigkeit chilenischer Unternehmer von Lizenzen und Technologie wider. Auch der privilegierte Zugang zu Krediten steigerte die Bedeutung des Auslandssektors. Die hier formulierte sektorale Einschätzung steht aber auf sicheren Beinen. Siehe Zeitlin/Ratcliff: Landlords and capitalists, Tabelle 1.2., S. 25-27, S. 229 ff; Stallings: Class conflict, Tabelle 2.2., S. 44; Víctor Brodersohn: Sobre el carácter dependiente de la burguesía industrial. In: Chile, hoy, hrsg. von Aníbal Pinto [u.a.]. México: siglo xxi editores 1970, S. 322-342, Tabelle 5, S. 341. Guten Überblick geben Orlando Caputo/Roberto Pizarro: Dependencia e inversión extranjera, ebd., S. 173-209; die Strategien der Multis in Chile sind nachzulesen in Burbach: Industrial bourgeoisie.

sierten Arbeiter-, Bauern- und Basisbewegungen und die progressiven Sektoren der Mittelschicht übergehen – auch und gerade im Bereich der Produktion.

Die Nationalisierung der Kupferminen verlief reibungslos. Mit den Stimmen der Opposition wurde 1971 ein Gesetz in den Verfassungsrang erhoben, das alle mineralischen Rohstoffvorkommen der öffentlichen Hand übertrug. Auch die Mehrheit der großen Privatbanken, ausländische eingeschlossen, gelangte durch den Kauf von Anteilen unter staatliche Kontrolle. Die Verstaatlichung von monopolistischen Industriebetrieben hingegen erwies sich als problematisch. Als das Flaggschiff von Matte-Alessandri, der landesweit größte Papierhersteller CMPC, verstaatlicht werden sollte, machten die oppositionellen Medien, allen voran die Zeitung El Mercurio, und die Unternehmerverbände aus ihrem Widerstand eine Kampagne für die Pressefreiheit. Darüberhinaus hatten Matte und Alessandri die Christdemokraten auf ihrer Seite: Die Partei verlangte mit Erfolg von der Regierung, die CMPC von der Liste der zu verstaatlichenden Monopolbetriebe zu streichen.

Da es der Regierung im Kongress an der nötigen Unterstützung fehlte, wurden Unternehmen auf Grundlage eines Gesetzes von 1932 konfisziert. Das Gesetz erlaubte eine Intervention, wenn ein Betrieb aufgrund von Streiks oder anderen Problemen nicht in der Lage war, die für die Gesamtwirtschaft nötigen Güter herzustellen. Betriebe wurden also ohne tragfähigen gesetzlichen Rahmen durch Intervention, Requirierung oder den Kauf von Anteilen in die *área de propiedad social* eingegliedert. Dazu kamen jene Betriebe, die die Arbeiter spontan besetzt und unter ihre Kontrolle gebracht hatten. Im Jahr 1973 hielten die Corfo und andere staatliche Agenturen Anteile an über 500 Unternehmen. Hinzu kamen 22 Staatsbetriebe und 18 Banken. Die *poderes fácticos* ließen diesen Eingriff in die Grundlagen des marktwirtschaftlich-kapitalistischen Systems letztlich jedoch nicht zu. Bereits im Oktober 1972 begannen massive Gegenmaßnahmen der Opposition. Neben Medienkampagnen reichten diese von Unternehmerstreiks und künstlicher Güterverknappung bis hin zu terroristischen Anschlägen. Sie gipfelten im September 1973 im gewaltsamen Sturz der Regierung. Bei ihrer gewaltsamen Gegenwehr konnten die *poderes fácticos* auf die Unterstützung sämtlicher Unternehmersegmente zählen.[111]

111 Die Literatur zur Unidad Popular und ihrem Scheitern ist zahlreich. Eine gute Zusammenfassung über ihr wirtschaftspolitisches Programm bieten Barbara Stallings/Andy Zimbalist: The political economy of the Unidad Popular. In: Latin American Perspectives 2 (1), 1975, S. 69-88.

2. *Vom liberal-oligarchischen zum liberal-demokratischen Staat*

Seit den Wahlen von 1920 war die liberal-oligarchische Fraktion nicht mehr die führende Klasse im Staat. Genauso wenig aber war der Staat zum „Exekutivkomitee" einer neuen politischen Klasse geworden. Der Industrialisierung hatten sich zwar alle Beteiligten im Machtblock verschrieben – eine Allianz rund um ein gemeinsames politisches Projekt entstand jedoch nicht. Der Entwicklungsstaat in Chile gründete auf einer mehrschichtigen Klassenbasis, wobei die Mittelklasse mehr Gewicht hatte als die Arbeiterklasse. Der „Staat" (seine Apparate, die Bürokratie etc.) bewies eine – eingeschränkte – Autonomie, was der lokalen und transnationalen Bourgeoisie immer wieder gehörige Angst einjagte. Der Privatsektor konnte allerdings erheblichen Druck entwickeln und selektive Maßnahmen ad hoc durchsetzen. Das verdeutlichen die wechselhaften Reaktionen der politischen Klasse auf Krisen.

2.1. Gesellschaftliche Kräfteverhältnisse und ihr Abbild im Staat

Ab den 1930er Jahren wich im repräsentativen System die Vorherrschaft der oligarchisch-bürgerlichen Fraktionen einer stärker „verhandelten" Machtausübung. Die Ansprüche der entstehenden Mittelklasse und des organisierten Proletariats wollten berücksichtigt werden. Neue bürgerliche Akteure erhielten Zugang zum Staat und seinen Körperschaften, ohne dass die Verhältnisse tiefgreifend demokratisiert worden wären: Eine reale Teilhabe an politischen Entscheidungsprozessen erhielten die Mittel- und Unterschichten und ihre Organisationen nicht. Stattdessen wurden korporatistische und populistische Elemente in ein System beschränkter Demokratie integriert. Die liberal-konservative politische Klasse vollbrachte das Meisterstück, sich an die neuen Zeiten anzupassen. Sie versammelte sich hinter dem *desarrollismo*[112] und gab ihm mit ihrem Gewicht in Parlament und Senat sowie von ihren informellen Machtzirkeln aus ein liberales Gesicht.

112 Desarrollismo bezeichnet, ähnlich wie Cepalismo, die nach dem 2. Weltkrieg verfolgte Wirtschaftsstrategie nachholender Entwicklung. Er dient eher als Überbegriff und wird kaum genauer definiert. Tendenziell machten sich die Cepalistas über Verteilungsfragen mehr Gedanken, während die Desarrollistas eine ungleichgewichtige Entwicklung in Kauf nahmen. Dort setzte in den 1960er Jahren die Kritik der Dependenztheoretiker an. Siehe Walther L. Bernecker: Cepalismo, Desarrollismo, Dependencia. Regionale Wirtschaftstheorien und Entwicklungsstrategien in Lateinamerika. In: Kultur und Region im Zeichen der Globalisierung. Wohin treiben die Regionalkulturen? hrsg. von Sefik Alp Bahadir. Neustadt a.d. Aisch: Verlag Degener & Co 2000, S. 247-261.

In der ersten Amtszeit Arturo Alessandris (1920–1925) waren die Zentralbank geschaffen und ein Rechnungshof (*Contraloría*) eingerichtet worden. Der Charakter dieser Institutionen war geprägt von den Empfehlungen einer Beraterkommission aus den USA unter der Führung des Princeton-Ökonomen Edwin W. Kemmerer.[113] Eine stärker produktivistische Orientierung erhielten sie dann unter dem national-populistischen Regime von Carlos Ibáñez. Er setzte ab 1927 auf eine weitgehend über Auslandskredite und -investitionen finanzierte binnenorientierte Modernisierungsstrategie. Im Rahmen eines autoritären Produktivismus wurden moderne Verwaltungspraktiken eingeführt und wichtige Institutionen des Unternehmerstaates *(Estado empresario*) geschaffen, darunter ein Entwicklungsministerium und Kreditagenturen für Landwirtschaft, Bergbau und Industrie. Ingenieure und in der Praxis erprobte Industriemanager erhielten Funktionen im Staatsapparat. Sie formulierten Vorschläge für eine strategisch ausgerichtete nationale Wirtschaftspolitik, die stärker wissenschaftlichen und modernen Kriterien entsprechen sollte. Diese an der Universidad de Chile ausgebildeten Ingenieure spielten bei der Gründung der Entwicklungsagentur Corfo und staatlicher Unternehmen eine wichtige Rolle. Mit ihrer „Vision von Modernisierung, Fortschritt und Nationalisierung" ersetzten sie gewissermaßen den Privatunternehmer. Aufgrund ihrer Herkunft aus der (oberen) Mittelschicht und der Tatsache, dass eine universitäre Ausbildung einer Minderheit vorbehalten war, zählt sie Pinto nicht zur Linken. Die „administrative Bourgeoisie" (Frantz Fanon) fühlte sich technokratischer Planung verpflichtet, nicht aber linker Sozialreform.[114]

Bei den Wahlen von 1938 setzte sich die erste von insgesamt drei aufeinander folgenden Volksfrontregierungen durch, eine Koalition aus Sozialisten, Kommunisten und der Radikalen Partei.[115] Die Frente Popular betrieb den Aufbau eines kompromissorientierten Staates (*Estado de compromiso*). Die Führung dieser klassenübergreifenden Allianz lag beim politischen Zentrum, der Radikalen Partei. Ihre Mitglieder rekrutierten sich zunächst aus Angehörigen der Mittelklasse,

113 Paul Drake: La misión Kemmerer a Chile. Consejeros norteamericanos, stabilización y endeudamiento, 1925–1932. In: Cuadernos de Historia 4, 1984, S. 31-59.

114 Aníbal Pinto 1985 zit. in Gabriel Salazar/Julio Pinto: Historia contemporánea de Chile. Bd. 3: La economía. Mercados, empresarios y trabajadores. Santiago: LOM 2002, S. 82; Adolfo Ibáñez Santa María: Los ingenieros, el estado y la política en Chile. Del Ministerio de Fomento a la Corporación de Fomento. 1927–1939. Santiago: Pontificia Universidad Católica de Chile 1985; ders.: Herido en el ala. Estado, oligarquías y subdesarrollo, Chile 1924–1960. Santiago: Editorial Biblioteca Americana/Universidad Andrés Bello 2003.

115 Der Kandidat des Bündnisses wurde von nur fünf Prozent der Bevölkerung zum Präsidenten gewählt. Er gewann hauchdünn gegen den Kandidaten der Rechten.

die studiert hatten und „bürgerliche Berufe" etwa als Beamte, Lehrer, Juristen oder Ingenieure ausübten. Im Laufe der Volksfrontperiode verschob sich ihre soziale Basis hin zur oberen Mittelschicht und Oberschicht – eine Folge der Aufwärtsmobilität der hohen Funktionäre der Partei.[116]

Das Regierungsbündnis der Frente Popular war von Anfang an durch interne Spannungen über die Geschwindigkeit und die Reichweite der Reformen geprägt. Die Radikale Partei stand für staatliche Intervention und industrielles Wachstum sowie für höhere Ausgaben für Bildung und Gesundheit. Sie blockierte aber politische Initiativen ihrer Koalitionspartner, die die Besitzverhältnisse am Land und im US-dominierten Außenhandelssektor verändern wollten. Die Volksfrontära endete 1952 mit einer enttäuschten Linken: Der Reformcharakter hatte durch die Annäherung der Radikalen Partei an die politische Rechte von Regierungsperiode zu Regierungsperiode immer stärker abgenommen. Am Ende war sogar, in treuer Gefolgschaft zum *McCarthyism* der USA, die Kommunistische Partei aus der Regierung ausgeschlossen und für illegal erklärt worden.[117]

Nach der zweiten Regierung des Nationalpopulisten Ibáñez (1952–1958), der zwischen Desarrollismo und orthodoxer Stabilisierung hin- und herschwankte, schaffte es die Rechte nochmals, einen linken Kandidaten im Präsidentenamt zu verhindern: Salvador Allende wurde mit einem hauchdünnen Vorsprung von Jorge Alessandri überrundet. Dieser setzte in der Krise des binnenmarktorientierten Modells auf kapitalistische Modernisierung mit technokratischen Mitteln.[118] Sein „Kabinett der Manager" konnte allerdings nur wenig auf die Unternehmer

116 Die 1863 gegründete Radikale Partei vertrat zunächst die politischen Interessen der Bergbaubourgeoisie und der Landbesitzer des Südens. Ab 1910 vertrat sie zunehmend reformerische Positionen mit einer klaren Orientierung auf Modernisierung und Staatsintervention. Die Zentrumspartei widerstand den Versuchen der Rechten, sie aus dem Frente-Bündnis herauszubrechen, nicht zuletzt deshalb, weil ihr als stärkster Partei des Bündnisses der Präsidentschaftskandidat sicher war. Dies wäre ihr als Juniorpartner in der rechten Allianz verwehrt geblieben. Siehe z.B. Gil: Political system, S. 12 f.; Drake: Chile, 1930–58, S. 282; Correa: Con las riendas, S. 67.

117 Im Jahr 1948 wurde die durch Wahlerfolge und Arbeiterkämpfe gestärkte Kommunistische Partei aus dem Frente-Bündnis ausgeschlossen und verboten. Das Verbot (*Ley de Defensa de la Democracia*) blieb bis 1958 in Kraft.

118 Jorge Alessandri, Unternehmer und Sohn des zweimaligen Amtsinhabers Arturo Alessandri, war von 1947 bis 1958 Präsident der Unternehmerdachorganisation CPC. Er war außerdem langjähriger Vorsitzender der Sofofa und während der dritten Volksfrontregierung Finanzminister (1947–50). Er saß im Präsidium des landesweit größten Papierherstellers CMPC und war an zahlreichen anderen Unternehmen und Banken beteiligt. In den 1940er Jahren hatte er sich als Hardliner entpuppt, als er Sanktionen für jene Privatunternehmen forderte, die Subventionen von der Corfo in Anspruch nahmen. Cavarozzi 1976 zit. in Stallings: Class conflict, S. 64; Correa: Con las riendas, S. 213 f.

bauen, die ihre Privilegien am Binnenmarkt verteidigten. Schon gar keinen Rückhalt hatte er in der traditionellen Rechten im Kongress, die, statusbewusst und konservativ, mit technokratischer Modernisierung nichts am Hut hatte. Als Alessandri am Ende seiner Amtszeit versuchte, mit einer Verfassungsreform die Exekutive zu stärken – sie sollte ermächtigt werden, Experten mit wirtschaftspolitischen Agenden zu betrauen –, blockierte die Rechte im Kongress dieses Vorhaben: Die liberal-konservative Klasse war auch diesmal nicht bereit, ihre Machtmittel aus der Hand zu geben.[119]

Alessandris Amtszeit endete wenig erfolgreich mit einer hohen Inflation und Auslandsschulden sowie einer schlechten Exportentwicklung. Angesichts seines Scheiterns und eines gesellschaftlichen Klimas, das nach tief greifenden Reformen verlangte, war ein Wahlsieg der Linken wahrscheinlich. Die parteiförmige Rechte sah sich deshalb gezwungen, bei den Präsidentschaftswahlen 1964 den Kandidaten der Christdemokraten, Eduardo Frei, zu unterstützen. Seine Partei konnte zudem auf Wahlhilfe aus den USA zählen, deren Administration im Rahmen der „Allianz für den Fortschritt" die Eindämmung radikaler linker Kräfte verfolgte.[120] Die nunmehr stärkste Kraft des Zentrums war aber weit weniger kompromissbereit als die Radikale Partei. Dennoch sollte die „Revolution in Freiheit" sorgfältig geplant und professionell umgesetzt werden. Zu diesem Zweck baute Frei den Staatsapparat weiter aus. Die Planungsbehörde Odeplan (Oficina de Planificación) koordinierte Projekte, an denen mehrere Ministerien beteiligt waren. Die Aufwertung der professionellen Berater, insbesondere von Ökonomen, war gleichbedeutend mit einer Technifizierung politischer Entscheidungen. Ihr steigender, oftmals verdeckter Einfluss wurde damals allerdings keineswegs kritiklos hingenommen, weder von Politikern noch von der Öffentlichkeit.[121]

Als Allende mit dem Bündnis der Unidad Popular 1970 schließlich den Wahlsieg davontrug, lag er mit 36,3 Prozent der Stimmen knapp vor Alessandri, der 34,9 Prozent erhielt. Das Programm der UP kann als Antwort auf die Krise des

119 Alan Angell: Chile seit 1920. In: Handbuch der Geschichte Lateinamerikas. Bd. 3: Lateinamerika im 20. Jahrhundert, hrsg. von Hans Werner Tobler und Walther L. Bernecker. Stuttgart: Klett Cotta 1996, S. 847-887, hier S. 860; Tomás Moulian: Fracturas. De Pedro Aguirre Cerda a Salvador Allende (1938–1973). Santiago: LOM 2006, S. 190 f.; Correa: Con las riendas, S. 228 ff., S. 244.

120 Die unter US-Präsident Kennedy verabschiedete Allianz für den Fortschritt sah Budgethilfe für die Reformagenda lateinamerikanischer Staaten vor (Planung, Landreform, Modernisierung, Investitionen in Soziales und Infrastruktur); Angell: Chile seit 1920, S. 862 f.; allgemein Thorp: Progress, poverty and exclusion, S. 143 ff.

121 Verónica Montecinos: Economists, politics and the state. Chile 1958–1994. Amsterdam: CEDLA 1998, S. 44 ff.

Estado de compromiso und der vom politischen Zentrum betriebenen, abhängigen kapitalistischen Entwicklung gesehen werden. Ziel war die Etablierung eines demokratisch legitimierten *Estado popular*: Die Menschen sollten ermächtigt werden, auf nationaler, regionaler, kommunaler Ebene und im Betrieb selbst über ihre Anliegen zu bestimmen. Das gesellschaftliche Experiment endete am 11. September 1973 mit dem Sturz der Regierung und dem Tod des Präsidenten.

2.2. Herrschaft ohne Hegemonie und die Entstehung einer geeinten Rechten

Liberale und Konservative sahen sich nach dem 1. Weltkrieg zu einer ideologischen Kurskorrektur gezwungen: Das Bekenntnis zu sozialer Integration wurde zur Grundlage eines defensiven Konsenses, mit dem revolutionäre Entwicklungen verhindert werden sollten. Ausdruck dieser „Anpassungsleistung“ war die Bildung der Liberalen Allianz gemeinsam mit den Radikalen und den Demokraten im Jahr 1915. Das Bündnis mit den Kräften der Mitte, das zumindest die Möglichkeit barg, die sozialen Veränderungen in der Gesellschaft zu kontrollieren und an Reformen mitzuwirken, endete allerdings zehn Jahre später mit dem Wahlerfolg von Arturo Alessandri: Die Angst vor einem starken Präsidentialregime ließ die Parteien der Oberschicht wieder zur Fundamentalopposition werden. Auf die Legitimationskrise des politischen Systems und die Schwächung des exportorientierten Modells konnten sie mit dieser Kehrtwendung aber keine Antwort geben: Ideologisch auf eine Politik des Laissez-faire festgelegt und sich einer Veränderung des Verhältnisses von Staat, Wirtschaft und Gesellschaft widersetzend, blieb es bei der Obstruktionspolitik gegen den autoritären Desarrollismo von Alessandri und Ibáñez.

Der Antritt der ersten Volksfrontregierung stellte eine neue Herausforderung für die Kräfte der Reaktion dar, die sich gegen soziale Reformen stemmten. Zumindest bis 1964 konnten sich ihre Parteien aber als mächtiger parlamentarischer Faktor behaupten. Neben informellen Wegen der Konsenssuche nutzten die Konservativen und Liberalen insbesondere die Senats- und Parlamentskomitees. Diese seit langem stattfindenden Zusammenkünfte waren nicht gesetzlich legitimiert, fungierten aber weiterhin als wichtige Entscheidungszentren.[122]

Moulian bezeichnet die ISI-Ära von den 1930er Jahren bis zum Putsch 1973 als „Herrschaft ohne Hegemonie“: Die Fraktionen der herrschenden Klasse behaupteten ihre Machtbastionen, ihr Projekt konnte aber nicht auf die Unterstützung anderer gesellschaftlicher Gruppen zählen. Sie waren darauf angewie-

122 Correa: Con las riendas, S. 81 f.

sen, die aus ihrer Sicht fehlgeleitete Entwicklung zu blockieren oder zu entschärfen. Für die gesamte Periode gilt, dass die Konservativen und Liberalen keine Bündnisse mit dem politischen Zentrum eingingen. Sie bezogen durchwegs einen „Klassenstandpunkt". Sogar als die Radikale Partei in das McCarthy-Lager wechselte und sich ganz real ein Bündnis mit dem politischen Zentrum anbot, entschieden sie sich für einen Alleingang.

Ende der 1940er Jahre nahmen dann zwei unterschiedliche ideologische Projekte Konturen an: Während die Konservative Partei auf einen christlichsozialen Kurs einschwenkte, beharrten die Liberalen auf einem marktradikalen Programm mit ausgeprägten anti-etatistischen Elementen. Beide insistieren auf ihrem ideologischen Purismus und partikularen Machtanspruch. Dass sie sich nicht auf einen gemeinsamen Präsidentschaftskandidaten einigen konnten, verhinderte mehrmals einen Machtwechsel an der Staatsspitze.

Ein eigenes wirtschaftspolitisches Projekt zu entwerfen und ihr Verhältnis zum Staat zu definieren, dazu war in dieser Periode allerdings weder die eine noch die andere politische Strömung in der Lage. Eine gezielte Binnenmarktentwicklung, eine marktradikale Konterreform oder das ISI-Unternehmerideal einer geschützten Wirtschaft mit Exportorientierung – alle diese Optionen blieben programmatisch unausgegoren und auf halbem Wege stecken. Gegen eine Vertiefung des Industrialisierungsprozesses standen die Großgrundbesitzer und die ungelöste Agrarfrage. Das Scheitern des „unabhängigen" Kandidaten Jorge Alessandri zeigt, dass weder die vom ISI-Modell begünstigten Großunternehmer noch die konservative Rechte für ein „technifiziertes", marktradikales Wirtschaftskonzept etwas übrig hatten. Für eine langfristige Vision von Wirtschaft und Gesellschaft fehlten der Rechten intellektuelle Führung, Weitsicht und Geschlossenheit.

Erst als unter Frei deutlich wurde, dass der Staat nicht in der Lage war, den sozialen Aufruhr unter Kontrolle zu halten und beide Parteien bei den Parlamentswahlen eine katastrophale Niederlage einfuhren, suchte die Rechte nach neuen Formen der Repräsentation. Liberale und Konservative gründeten zusammen mit nationalen Gruppierungen, die der traditionellen Rechten bis dahin kritisch gegenüber gestanden waren, 1966 den Partido Nacional. Die neue Partei stand für einen autoritären Nationalismus. Grundbestandteile ihres ideologischen Diskurses waren ein starker Staat und die Wiederherstellung der Ordnung (angesichts der „anarchischen Zustände der letzten Jahre"). „Interessengeleitete" Parteipolitik sollte durch eine „neutrale", von Experten formulierte Politik ersetzt werden. Auf diese Weise versuchte sich die neu positionierte Rechte von der traditionellen Rechten abzusetzen. Diese wurde als opportunistisch und oligarchisch diskreditiert. Neue, weniger traditionsgebundene und mit den „alten“ Parteien assoziierte Führungsfiguren traten in den Vordergrund.[123]

Die Gründung einer neuen Partei war jedoch nicht der einzige Weg der Radikalisierung, den die Rechte ab etwa Mitte der 1960er Jahre beschritt. An der Katholischen Universität in Santiago formierte sich eine rechtsgerichtete Bewegung, der so genannte *gremialismo*. Er wurde zum Sammelpunkt für Lehrer und Studenten, die die Universitäten – und die Gesellschaft insgesamt – vor der „marxistischen Bedrohung“ schützen wollten. Nach einer von der Regierung eingeleiteten weitreichenden Bildungsreform, die den unteren Schichten ein Universitätsstudium ermöglichen sollte, waren die Hochschulen zu einem politischen Kampfplatz geworden. Insbesondere an der konservativen Universidad Católica stemmten sich militante Gruppen vehement gegen die Öffnung der Universität.

Das Projekt der intellektuellen Führungsfigur der Bewegung, des Jusstudenten und späteren Chefideologen des Militärregimes, Jaime Guzmán, verband korporatistische Ideen mit einem ultrakonservativen Katholizismus. Anstelle von Parteien sollten berufsständische Organisationen (*gremios*) die Interessen der Gesellschaft vertreten und die politische „Willkür“ des Staates hintanhalten. Die *gremialistas* wurden zu einem wichtigen Element in der Putschkoalition. Zusammen mit dem Partido Nacional, Angehörigen des Militärs und Vertretern des Großkapitals begannen sie, den gewaltsamen Sturz der Allende-Regierung vorzubereiten.[124]

123 Erster Vorsitzender wurde der „unabhängige“ Jurist Víctor García Garzena. Tomás Moulian/Isabel Torres Dujisin: La derecha en Chile. Evolución historica y proyecciones a futuro. Documento de trabajo 22. Santiago: CED 1985, S. 22; Pilar Vergara: Auge y caida del neoliberalismo en Chile. Santiago: FLACSO 1985, S. 61 f.

124 Guzmán war ursprünglich der Konservativen Partei verbunden. Zu seinem Denken siehe Renato Cristi: Pensamiento político de Jaime Guzmán. Autoridad y libertad. Santiago: LOM 2000.

2.3. Die Unternehmer und der Staat

Wiewohl einzelne Mitglieder der Unternehmeroligarchie, etwa Matte, Vial, Edwards oder Claro, teilweise bis in die 1960er Jahre hinein politische Ämter in Parlament, Senat, mitunter auch in der Regierung bekleideten, wählten Parteien und Wirtschaftsverbände unterschiedliche Strategien gegenüber den Regierungen.[125]

Die Konservativen und Liberalen errichteten, wie oben gezeigt, eine „Kongressbarrikade" gegen die Volksfrontregierungen. Die Unternehmerorganisationen optierten hingegen nach anfänglichen Kontroversen für eine Politik des Verhandelns und der Kompromisse. Um ihren privilegierten Zugang zum Staat zu erhalten, verfolgten sie mehrere konvergente Strategien. Verbandsfunktionäre gingen in die Gremien der staatlichen Agenturen. Die Interessenvertretungen formulierten Gesetzesvorlagen oder wurden bei entsprechenden Vorhaben konsultiert (Verfassungszusätze, Gesetz über Exportförderung, Agrarreform etc.), durchaus auch auf den üblichen informellen Wegen: Unter Frei diskutierten Regierung und Privatsektor in Verbindungskomitees Gesetzesvorlagen, noch bevor sie den Kongress erreichten. Schließlich versuchten die Unternehmer, ihnen nahestehende Experten im Staatsapparat zu verankern. Aber es war nicht mehr „ihr" Staat, und sie befanden sich immer wieder in der Position des Bittstellers gegenüber der politischen Klasse. Ihren Höhepunkt erreichte die Entfremdung zwischen Staat und Unternehmern während UP-Regierung, als der Staat als Enteigner auftrat.

Während die Handelskammer und der Dachverband CPC Distanz zum Entwicklungsstaat hielten, unterstützte insbesondere der Industriellenverband Sofofa die Politik zur Förderung der Industrie.[126] Auch der Agrarierverband SNA trat dafür ein, wenn der landwirtschaftliche Sektor davon profitierte – und das hieß für die SNA, den Verhältnissen am Land die soziale Sprengkraft zu nehmen. Der Verband forderte von den Grundbesitzern eine bessere Behandlung der Landarbeiter und stemmte sich gleichzeitig gegen eine Landreform. Die Zusammenarbeit mit der Regierung wurde auch dadurch erleichtert, dass sich die SNA für die

125 Die Großunternehmer waren Parteigänger der Liberalen, Konservativen und später der Nationalen Partei, zu den Christdemokraten bekannten sich nur wenige. Die in den 1930er Jahren eingewanderten Textilfabrikanten Brüder Tarud waren eine noch seltenere Spezies: Sie unterstützten die Sozialisten, siehe Caviedes: Politics of chile, S. 101 ff.

126 Die 1934 gegründete CPC forderte eine Änderung der Sozialgesetzgebung und eine Beschränkung staatlicher Aktivitäten in Industrie und Handel. Sie verlangte zudem eine rein berufsständische Besetzung bedeutender wirtschaftspolitischer Staatsagenturen. Siehe Gabriel Salazar/Julio Pinto: Historia contemporánea de Chile. Bd. 1: Estado, legitimidad y movimento. Santiago: LOM 1999, S. 51 f., S. 60; Stallings: Class conflict, S. 59 f.

landwirtschaftlichen Produzenten des Südens und die Parteigänger der Radikalen – deren ehemalige Minister und Regierungsbeamte – öffnete. Die Sofofa blieb eine Vereinigung des Großkapitals und die Organisation der Klein- und Mittelbetriebe ohne politischen und institutionellen Einfluss. Insofern konstituierte sich die chilenische Wirtschaftselite als homogener Akteur: Die Führungsriege in den wichtigsten Verbänden entstammte dem Großkapital.[127]

In der Haltung der Unternehmerverbände ist ab den 1950er Jahren jene ideologisch-programmatische Ausdifferenzierung auszumachen, die auch innerhalb der parteiförmigen Rechten zutage trat, nämlich die zwischen einem christlichsozialen und einem liberal-marktradikalen Projekt. Diese kündigte sich durch verschiedene Anzeichen an. Als 1950 ein Vertreter des christlichsozialen Flügels Jorge Alessandri als Finanzminister ersetzte, startete die CPC eine stark ideologisch ausgerichtete Kampagne gegen „Dirigismus und Staatsintervention". Auch die unterschiedlichen Reaktionen auf die orthodoxen Stabilisierungsvorschläge der Klein-Saks-Mission[128] und auf Alessandris „Kabinett der Manager" können in diese Richtung gedeutet werden. Mit dem Diskurs der liberalen „Techno-Bürokratie" rund um Effizienz, Modernisierung und Wettbewerb wusste die Mehrheit der lokalen Wirtschaftselite damals noch wenig anzufangen.[129]

127 Die Führung der Sofofa bestand überwiegend aus Großunternehmern, 28 Prozent des Vorstands waren lebenslange Mitglieder. Vereinzelt gelang auch professionellen Managern der Aufstieg in eine Leitungsposition, etwa Walter Müller Hess, Präsident der Sofofa von 1934 bis 1955. Im Zuge seiner Karriere wurde er auch Vorsitzender der Bergbauvereinigung und Mitglied der SNA. Solche personellen und wirtschaftlichen Verflechtungen zwischen den Verbänden bzw. Wirtschaftssektoren waren üblich. Eine Momentaufnahme für das Jahr 1940 zeigt, dass mehr als die Hälfte des Sofofa-Direktoriums auch Positionen bzw. Anteile in Agrar-, Handels- und Bergbauunternehmen hatte (15 von 20). Im Ausland erworbene Qualifikation spielten zu diesem Zeitpunkt noch keine Rolle. Siehe Arriagada: La oligarquía patronal; Burbach: Industrial bourgeoisie, Tabelle S. 53; Sofofa: Cien años de industria.

128 Mitte der 1950er Jahre holte Carlos Ibáñez eine private US-Beratermission ins Land. Während ähnliche Vorschläge zuvor den Kongress gespalten hatten, erhielt das orthodoxe Stabilisierungsprogramm der ausländischen Experten teilweise Zustimmung. Genehmigt wurden eine Handels- und Wechselkursreform sowie de facto Lohnkürzungen (Aufhebung des Inflationsausgleichs). Änderungen im Steuersystem und in der Ausgabenpolitik erhielten hingegen eine Absage. Weitere Maßnahmen waren angesichts ihrer sozialen Sprengkraft und der fragilen Machtbasis der Regierung nicht durchzusetzen. Siehe Salazar/Pinto: Historia contemporánea, Bd. 1, S. 70 ff; Angell: Chile seit 1920, S. 860 ff.

129 In der Studie von James Petras befürworteten zwei Drittel der befragten Klein-, Mittel- und Großunternehmer staatliche Interventionen, über 80 Prozent traten gar für staatliche Planung ein – so diese nicht mit Privatinteressen kollidierte, siehe Petras: Politics and social forces, Tabelle 28, S. 63, S. 66 f. Die von Caviedes zitierten zeitgenössischen Untersuchungen gehen in eine ähnliche Richtung, siehe Caviedes: Politics of Chile, S. 97 ff.

Eine mächtige Unternehmerfigur verortete sich mit seinem publizistischen Sprachrohr jedoch frühzeitig auf der Seite der Marktradikalen: Über seine Zeitung El Mercurio begrüßte Agustín Edwards die Klein-Saks-Mission und ihre Vorschläge uneingeschränkt. Zuvor hatte der Urenkel jenes Edwards, der die Zeitung im Jahr 1880 erworben hatte, den Finanzminister von der Kommission überzeugt und war selbst in die USA gereist, um den Vertrag mit den US-Experten zu fixieren. Edwards gründete 1963 den ersten neoliberalen Think Tank, den Cesec (Centro de Estudios Sociales y Económicos). Dessen Hauptaufgabe bestand darin, Unternehmer von marktradikalen Ideen zu überzeugen. Die im Cesec tätigen Ökonomen zeichneten verantwortlich für das Wirtschaftsprogramm von Jorge Alessandri, als er 1970 gegen Salvador Allende ins Rennen um die Präsidentschaft ging. Aber auch bei diesem Wahlgang waren wirtschaftsliberale Ansichten noch nicht mehrheitsfähig: Sie wurden vom Wahlkampfteam abgemildert, es blieb beim Bekenntnis zu einer gemischten Wirtschaft.

3. Desarrollismo und Klassenstruktur: Die Entstehung einer integrierten Handels-, Finanz- und Industriebourgeoisie

Die ISI-Periode ist gegenüber dem liberalen Jahrhundert durch zwei wesentliche Veränderungen gekennzeichnet. Erstens verschwand die lokale Bergbaubourgeoisie. Die wenigen, die ihre Minen und Nitratfabriken nicht an ausländische Investoren verkauft hatten, stiegen in untergeordnete Positionen ab. Zweitens verbanden sich die Nachkommen der grundbesitzenden Klasse und der ersten Händler- und Unternehmergeneration mit den wirtschaftlich erfolgreichen Neuankömmlingen der 1920er und 1930er Jahre zu einer integrierten Finanz-, Handels- und Industriebourgeoisie. Mit zunehmender Größe und Komplexität ihrer Unternehmen entstand eine neue Schicht, die *managerial class*. Ihre harmonische Verschmelzung verdankt sich einem doppelten historischen Prozess: dem Transfer von Kapital aus dem Handels- und Finanzsektor in die Industrie und der Entstehung verzweigter Unternehmenskonglomerate sowie des besonderen Beziehungsgeflechts der besitzenden Klasse.

3.1. Die Binnenstruktur der chilenischen Wirtschaftselite

Die zeitgenössische Machtstrukturforschung zeigt, dass sich die Binnenstruktur und die Merkmale der chilenischen Wirtschaftelite nur wenig wandelten.[130] Grundbesitz kennzeichnete weiterhin das bedeutendste Segment der Bourgeoisie: Unternehmer mit ausgedehnten Ländereien waren am reichsten und am besten vernetzt. Sie übten überdurchschnittlich häufig politische Ämter aus. Die meisten Verbindungen untereinander wiesen jene auf, die zugleich in den Vorstandsetagen von Großunternehmen und Banken saßen.[131] Die Mitglieder dieser Gruppe

130 Zeitlin/Ratcliff: Landlords and capitalists. Das Datensample (1964–66), das mit Methoden der Netzwerkanalyse bearbeitet wurde, umfasst die Direktoren und Spitzenmanager der 37 führenden Unternehmen und sechs führenden Banken, die Grundbesitzer mit den größten Ländereien und Aktionäre, die nach dem Marktwert ihres Aktienbesitzes in den führenden Banken, Unternehmen und Auslandsunternehmen ausgewählt wurden. Diese in Summe 931 Personen wurden auf ihre wirtschaftlichen Verflechtungen (*interlocking directorates*) und Verwandtschaftsbeziehungen hin untersucht. Darüber hinaus recherchierten die Autoren, ob diese Personen politische Ämter innehatten oder zum Zeitpunkt der Untersuchung ausübten.

131 66 Prozent der Vorstandsmitglieder der fünf führenden Banken saßen zugleich im Vorstand mehrerer Spitzenunternehmen. Generell gilt: je größer das Unternehmen, desto höher der Anteil der Bankiers im Vorstand. Für einen Überblick über weitere Länderstudien in der Tradition Hilferdings siehe John Scott: Stratification and power. Structures of class, status and command. Cambridge: Polity Press 1996, Kapitel 3.

gehörten zu jenen Dynastien, die ihre Geschäfte im Bank- und Finanzsektor begonnen hatten. Hinzu kamen Kapitalbesitzer und Manager, die in die alten Unternehmerfamilien eingeheiratet hatten. Das hohe Maß an Kontinuität lässt sich aus dem Doppelcharakter des Beziehungsgeflechts innerhalb der besitzenden Klasse erklären: Die *inner group* war sowohl über wirtschaftliche Interessen als auch gewachsene verwandtschaftliche Beziehungen eng miteinander verflochten. Ihr kam eine besondere Rolle bei der Koordination von Unternehmerinteressen zu. Sie unterhielt gute Beziehungen zum Auslandskapital und sorgte für eine stabile national-internationale Kapitalachse. Politischer Einfluss erhöhte die Nähe zu ausländischen Kapitalisten: Jene Mitglieder der *inner group*, die ein politisches Amt ausübten, waren häufiger an einem ausländischen Unternehmen beteiligt, saßen im Vorstand oder im Aufsichtsrat eines mehrheitlich ausländisch kontrollierten Unternehmens und/oder machten mit ausländischen Investoren Geschäfte.

Zeitlin und Ratcliff haben in ihre Untersuchung über Klassenmacht die Manager aufgenommen. Die These, dass mit der Verbreitung von Aktiengesellschaften eine neue, einflussreiche Schicht – die Manager – entstanden wären, geht auf eine 1932 erschienene Untersuchung von Berle und Means zurück. Die Autoren untersuchten die 200 größten Unternehmen in den USA und stellten eine Trennung von Eigentum und Kontrolle fest. Die vorherrschende Unternehmensform war nicht mehr der Familienbetrieb, in dem der rechtmäßige Besitzer zugleich dessen Manager ist, sondern die Aktiengesellschaft. Aktiengesellschaften werden von Managern, die mit wirtschaftlicher Entscheidungsmacht ausgestattet sind, geführt. An dieses Ergebnis knüpft eine Schlussfolgerung an, die weit über die Frage der Führungs- und Kontrollstrukturen in modernen Großunternehmen hinausgeht: Durch den Aufstieg dieser neuen sozialen Schicht werde die auf individuellem Kapital- und Unternehmensbesitz gründende Klassenmacht wenn nicht verschwinden, so doch entscheidend geschwächt.[132]

Die Studie von Berle und Means wurde hinsichtlich der Datenbasis und der darauf fußenden Folgerung vielfach kritisiert.[133] Auch für Chile zeigt eine Erhe-

132 Adolf A. Berle/Gardener C. Means: The modern corporation and private property. New York: Harcourt, Brace, and World 1967 [zuerst 1932]. Die These von der "*managerial revolution*" vertraten u.a. Thorsten Veblen, James Burnham und Talcott Parsons.

133 Kritik zielte auf die viel zu eng (auf Manager) bezogene Definition der Kontrollmacht in Unternehmen. Der erweiterte Spielraum von Managern blieb zwar weitgehend unbestritten, empirische Arbeiten wiesen aber auf die fortgesetzte und sogar steigende Macht von Vorstandsmitgliedern, Kapitaleignern und institutionellen Investoren hin. Michael Useem: Corporations and the corporate elite. In: Annual Review of Sociology 6, 1980, S. 41-77; Val Burris: Class formation and transformation in advanced capitalist societies. A Comparative Analysis. In: Social Praxis 7, 1980, S. 147-179.

bung, dass viele Unternehmen, die auf den ersten Blick aufgrund der gestreuten Anteile als „managergeleitet“ erscheinen, in Wahrheit von Familien bzw. von verwandtschaftlich miteinander verbundenen Mitgliedern der Wirtschaftselite kontrolliert wurden. Sie bedienten sich verschachtelter Unternehmenskonstruktionen und ihrer Banken, benutzten Strohmänner oder blieben auch mit Minderheitsanteilen tonangebend. Die Autoren kommen deshalb zu dem Schluss, dass sich in Chile mit der Verbreitung von Aktiengesellschaften keine „meritokratische Logik“ entwickelt hat. Die Struktur an der Spitze der wirtschaftlichen Pyramide blieb auch mit fortschreitender Industrialisierung im Wesentlichen unverändert.[134]

In die Leitungsebene der Familientrusts gelangten vor allem Angehörige und Vertraute der Eigentümer oder Manager, die selbst aus einer Unternehmerfamilie stammten. Bei Industriebetrieben, die nicht zu den Unternehmenskomplexen der Großbourgeoisie gehörten, war es nicht viel anders: Die Väter der Spitzenmanager waren selbst Eigentümer-Unternehmer oder kamen aus dem Handel. Nur wenige entstammten der mittleren oder oberen Mittelschicht und hatten Väter, die bürgerliche Berufe ausübten. Als Angehöriger einer Immigranten-Community hatte man, bei entsprechenden Fähigkeiten, noch am ehesten die Möglichkeit aufzusteigen: geografische und ethnische Herkunft standen vor sozialer Herkunft. Das war insofern bedeutsam, als die Immigranten-Unternehmer, die seit der Jahrhundertwende aus West- und Südeuropa eingewandert waren, eine wichtige Gruppe im verarbeitenden Sektor darstellten. Auch wenn sie zu Wohlstand gelangten, hieß das nicht, dass sie zur *inner group* vorstießen, deren dichtes Beziehungsgeflecht eine relativ hermetische Geschlossenheit ergab. Die meisten blieben bei ihrem Kerngeschäft und der Parteipolitik weitgehend fern.[135]

134 Maurice Zeitlin [u.a.]: “New princes” of the old? The large corporation and the capitalist class in Chile. In: American Journal of Sociology 80 (1), 1974, S. 87-123.

135 Zeitlin/Ratcliff: Landlords and capitalists; Petras: Politics and social forces, S. 51; Caviedes: Politics of Chile. Dale L. Johnson: Industrialization, social mobility, and class formation in Chile. In: Studies in Comparative International Development 3 (7), 1967, S 127-151, hier S. 135-137.

3.2. Die Großbourgeoisie und ihre Familientrusts

Zur *inner group*, die in der ISI-Periode zu einer integrierten Handels-, Finanz- und Industriebourgeoisie wurde, zählten die Familien Vial, Cortés, Aldunate, Matte, Menéndez und Briones. Ihre Biographien lassen sich bis zu den kastilisch-baskischen Familien, kolonialen Militärs und Beamten zurückverfolgen. Ein weiteres Element bildeten die „nationalen Pioniere" Edwards und Cousiño (siehe Kapitel I.1.3.2) sowie die später eingewanderten Familien Furman und Simonetti. Auch die Alessandri waren nach der politischen Karriere von Arturo Alessandri zum Kern der Wirtschaftselite aufgestiegen und hatten sich mit dem Matte-Clan verbunden. Schließlich gab es eine Gruppe aus dem arabischen Raum, die in den 1930er Jahren nach Chile eingewandert war (siehe Tabelle 1). Wiewohl ihre Ankunft von einigen Kontroversen begleitet war – Yarur, Hirmas und Said bauten ihre Firmen gegen den anfänglichen Widerstand chilenischer Produzenten auf –, gelang ihnen nach einiger Zeit die Integration in die lokale Wirtschaftselite.[136]

Als Banker finanzierten sie ihre eigenen Unternehmensaktivitäten und saßen als Kreditgeber in den Vorständen der wichtigsten Industrieunternehmen. Im Vorstand der führenden Privatbank, der Banco de Chile, versammelte sich die gesamte Großbourgeoisie des Landes. José Said schuf im Jahr 1954 die Banco Panamericano und in den 1960er Jahren die Banco Nacional del Trabajo. Als die Geschäfte von Juan Yarur blühten – seine mit US-Kapital aufgebaute Textilfabrik avancierte Ende der 1940er Jahre mit mehr als 3.000 ArbeiterInnen zur größten Lateinamerikas –, verlegte er sich mit seinem Partner Chase Manhattan auf das Finanzgeschäft. Er erwarb die Mehrheit an der BCI und an zwei weiteren Banken (Banco Continental, Banco Llanquihue). In den Finanzinstituten, aber auch in den Unternehmen wird eine dichte Verflechtung zwischen den Unternehmerfamilien sichtbar (siehe Tabelle 1).

136 Die Familie von Juan Yarur war zuerst im Export-Import-Geschäft in Bolivien aktiv. Sohn Jorge, der die besten Schulen besucht und Rechtswissenschaften studiert hat, übernahm nach dem Tod des Vaters 1954 die Geschäfte. Auch die Saids hatten in Peru und Bolivien ein Textil- und Handelsimperium begründet, bevor die Familie in den 1940er Jahren nach Chile kam. Siehe Caviedes: Southern Cone, S. 72 ff.; ders.: Politics of Chile, Tabelle 4, S. 87; Luis Vitale: Interpretación marxista de la historia de Chile. Bd. 6: De Alessandri P. a Frei M. (1932–1964). Industrialización y modernidad. Santiago: LOM 1998, S. 101-106; Burbach: Industrial bourgeoisie, S. 44; Estrategia: Empresarios en la historia; Biblioteca del Congreso Nacional de Chile. http://biografias.bcn.cl/pags/biografias/ detalle_par.php?id=905 (30.6.2011).

Agustín Edwards – die Familie Edwards gehörte seit dem 19. Jahrhundert zu den bedeutendsten Financiers des Landes – unterhielt Ende der 1960er Jahre ein Industrieimperium, an dem seine langjährigen Auslandspartner Rockefeller, Unilever und Atkinson beteiligt waren. Seine Gruppe wies mit den Sparten Schifffahrt, Versicherungen und exportorientierten Branchen auch eine internationale Orientierung auf. Carlos Vial – Finanzminister in der dritten Volksfronregierung, Mitglied im Direktorium der Zentralbank und Präsident der Börse – verfügte über riesige Ländereien und weit gestreute Investitionen. Er war Miteigentümer der Banken von Juan Yarur und José Said. Sein Sohn Javier Vial, der an der Chicago School of Economics ausgebildet wurde, erwarb zusammen mit Ricardo Claro und Fernando Larraín 1966 die Banco Hipotecario de Chile (BHC). Mit dem Geld aus ihren Hypothekargeschäften bauten sie innerhalb von vier Jahren ein Firmennetzwerk auf, mit Unternehmensbeteiligungen im Finanz-, Bergbau- und im elektronischen Sektor.

Tabelle 1: Die Familientrusts der ISI-Periode[137]

Familie	Wichtigste Unternehmen und Beteiligungen (Sektor, Teilhaber aus anderen Familien)	Bank
Aldunate, Cortés, Cousiño	Saavedra Bénard (elektrische Anlagen, mit Matte und Alessandri), El Melón (mit Matte, Edwards und Alessandri), Madeco (Kupferverarbeitung mit Simonetti), Cobre Cerillos, Plásticos Shyf (mit Errázuriz und Alessandri), Cobre Cerrillos (mit Said und Claro), Textil Progreso (mit Correa und Yarur), Anteile u.a. an Versicherungen, Schifffahrt	Banco de Chile (u.a.mit Larraín, Matte, Valdés, Correa), Banco Francés e Italiano
Braun-Menéndez	Tierra del Fuego (Viehwirtschaft), Navegación Interoceánica (Schifffahrt), Navegacion Petrolera (mit Vial)	Punto Arenas
Briones	Fensa (Email, mit Vial), Indura (Gas), Mademsa (Haushaltselektronik, mit Matte), Socometal (mit Heiremans), Cementos Bío Bío	Banco Panamericano (mit Matte, Vial, Hirmas, Said)
Edwards	El Mercurio (Zeitung und Druck), CCU (Getränke), CRAV (Zucker), Industria Hucke (Süßwaren), Cristalerías (Verpackung, Glas), Indus (Industrieholding), Navegación Interoceánica y Grace (Schifffahrt), La Chilena Consolidada (Versicherungen), Sociedad Química Nacional (Chemie), El Melón und Anteile an Unternehmen im Agroindustrie-, Holz- und Fischereisektor	Banco Edwards, Banco del Trabajo

137 Ricardo Lagos: La concentración del poder económico. Su teoría. Realidad chilena. Santiago: Editorial del Pacifico 1965, S. 122 ff; Oscar Garretón/Jaime Cisternas: Algunas características del proceso de toma de decisiones en la gran impresa. La dinámica de concentración. Santiago: Odeplan 1970; Zeitlin/Ratcliff: Landlords and capitalists; Ricardo D. Paredes Molina/José Miguel Sánchez: Organización industrial y grupos economicos. El caso de Chile. Online unter http://www.ricardoparedes.cl/paperweb/grupos.pdf (30.6.2011); Arturo Fontaine/Miguel Gonzáles Pino (Hg.): Los mil días de Allende. Santiago: CEP 1997.

Familie	Wichtigste Unternehmen und Beteiligungen (Sektor, Teilhaber aus anderen Familien)	Bank
Furman, Ibáñez	Textilunternehmen, Speiseöl	Banco Continental (mit Yarur), Banco Israelita de Chile
Hirmas	Algodones Hirmas (Textil, mit Duncan Fox, Lepe), Agencias Graham	Banco Panamericano
Matte-Alessandri	CMPC (Papier, mit Ossa und Prieto), Pizarreño (Baumaterial, mit Banco Hipotecario und Eternit), CRAV, Fensa, Mademsa (Metallverarbeitung, mit Banco Hipotecario) Sociedad Renta Urbana Pasaje Matte (Immobilien), CAP (Stahl, mit Edwards u.a.), El Melón, Unternehmen in der Forstwirtschaft	Banco Sudamericano, Anteile an Banco Edwards und BCI
Picó-Cañas	Copesa (Zeitungen und Druck)	Banco Español, Banco Nacional del Trabajo (mit Said)
Said	Rayon Said Industrias Químicas (Kunstseide, mit Aldunate und Armunategui), Envasadora Moderna (Glas und Verpackung), Chemie	Banco Panamericano, Banco Nacional del Trabajo
Simonetti-Barbaglias	Madeco (Kupferverarbeitung, mit Aldunate), Mademsa (Metallverarbeitung), Holz	
Vial	CSAV (Schifffahrt), Copec (Erdöl, Brennstoffe, mit Bulnes), Versicherungen, Pizarreño, Fensa, Mademsa, Embotelladora Andina (Glas und Verpackung)	Banco Sudamericano, BCI, Banco Hipotecario de Chile BHC (mit Claro, Larraín)
Yarur	Bellavista-Tomé, Manuf. Chilenas de Algodón (mit Alessandri), Teijidos Caupolicán, Textil Progresa, Químico Industrial (Polyesterfabrik) und weitere Textilunternehmen, Robinson Crusoe	Banco de Crédito e Inversiones BCI (mit Luksic, Alessandri, Vial, Larraín) Banco Continental (mit Furman, Ibáñez), Banco Llanquihue

Die Wirtschaftselite und ihre Unternehmen überdauerten die Regierungsperiode der Unidad Popular auf unterschiedliche Weise. Mattes Flaggschiff CMPC wurde von der Liste der zu enteignenden Betriebe zwar gestrichen, doch andere Firmen – unter anderem Cemento El Melón, der Stahlkonzern CAP und die Banco Sudamericano – wurden teilweise in öffentliches Eigentum überführt. Die

Gruppe überlebte allerdings aufgrund diversifizierter Investitionen. Ebenso erging es Vial. Hernán Briones verweigerte Verhandlungen mit der Regierung, die in seine Unternehmen Cementos Bío Bío, Socometal und Indura intervenierte. Er ging nach Venezuela und in die USA. 1975 kehrte er nach Chile zurück und nahm seine Betriebe wieder in Besitz. Die Textilgruppe von Yarur wurde enteignet, in seine Bank interveniert. Erstere kam nach dem Militärputsch nicht mehr auf die Beine, für die Expansion der Bank in neue Geschäftsfelder holte sich Jorge Yarur nach der Rückgabe Berater von der Bank of Amerika. Andere, z.B. Carozzi, konnten weiter produzieren.

Zwei Geschäftsmänner, die im Norden des Landes ihren Reichtum begründet hatten, entschlossen sich, ihre Unternehmen an den Staat zu verkaufen und ins Ausland zu gehen – zum Missfallen der Unternehmerschaft, die staatliche Übernahmen strikt ablehnte. Andrónico Luksic, Sohn eines kroatischen Einwanderers und einer Chilenin aus angesehener Familie, war im Jahr 1952 mit dem Anteilskauf an einer Mine reich geworden. Anacleto Angelini kam nach dem Zweiten Weltkrieg nach Chile und startete seine Geschäfte – Bau-, Holz- und Landwirtschaft sowie die Produktion von Fischmehl – mit Unterstützung der italienischen Community. Luksic wurde wegen seiner „kooperativen Haltung“ gegenüber der UP von der ersten Privatisierungsrunde nach dem Putsch ausgeschlossen. Beide avancierten dann unter dem Militärregime in den 1980er Jahren gemeinsam mit Matte zu den mächtigsten Konglomeraten des Landes.

III. Die dritte Übergangsphase zum modernen Kapitalismus: Gewaltsame Transformation unter dem Militärregime (1973–1989)

Nach dem Putsch im Jahr 1973 begann die Militärregierung, Wirtschaft und Gesellschaft Chiles neu zu ordnen. Chile entwickelte sich zügig zum Versuchsballon eines neoliberalen Reformprogramms, das ganz gegen den bisherigen wirtschaftspolitischen Trend – binnenmarktorientierte Entwicklung, staatlich gelenkte Industrialisierung und wohlfahrtsstaatliche Reform – gerichtet war. Ein ähnliches Konzept war historisch gesehen bis dahin nur einmal in gemäßigter Form zur Anwendung gekommen: im westlichen Nachkriegsdeutschland (1948–1955).

Der radikale Bruch mit dem demokratisch legitimierten Linksprojekt Allendes und der von Kompromissen geprägten Wirtschaftspolitik der vorangegangenen Jahrzehnte war nur unter autoritären Bedingungen möglich: In einer Demokratie hätte die Bevölkerung die sozialen Folgen der neoliberalen Strukturanpassung wohl kaum hingenommen. Umgekehrt erklärt der repressive Rahmen allein die relative Stabilität und die schlichte Langlebigkeit der auf den Neoliberalismus setzenden Militärregierung jedoch nicht. Wesentlichen Anteil daran hatten ihre Unterstützer im Unternehmerlager. Zudem standen dem Regime in Gestalt der so genannten Chicago boys „organische Intellektuelle“ (Gramsci) zur Verfügung, die über ideologische Geschlossenheit und ein langfristiges wirtschafts- und gesellschaftspolitisches Programm verfügten. Gemeinsam mit den Interessenverbänden, Think Tanks und den Medien der Großunternehmer initiierten sie einschlägige Kampagnen, die auf eine größere Akzeptanz der neoliberalen Politik bei der Mittelschicht und den noch kritischen Eliten zielten.

1. Von der Putschkoalition zum Aufstieg der neoliberalen Fraktion

Der neoliberale Sonderweg unterscheidet das Pinochet-Regime von anderen lateinamerikanischen Militärregierungen. Dabei lag die tiefgehende Neuordnung von Wirtschaft und Gesellschaft zunächst gar nicht in der Absicht der Junta. Zuallererst war der Militärputsch gegen die Unidad Popular und die revolutionäre Volksbewegung gerichtet – ein reaktionäres Projekt, in dessen Zentrum eine Wirtschaftselite stand, die ihren Besitz und ihre Interessen bedroht sah. Unter den für sie günstigen Bedingungen der Militärdiktatur verwandelte sich die besitzende Klasse von „Mumien“, wie sie die Linke spöttisch genannt hatte, zu einer aktiven und geeinten Bourgeoisie, die ein gemeinsames wirtschaftspolitisches Projekt verfolgte.

1.1. Die Putschkoalition zur Rettung der lokalen Bourgeoisie

Der Segelverein Cofradía Náutica del Pacífico Austral war Ausgangspunkt der Planspiele für einen gewaltsamen Umsturz. Der Unternehmer Agustín Edwards hatte den Verein 1968 mit den leitenden Redakteuren des Mercurio und pensionierten Marineoffizieren – darunter Roberto Kelly, der gute Kontakte zu US-Geheimdienstkreisen hatte – in schwer zu übersehender konspirativer Absicht gegründet.[138] Der Segelclub entwickelte sich rasch zu einem politischen Zirkel, in dem Angehörige der Marine, Unternehmer und in den USA ausgebildete Ökonomen zusammenfanden.

Auch die Unternehmerverbände hatten sich – über Anti-Regierungspropaganda und die Organisation von Versorgungsboykotten hinaus – einem Putsch verschrieben. Der Präsident der Sofofa, Orlando Sáenz, erklärte der Regierung Allende auf einem Treffen zehn Monate nach der Wahl offiziell „den Krieg". Diese „Kriegserklärung" beinhaltete die Finanzierung direkter regierungsfeindlicher Aktionen und Propaganda sowie den Entwurf eines wirtschaftspolitischen Gegenprogramms. Im „konspirativen Unternehmerkommando" sammelten sich unter anderen Javier Vial, Ricardo Claro, Hernán Briones, der hochrangige Verbandsfunktionär Eugenio Heiremans oder Ernesto Ayala, der seit dem Wechsel von Jorge Alessandri ins Präsidentenamt 1958 den Chefsessel in Mattes CMPC bekleidete. An den Treffen nahmen auch Jorge Fontaine und Benjamín Matte, Vorsitzende der CPC bzw. der SNA, teil. Sie sammelten national wie international Geld für den Umsturz und suchten den Kontakt zu putschbereiten Militärkreisen. Dieser *núcleo dirigente* begann, die Sektorverbände und *gremios* der Klein- und Mittelbetriebe auf eine gewaltsame „Gegenwehr" einzuschwören.[139]

138 Der ehemalige Marineoffizier und Unternehmer Roberto Kelly war Anhänger neoliberaler Lehrmeinungen und gilt als Mentor der Chicago boys. Er stellte die Verbindung zwischen Pinochet, der Marine und den Ökonomen her (siehe Tabelle 2).

139 Sáenz war auch Mitglied der rechtsterroristischen Vereinigung Patria y Libertad. Briones, von 1991 bis 1993 Präsident der Sofofa, gründete im Jahr 1995 die internationale Stiftung Pinochet, mit der er u.a. für die Anwaltskosten im Verfahren gegen sein „Vorbild", wie er Pinochet öffentlich nannte, aufkam. Heiremans war in mehrfacher Funktion in der Sofofa tätig und wurde von Pinochet in den Staatsrat berufen. Claro war nach dem Putsch Berater in Außenwirtschaftsfragen. Luis Corvalán Márquez: Del anticapitalismo al neoliberalismo en Chile. Santiago: Editorial Sudamericana 2001, S. 225 ff.; Genaro Ar-

Für die Aufgabe, das Gegenprogramm auszuarbeiten, waren die Angehörigen des von Edwards gegründeten Think Tanks Cesec und der Cofradía Náutica von entscheidender Bedeutung. Die Gruppe traf sich ab 1971 regelmäßig in den Redaktionsräumen des Mercurio. Kennzeichen ihrer Mitglieder: eine wirtschaftswissenschaftliche Ausbildung in den USA und eine ostentative Nähe zu den *grupos económicos*.[140] Hatten sie, wie etwa Javier Vial oder Álvaro Saieh, nicht selbst den Grundstein für ein Konglomerat gelegt, bekleideten sie Leitungspositionen oder agierten als Berater. Beteiligt waren auch einige den Christdemokraten nahestehende Ökonomen, die einer gewaltsamen Umkehrung der Verhältnisse zuneigten (siehe Tabelle 2). Ihr Reformprogramm erhielt aufgrund seines Umfangs den Namen *El ladrillo* (der Ziegelstein). Es bildete die Blaupause für das Schockprogramm, das später, nachdem sich die neoliberale Fraktion in der Junta durchgesetzt hatte, implementiert werden sollte.[141]

Dass es in Chile eine kritische Masse marktradikaler Ökonomen gab, dafür hatte das *Project Chile* – ein im Jahr 1956 zwischen den wirtschaftswissenschaftlichen Fakultäten der Universidad Católica und der University of Chicago abgeschlossenes Austauschprogramm – gesorgt. Die USA lancierten ab den 1950er Jahren im Rahmen des *Point Four Program* verschiedene Initiativen dieser Art. Ziel war es, auf die ideologische Ausrichtung der künftigen Elite Lateinamerikas und die wirtschaftswissenschaftlichen Ausbildungscurricula an den dortigen Universitäten Einfluss zu nehmen. Die jungen Ökonomen sollten mit dem Modernisierungsparadigma US-amerikanischer Provenienz und liberalen Lehrmeinungen bekannt gemacht werden. Santiago de Chile war als Hauptsitz der CEPAL für einen solchen, organisierten „Ideologietransfer" von besonderer Bedeutung. Dort wurden strukturalistische Erklärungsansätze für Unterentwicklung erarbeitet und Theorien entwickelt, die das binnenmarktorientierte Entwicklungsdenken dieser Zeit prägten.

riagada: Por la razon o la fuerza. Chile bajo Pinochet. Santiago: Editorial Sudamericana 1998; Manuel Delano/Hugo Traslaviña: La herencia de los Chicago boys. Santiago: Las Ediciones del Ornitorrinco 1989, S. 23 f., eigene Recherchen.

140 Unter *grupos económicos* werden hier mehrere Unternehmen in verschiedenen Wirtschaftssektoren verstanden, die unter der Kontrolle eines Eigentümers oder einer Eigentümergruppe stehen. Kontrolle und Leitung sind nicht voneinander getrennt, d.h. die Eigentümer entscheiden über strategische und operative Belange. Querverbindungen zwischen den einzelnen Unternehmen, seien sie finanzieller oder personeller Art, sind üblich. Siehe Lagos: La concentración, S. 8; Paredes/ Sánchez: Organización industrial.

141 CEP: El ladrillo. Bases de la política económica del gobierno militar chileno. Santiago: Centro de Estudios Públicos 1992. Online unter http://www.cepchile.cl/dms/lang_1/cat_794_inicio.html (30.6.2011).

Im Rahmen des *Project Chile* wurden zwischen 1956 und 1964 rund 30 Studenten aus Chile in Chicago ausgebildet. Die chilenischen Chicago boys kamen großteils aus der mittleren und gehobenen Mittelschicht. Sie waren die Söhne von Juristen, eingewanderten Unternehmern, Beamten oder anderen *professionals*. Gemeinsam war ihnen, dass ihre Eltern sie auf eine angesehene, teure Privatschule geschickt hatten.[142]

Nach dem offiziellen Ende des Projekts Chile finanzierten die beteiligten Universitäten, US-Stiftungen und chilenische Institutionen (Zentralbank und Odeplan) die Stipendienprogramme weiter. Auf diese Weise unterrichteten Friedman, Becker, Harberger, Stigler und andere neoliberale (Vor-) Denker bis in die 1970er Jahre mehr als 150 junge chilenische Wirtschaftswissenschaftler.[143]

Der organisierte Ideologietransfer erwies sich als äußerst erfolgreich. Nach ihrer Rückkehr brachten die jungen Ökonomen ihr Wissen in die großen Unternehmen ein oder traten Posten an der Katholischen Universität an. Diejenigen, die mit der regierenden Christdemokratischen Partei verbunden waren, stiegen in den 1960er Jahren die Karriereleiter im Staatsdienst nach oben – vor allem in der Zentralbank, in der Planungsbehörde Odeplan und im Wirtschaftsministerium (siehe Tabelle 2). Die Ausbildung in den USA war aber nicht nur individuellen Karrieren förderlich. In den gemeinsamen Jahren hatten sich ideologischer Gleichklang, übereinstimmende politische Überzeugungen und enge persönliche Beziehungen entwickelt. Die Chicago boys waren deshalb keineswegs nur Wirtschaftsexperten im Dienste des Regimes: Ihre Anschauungen und ihr Widerstand gegen Allende machten sie zu genuin politischen Akteuren.[144]

142 In Chile bestimmt der Besuch des „richtigen" *colegio* noch heute über Ansehen und Weiterkommen einer Person. Die Wahl der Sekundarschule ist hier noch wichtiger als die der Universität. Im Wesentlichen sind es rund fünf teure private bzw. konservative katholische *colegios*, in der die künftige politische und wirtschaftliche Elite des Landes ausgebildet wird (siehe Kapitel IV.2.2, 4.2).

143 Wiewohl die University of Chicago als Trutzburg gegen keynesianische Lehren eine besondere Rolle in diesem „Ideologietransfer" spielte, waren weitere US-Eliteuniversitäten in das Austauschprogramm eingebunden. Auch das wirtschaftswissenschaftliche Spektrum der chilenischen Marktradikalen war breiter, als es der Ausdruck „Chicago boys" suggeriert. Neben dem Monetarismus aus Chicago wurden auch die Lehrmeinungen der Virginia School und der Österreichischen Schule der Nationalökonomie rezipiert und später in die Praxis umgesetzt. Zum Projekt Chile siehe Gabriel Valdés: Pinochet's economists. The Chicago School in Chile. Cambridge: Cambridge University Press 1995, Kapitel 5 und 6; Karin Fischer: The influence of neoliberals before, during, and after Pinochet. In: The Making of the neoliberal thought collective, hrsg. von Philip Mirowski und Dieter Plehwe. Cambridge, MA: Harvard University Press 2009, S. 305-346.

144 Für einen Zugang, der die Bedeutung professioneller Ökonomen und ökonomischer Ideen betont, aber die politische Dimension tendenziell unterschätzt, stehen etwa Patricio Silva: Technocrats and politics in Chile. From the Chicago boys to the CIEPLAN monks.

Tabelle 2: Das Netzwerk der Putschkoalition: Cofradía Náutica und El-Ladrillo-Team[145]

Name	Aktionsfelder
Pablo Baraona	Chicago-Ökonom, Grupos Cruzat-Larraín, BHC, Edwards, Sofofa, Cesec, El-Ladrillo-Team, Kolumnist El Mercurio
Álvaro Bardón	ursprünglich Christdemokrat, Chicago-Ökonom, El Mercurio-Redakteur, Mont Pèlerin Gesellschaft (MPS), El-Ladrillo-Team; später u.a. Berater im Wirtschaftsministerium und der Zentralbank, dann Vize- und Gouverneur der Zentralbank, Unterstaatssekretär für wirtschaftliche Angelegenheiten, Präsident der Banco del Estado
Jorge Cauas	ursprünglich Christdemokrat, Columbia University, Vorstand der Fakultät für Wirtschaftswissenschaften an der Katholischen Universität, Grupo Cruzat-Larraín, Mitarbeiter der Weltbank, El-Ladrillo-Team, Näheverhältnis zu den *gremialistas*, Mitbegründer des CEP; Vizegouverneur der Zentralbank (1967)

In: Journal for Latin American Studies 23, 1991, S. 385-410; Montecinos: Economists, politics and the state. Dagegen heißt es bei Harberger: „Policy economics was the „hallmark of Chicago in that period. (…) [T]he entire atmosphere at Chicago (…) made it a cradle for the training of people in policy economics, always emphasizing fundamentals and always trying to give them a true sense of how economics links to the real world." (David Levy: Interview with Arnold Harberger. In: Revista Acta Académica 25, 1999, o.S. Online unter http://www.uaca.ac.cr/acta/1999nov/dlevy.htm, 3.3.2005).

145 Silva: Technocrats and politics; María Olivia Mönckeberg: El saqueo de los grupos económicos al Estado chileno. Santiago: Ediciones B 2001; Judith A. Teichman: The Politics of freeing markets in Latin America. Chile, Argentina, and Mexico. Chapel Hill/London: The University of North Carolina Press 2001; Arturo Fontaine Aldunate: Los economistas y el Presidente Pinochet. Santiago: Empresa Editora Zig-Zag 1988; eigene Recherchen. Die Angaben über die Mitgliedschaften in der Mont Pèlerin Gesellschaft (MPS), ein 1947 von namhaften Neoliberalen gegründetes transnationales Netzwerk, verdanke ich Bernhard Walpen, der diese im MPS-Archiv der Hoover-Institution in Stanford (Kalifornien) recherchiert hat. Der hier verwendete Begriff Netzwerk verweist auf organisierte Kontakte zwischen staatlichen und nicht-staatlichen Akteuren, die durch persönliche Vertrauensbeziehungen und strategische Interessen miteinander verbunden sind.

Name	Aktionsfelder
Manuel Cruzat	El-Ladrillo-Team, Gründer der Grupo Cruzat-Larraín, Master in Chicago, Ph.D. in Harvard
Sergio de Castro	Chicago-Ökonom, Dekan der Fakultät für Wirtschaftswissenschaften an der Katholischen Universität, Grupo Edwards und Cruzat-Larraín, El-Ladrillo-Team, Mitbegründer des CEP, Mitglied der MPS; verschiedene Regierungsposten
Agustín Edwards	Cofradía Náutica, Grupo Edwards, Cesec
Roberto Kelly	vormals Marineoffizier, Cofradía Náutica, El-Ladrillo-Team, Grupo BHC; Planungsminister 1973–78, Wirtschaftsminister (1978), Repräsentant in der IDB 1979–80
Carlos Massad	ursprünglich Christdemokrat, Chicago-Ökonom, Vize- (1964) und Gouverneur (1967) der Zentralbank, Mitarbeiter des IWF
Juan Carlos Méndez	Chicago-Ökonom; Odeplan, Budgetdirektor im Finanzministerium
José Toribio Merino	Cofradía Náutica; später u.a. Vorsitzender des überministeriellen Wirtschaftskomitees, der gesetzgebenden Kommission und der Regierungsjunta 1973–90
Orlando Sáenz	Grupo Edwards, Präsident der Sofofa, Chicago-Ökonom, El-Ladrillo-Team, Verschiedene Quellen führen ihn als Mitglied von Patria y Libertad; später Staatssekretär
Andrés Sanfuentes	ursprünglich Christdemokrat, Chicago-Ökonom, El-Ladrillo-Team; später Berater der Zentralbank und im Finanzministerium
Emilio Sanfuentes	Nationale Partei, den *gremialistas* nahestehend, Grupos Edwards und Saieh, Leiter des Cesec, Chicago-Ökonom, El-Ladrillo-Team, Chef des Wirtschaftsteils des El Mercurio; später Zentralbank
Ernesto Silva	Chicago-Ökonom, El-Ladrillo-Team
Sergio Undurraga	Nationale Partei, Chicago-Ökonom, El-Ladrillo-Team, Sofofa; später Corfo-Chef in New York
Javier Vial	Grupo BHC, Chicago-Ökonom
Juan Villarzú	ursprünglich Christdemokrat, El-Ladrillo-Team, Chicago-Ökonom; später Budgetdirektor im Finanzministerium

Unmittelbar nach dem 11. September 1973 waren die Verlautbarungen und Signale der Junta widersprüchlich. Einerseits wurde der transitorische Charakter der

Militärintervention betont, andererseits der Ausnahmezustand ausgerufen und der Kongress aufgelöst. Erst am 11. März 1974 proklamierte die Junta in der *Declaración de Principios* eine grundlegende Erneuerung, die eine schnelle Rückkehr zu einem demokratischen System nicht vorsah.

So deutlich der Bruch auf institutioneller Ebene verkündet wurde, so wenig eindeutig war in den ersten beiden Jahren die Ausrichtung der Wirtschaftspolitik des Regimes. Heer, Marine und Luftwaffe konnten sich zunächst nicht auf einen wirtschaftspolitischen Kurs einigen. Die Marine, offiziell für den Bereich Wirtschaft zuständig, pflegte die engsten Kontakte zur marktradikalen Fraktion. Dagegen galt der Luftwaffengeneral Gustavo Leigh – zugleich Pinochets Hauptrivale um die Führung der Junta – als Anhänger einer national orientierten, korporativistischen Wirtschaftspolitik.[146] Auch Teile des von Pinochet befehligten Heeres befürworteten eine staatlich gelenkte Wirtschaft. Nationalistische politische Kräfte, die die Diktatur unterstützen, traten ebenso für eine stärker geschlossene Wirtschaft und eine berufsständisch organisierte Gesellschaft ein. Sogar der *gremialista*-Bewegung war das Denken der jungen neoliberalen Ökonomen anfangs noch fremd. Aus Sicht der Nationalisten gefährdete es die *chilenidad*, die nationale Identität. Die Junta musste in der ersten Phase auf diese wichtigen Bündnispartner Rücksicht nehmen, um die durchaus fragile Putschkoalition zusammenzuhalten.[147]

Die Wirtschaftspolitik der ersten beiden Jahre war deshalb von einer graduellen Anpassung, das heißt von schrittweise eingeführten Maßnahmen zur Inflationskontrolle, gekennzeichnet. Sie wurde in öffentlichen Verlautbarungen mit dem aus der ISI-Periode bekannten Leitbild einer „gemischten Wirtschaft" verknüpft. In zwei Bereiche intervenierte die Junta hingegen schnell und drastisch: Sie senkte die Löhne der Beschäftigten gegenüber 1970 um mehr als die Hälfte und ordnete die Eigentumsverhältnisse neu. Die vom Staat oder von den Arbeitern verwalteten Firmen des verarbeitenden Sektors wurden an ihre ursprünglichen Eigentümer zurückgegeben; die Rückführung übernahm eine eigens dafür gegründete Abteilung der Corfo. Sämtliche Preise am Binnenmarkt wurden freigegeben, auch die staatliche Kontrolle des Finanzsektors wurde weitgehend auf-

146 Der mitunter als „Keynesianer" bezeichnete Leigh wurde 1978 aus der Junta entfernt, weil er ein Gegner der Machtkonzentration bei Pinochet war.

147 Arturo Valenzuela: Los militares en el poder. La consolidación del poder unipersonal. In: El difícil camino hacia la democracia en Chile 1982–1990, hrsg. von Paul W. Drake und Iván Jaksic, Santiago: FLACSO 1993, S. 57-144; Marcus Kurtz: Chile's neo-liberal revolution. Incremental decisions and structural transformation, 1973–1979. In: Journal of Latin American Studies 31, 1999, S. 399-427; Verónica Valdivia Ortíz de Zárate: El golpe después del golpe. Leigh vs. Pinochet. Chile 1960–1980. Santiago: LOM, Kapitel 3.

gehoben. Alle Kreditrestriktionen fielen, und die Gründung von Banken und Finanzierungsagenturen (*financieras*) war fortan ohne Auflagen möglich. Ein ganzes Reformbündel zielte auf die Öffnung der Volkswirtschaft für Exporte und Importe. Um ausländisches Kapital anzulocken, erließ das Regime 1974 ein neues Gesetzesdekret (*Decreto Ley 600*) über ausländische Direktinvestitionen, das die Gleichbehandlung von in- und ausländischen Investoren beschloss.[148]

Die Propaganda und Netzwerkaktivitäten der neoliberalen Kräfte zeigten letztlich allerdings Wirkung. Schon im Wahlkampf 1970, als die Ökonomen aus dem Cesec am Wirtschaftsprogramm für Jorge Alessandri gearbeitet hatten, hatten sie innerhalb der Wirtschaftseliten um Unterstützung geworben. Neben Seminaren und Schulungen für Unternehmer, die sie im Auftrag der Sofofa durchführten, erhielten sie in den Massenmedien von Edwards und Saieh publizistische Unterstützung. Der skeptischen traditionellen Rechten vermittelten vor allem jene Ökonomen, die nach ihrer Rückkehr aus den USA in der *gremialista*-Bewegung aktiv waren, die neuen Ideen. Die enttäuschten *Freístas* unter den marktradikalen Ökonomen nutzten ihre guten Kontakte zu Raúl Sáenz, einem ehemals hochrangigen Politiker der Frei-Administration. Er war beim Antritt der Unidad Popular nach Venezuela gegangen und kehrte zurück, um im Auftrag der Junta die Wirtschaftspolitik nach dem Putsch zu koordinieren.[149]

148 Gute Überblicksdarstellungen über die wirtschaftspolitischen Reformen bieten Javier Martínez/Álvaro Díaz: Chile. The great transformation. Geneva: UNRISD 1996; Patricia Olave Castillo: El proyecto neoliberal en Chile y la construcción de una nueva economía. México: UNAM/Ediciones El Caballito 1997; Ricardo Ffrench-Davis: Entre el neoliberalismo y el crecimiento con equidad. Tres décadas de política económica en Chile. Santiago: J.C. Sáenz 2003.

149 Fontaine: Los economistas, S. 56-68; Carlos Huneeus: Tecnócratas y políticos en el autoritarismo. Los „ODEPLAN boys" y los „gremialistas" en el Chile de Pinochet. In: Revista de Ciencia Política 19 (2), 1989, S. 125-158; Joaquín Lavín: Miguel Kast. Pasión de vivir. Santiago: Zig-Zag 1986.

1.2. Der Aufstieg der neoliberalen Fraktion

Die Maßnahmen der ersten beiden Jahre bewirkten also bereits eine Liberalisierung und Öffnung der Ökonomie und machten die sozialen Reformen der Unidad Popular-Periode rückgängig. Ihr entscheidendes *take off* erlebte die neoliberale Fraktion aber erst 1975. Ihre Mitglieder gelangten in wichtige Regierungspositionen, allen voran Sergio de Castro und Jorge Cauas, die Pinochet zum Wirtschafts- bzw. Finanzminister ernannte (siehe Tabelle 3). Der neue Finanzminister erhielt Kontrollbefugnisse über jede Institution, die mit dem Ministerium verbunden war. Der Chicago-Ökonom und *gremialista* Miguel Kast stieg zum stellvertretenden Leiter der staatlichen Planungsbehörde Odeplan auf, die er später auch leitete. Seine Mitarbeiter hatten die Aufgabe, die Implementierung der Reformmaßnahmen zu überwachen. Kurz darauf verkündete die Regierung, wie von der Zeitung El Mercurio seit Wochen massiv gefordert, ihr monetaristisches Schockprogramm.

Diese klare Richtungsentscheidung hatte mehrere Gründe. Zum einen hatte die unklare Stabilisierungspolitik der ersten beiden Jahre nicht den gewünschten Erfolg gebracht. Im Gegenteil: Die chilenische Ökonomie befand sich in einer offenen Rezession. Die Inflation war zwar gesunken, was in erster Linie dem Einbruch der Nachfrage infolge der Lohn- und Ausgabenkürzungen geschuldet war. Sie stand aber mit 375 Prozent – gegenüber 500 Prozent im Jahr 1973 – immer noch auf einem aberwitzig hohen Niveau. Das Handelsdefizit war aufgrund des Preisverfalls für Kupfer am Weltmarkt weiter angewachsen. Der Ölpreisanstieg nach der Gründung der OPEC hatte einen Produktionseinbruch in der Industrie zur Folge. Die Arbeitslosigkeit war sprunghaft angestiegen und der erhoffte Zustrom an Auslandskapital ließ auf sich warten.

In dieser Wirtschaftskrise begünstigte die diktatorische Zentralisierung der Macht in Chile die neoliberale Fraktion. *Gremialismo*-Führer Guzmán, Admiral Merino und andere hochrangige Marineangehörige hatten Pinochet schon frühzeitig mit den Chicago boys bekannt gemacht, und der General neigte ihren radikalen Vorschlägen zu.[150] Für sie sprach, dass sie – zumindest auf dem Papier

150 Nicht unwesentlich dürfte das Zusammentreffen Pinochets mit Milton Friedman Ende 1974 gewesen sein. Dieser erste Besuch – Friedman kam 1981 ein zweites Mal nach Chile – wurde von dem Unternehmer und Chicago-Ökonomen Javier Vial organisiert. Einige Quellen behaupten, es wäre Friedman gewesen, der Pinochet davon überzeugte, das Schockprogramm umzusetzen, siehe Delano/Traslaviña: La herencia, S. 39; Alejandra González-Rossetti [u.a.]: Enhancing the political feasibility of health reform. The Chile case. Boston: Harvard School of Public Health 2000, S. 37. Für Arriagada war Odeplan-Direktor Kelly die Schlüsselperson, die zwischen neoliberalen Ökonomen und Junta vermittelte, siehe Arriagada: Por la razon o la fuerza, S. 57.

– über ein kohärentes Wirtschaftsprogramm verfügten. Nicht weniger entscheidend war der Umstand, dass Pinochet und seine engsten Berater in den Politikern der traditionellen Rechten Konkurrenten sahen. Die kompromisslose und verschworene Truppe der Chicago boys schien da besser geeignet, die Machtposition Pinochets zu stützen. Nach seiner Entscheidung für das radikale Schockprogramm entmachtete Pinochet die Luftwaffe und jene Teile der Streitkräfte, die für eine gradualistische Wirtschaftspolitik standen.

Neben solchen internen Faktoren gab es für das Schockprogramm auch externe Gründe. Aufgrund der andauernden Wirtschaftskrise war Chile weiterhin hochgradig abhängig vom Zufluss von Fremdkapital. Multinationale Geber zögerten aber, dem brutalen, die Menschenrechte offen verhöhnenden Regime mit Krediten unter die Arme zu greifen. Trotz einer entsprechenden Aufforderung der USA weigerten sich fünf europäische Länder, am Umschuldungsverfahren des Pariser Club teilzunehmen.[151] Im Jahr 1975 sah sich das Regime gezwungen, seine Schuldenrückzahlung auszusetzen. Chile hatte ein Jahr zuvor ein *standby arrangement* mit dem Internationalen Währungsfonds (IWF) geschlossen, aber die Bedingungen dafür, vor allem im Bereich der Ausgabenreduktion, nicht erfüllt. Der IWF forderte deshalb ein härteres Strukturanpassungsprogramm. Die neoliberalen Ökonomen waren in dieser Situation die idealen „intellektuellen Vermittler“ zwischen der Junta und den Vertretern des IWF. Einige von ihnen hatten selbst in Washington gearbeitet, andere kannten ihre Verhandlungspartner noch aus ihrer Studienzeit in den USA. Tatsächlich begannen nach ihrer Amtsübernahme und der Bekanntgabe des Schockprogramms die Kredite wieder zu fließen – im Verhandlungsteam war man schnell zu einer Einigung gelangt.[152]

151 Japan, Frankreich, Spanien und Westdeutschland stimmten unter Druck der USA zu.

152 Isabel Letelier/Michael Moffitt: Supporting repression. Multinational banks in Chile. In: Race & Class 20, 1978, S. 111-126. Siehe auch Teichman: Freeing markets; Marion Fourcade-Gourinchas/Sarah L. Babb: The rebirth of the liberal creed. Paths to neoliberalism in four countries. In: American Journal for Sociology 108 (3), 2002, S. 533-579.

Tabelle 3: Das politische Netzwerk: An der Universidad Católica und an US-Eliteuniversitäten ausgebildete Ökonomen[153]

Name	Ausbildung und zivilgesellschaftliche Netzwerke	Regierungsposition
Pablo Baraona	Chicago-Ökonom, *gremialista*, Sofofa, Cesec, Gründer und Rektor der Universidad Finis Terrae	Berater im Landwirtschaftsministerium, Vizegouverneur der Zentralbank (1974–75), Zentralbankgouverneur (1975–76), Wirtschaftsminister (1976–78, 1988–89), Chiles Repräsentant in der IDB (1976–79), Bergbauminister (1989)
Hernán Büchi	Columbia University, den Chicago boys nahestehend seit 1975, MPS	Unterstaatssekretär für wirtschaftliche Angelegenheiten (1979–81), stv. Gesundheitsminister (1981–83), Planungsminister Odeplan (1983–84), Chef der Bankenaufsicht (1984–85), Finanzminister (1985–89), Präsidentschaftskandidat 1989
Carlos Cáceres	MBA Cornell University, ITP Harvard University, MPS, Grupo Ibáñez-Ojeda	Zentralbankgouverneur (1982–83), Chiles Repräsentant in der IDB (1983–84), Finanzminister (1983–84), Innenminister (1988–90)

153 Silva: Technocrats and politics; Mönckeberg: El saqueo; Teichman: Freeing markets; Silva: The state and capital; eigene Recherchen.

Name	Ausbildung und zivilgesellschaftliche Netzwerke	Regierungsposition
Jorge Cauas	MBA Columbia University, Vorstand der wiwi. Fakultät der Katholischen Universität, Näheverhältnis zu den *gremialistas*, El-Ladrillo-Team, Mitbegründer des CEP	Vizegouverneur der Zentralbank (1974), Finanzminister (1974–76), Botschafter in den USA (1977–78)
Sergio de Castro	Chicago-Ökonom, *gremialista*, Dekan der wiwi. Fakultät der Katholischen Universität, El-Ladrillo-Team, MPS, Mitbegründer des CEP	Berater im Wirtschaftsministerium (1973–75), Wirtschaftsminister (1975–76), Chiles Repräsentant in der Inter-American Development Bank IDB (1975–76), Finanzminister (1976–82)
Sergio de la Cuadra	Chicago-Ökonom, Dozent an der Katholischen Universität, Grupo Aetna, Vial und Edwards, Sofofa, Cesec	Vorsitzender des Beratungskomitees für Zollpolitik im Finanzministerium (1975), Vizegouverneur der Zentralbank (1977–81), Zentralbankgouverneur (1981–82), Finanzminister (1982–84)
Sergio Fernández	*gremialista* und eng mit Pinochet, Kast, Guzmán, Gründer der Pro-Pinochet Partei UDI	Reformkommission Zivilrecht (1975), Präsident der Obersten Rechnungsprüfungsbehörde (1978), Arbeitsminister (1976–78), Innenminister (1978–82, 1987–88), Vors. der Studienkommission für Verfassungsorgangesetze (1983–88)
Jaime Guzmán	*gremialista*, UDI-Gründer (✝ 1991)	Legislative Kommission (1974–81)
Miguel Kast	*gremialista*, Chicago-Ökonom (✝ 1983)	Stv. Direktor Odeplan (1975) und Planungsminister (1978–80), Arbeitsminister (1980–82), Zentralbankgouverneur (1982)

Name	Ausbildung und zivilgesellschaftliche Netzwerke	Regierungsposition
Cristián Larroulet	Chicago-Ökonom, *gremialista*, CEP, MPS	Legislative Kommission, Leiter Odeplan (1981–82), Kabinettchef im Finanzministerium unter Büchi (1985–89)
Rolf Lüders	Chicago-Ökonom, BHC, Dekan der wiwi. Fakultät der Katholischen Universität (1968–71), MPS	Direktor des Finanzmarktentwicklungsprogramms OAS (1971–74), Mitglied der Legislativen Kommission (1974–81), Doppelminister Finanzen und Wirtschaft (1982–83), Chiles Repräsentant in der IDB (1982–83)
José Piñera	PhD Harvard, Grupo Cruzat-Larraín, MPS	Arbeitsminister (1979–80), Bergbauminister (1981–82)

2. Die neoliberale Transformation von Wirtschaft und Gesellschaft

Nach der Entscheidung für das Schockprogramm folgte die Regulierungs-, Geld- und Steuerpolitik den monetaristischen Lehren der Chicago School of Economics. Von den *commanding heights* der Zentralbank aus – die Leitungsebene und die Studienabteilung waren fest in der Hand der neoliberalen Ökonomen – wurde die Geldmenge verknappt (obwohl mit einer Anpassung des Wechselkurses implizit zugegeben wurde, dass mit der Kontrolle der Geldmenge allein eine Inflation nicht gebremst werden kann). Andere Maßnahmen zielten auf Freihandel und die weitere Liberalisierung des Finanzsektors.

In einer zweiten groß angelegten Welle zwischen 1975 und Anfang der 1980er Jahre privatisierte die neoliberale Militärregierung rund 200 Unternehmen. Die Gewinner waren überwiegend chilenische Großkapitalisten, die die ehemals staatlich kontrollierten Betriebe zu bemerkenswert niedrigen Preisen ersteigerten. Nur zehn bis 20 Prozent des Kaufwertes eines Unternehmens mussten in bar entrichtet werden, der Rest konnte mit langfristigen Krediten bestritten werden. Als Sicherstellung fungierten die Anteile der erworbenen Unternehmen. Ende 1978 kontrollierten die führenden fünf *grupos económicos* – Cruzat-Larraín, Vial, Matte, Angelini, Luksic – 53 Prozent der Aktiva der größten 250 Privatunternehmen Chiles. Neun Konglomerate, die fünf genannten inklusive, kontrollierten 82 Prozent der Aktiva des Bankensystems. Zur *inner group* der Dekade und damit zum Kern einer neuen Wirtschaftselite gehörten Manuel Cruzat, Fernando Larraín und Javier Vial. Die über 100 Unternehmen der *grupo* Cruzat-Larraín boten vielen jungen, in den USA ausgebildeten Ökonomen den Einstieg in die berufliche Praxis. In ihrem Besitz befanden sich auch die beiden größten Banken des Landes (siehe Tabelle 4).[154]

Strategisch wichtige Sektoren wie Bergbau, Energie und Telekommunikation blieben von der Privatisierung allerdings ausgenommen. Anfang der 1980er Jahre gehörten noch immer sechs der zehn größten Unternehmen dem Staat.

154 Fernando Dahse: El mapa de la extrema riqueza. Los grupos económicos y el proceso de concentración de capitales. Santiago: Editorial Aconcágua 1979, S. 140-147; Dominique Hachette/Rolf Lüders: La privatización en Chile. Santiago: CINDE 1992; Oscar Muñoz: Privatización de empresas publicas. In: Reformas económicas en Chile, hrsg. von Oscar Muñoz. Washington: Banco Interamericano de Desarrollo 1992, S. 63-75.

Tabelle 4: Finanzialisierte *grupos económicos* 1978[155]

Grupo	Bank	Wichtigste Unternehmen und Beteiligungen	Zahl der UT 1978 (1969)	Vermögen US-Dollar (Zuwachs 1969–1978)
Cruzat-Larraín	Banco de Santiago, Banco de Fomento (Bhif), Colocadora	Copec, Abastible, Celco, Forestal S.A., Industrias Forestales, Forestal Arauco, Celulosa Arauco, CCU, Madeco, Viña Santa Carolina u.a., Watt's Alimentos, Pesquera Coloso, CRAV, Elecmental, Cristalerías (mit Subgrupo Claro), Fondo Mutuo de la Cooperativa Vitalicia	109 (13)	1000 (423 %)
Vial (BHC)	Banco de Chile, BHC	Inversiones Andina, Cía. Industrial, Fondos Mutuos BHC, Indus ever, Cía. Tecno Industrial, Mademsa, Fensa, Hucke Ind. Alimenticias S.A., Immobilien- und Versicherungsgesellschaften	66 (8)	520 (347 %)
Matte	Bice (Anteile an Banco Sudamericano Banco Unido de Fomento)	CMPC, Cía. Industrial el Volcán, Minera Valparaíso, Renta Urbana, Cía. Industrial y Comercial Pacífico, Financiera El Melón	46 (7)	360 (115 %)

155 Dahse: El mapa, S. 140-146, S. 200; Paredes/Sánchez: Organización industrial, Tabelle 3 und 4, S. 18 und 20.

Grupo	Bank	Wichtigste Unternehmen und Beteiligungen	Zahl der UT 1978 (1969)	Vermögen US-Dollar (Zuwachs 1969–1978)
Angelini	–	Pesquera Eperva, Pesaquera Indo u.a., Forestal Cholguán, u.a., Grace y Cía., Cruz del Sur	21 (6)	140 (224 %)
Luksic	Banco Sudamericano	Cía. de Consum. de Gas, Electricidad Industrial, Manufacturas de Cobre, Molinos / Fideos Lucchetti, Forestal Quiñenco	31 (7)	150 (67 %)
Edwards	Banco Edwards, Banco del Trabajo	El Mercurio, Inversiones La Chilena u.a, Financiera Andes u.a., Watt's, CCU (1979 an Cruzat-Larraín verkauft)	9 (k.A.)	74 (k.A.)

Die finanzmarktpolitischen Maßnahmen des Regimes setzten zunächst weiter strikt auf Liberalisierung. Das Experiment eines gänzlich unregulierten Finanzsektors wurde 1976 jedoch beschränkt: Aufgrund des spektakulären Wachstums stieg bei vielen Finanzinstituten die Gefahr einer Insolvenz. Deshalb wurde für die Gründung einer Bank nun eine Mindesteinlage verlangt. Von dieser Bestimmung ausgenommen blieben ausländische Banken und deren Investitionen. Das war auch einer der Gründe, warum Chile 1977 aus dem Andenpakt austrat: Er sah auch für Auslandskapital entsprechende Regulierungen vor. Bis 1981 verdoppelte sich die Zahl der Privatbanken in Chile von 21 auf 45. Hinzu kamen 21 Finanzierungsagenturen, die es in dieser Form zuvor nicht gegeben hatte. Die Präsenz ausländischer Banken war in den 1970er Jahren noch sehr bescheiden. Zu dieser Zeit operierten acht US-Banken im Land. Europäische Banken waren, bis auf die spanischen, nicht existent (wenn man davon absieht, dass die beiden asiatischen Banken mit britischem Kapital verbunden waren und dass auch die lateinamerikanischen Banken am chilenischen Markt zum Teil eine europäische Beteiligung aufwiesen).

Abgesehen von den US-Unternehmen im Bergbausektor hielten sich transnationale Investoren zurück. Daran änderte auch das DL 600 nichts. Ausländisches Kapital floss vor allem in Form von Krediten ins Land. Multinationale US-

Banken – unter anderen Citicorp, Morgan Guaranty Trust und Bankers Trust – machten den Anfang; kanadische, westdeutsche, spanische, britische und holländische Banken zogen nach. Im Vertrauen auf den privaten Kreditmarkt konnte Pinochet Mitte 1977 die letzte Tranche der vom US-Kongress genehmigten Wirtschaftshilfe selbstbewusst zurückweisen. Als Folge der Kreditaufnahme im Ausland verzehnfachten sich zwischen 1976 und 1981 allerdings die privaten Schulden.

Eine Besonderheit des chilenischen Liberalisierungsprozesses war das hohe Zinsniveau: Die Zinsen lagen – mit wenigen Ausnahmezeiten – bis 1982 bei rund 35 Prozent, und dies, obwohl die Reformen in einer Periode des „billigen Geldes" stattfanden. Das lag, zumindest zum Teil, an den Kreditgeschäften der *grupos económicos*. Über ihre Banken und Finanzierungsagenturen nahmen sie von US-amerikanischen und europäischen Banken zu niedrigen Zinsen Kredite auf, gaben diese aber mit einer höheren Verzinsung am internen Markt weiter.

Von neoliberalen Reformen profitierten besonders jene Wirtschaftszweige, die mit Finanzaktivitäten und Handel verbunden waren. Deshalb richteten auch stärker binnenmarktorientierte Konglomerate wie Edwards, Luksic, Yarur und Said ihre Geschäftsfelder vermehrt international (Export-Import) und transnational (Finanz- und Versicherungsgeschäfte, Immobilien) aus. Matte stieg mit Versicherungsunternehmen und im Jahr 1979 mit der Gründung der Banco Industrial y de Comercio Exterior (Bice) in das Geschäft mit dem Geld ein. Die internationale Konstellation legte eine solche Verlagerung ebenfalls nahe: Die Ölkrise traf die Industriellen hart, während transnational orientierte (Finanz-) Gruppen vom Petrodollarboom und vom Zugang zu den internationalen Kapitalmärkten profitierten. Kapitalflucht gab es so gut wie keine. Das Vertrauen in das Regime war groß, und die – in hohem Maße intransparenten – Privatisierungen eröffneten der Wirtschaftselite genügend lukrative Investitionsmöglichkeiten im eigenen Land.[156]

Durch die einseitige Begünstigung des Finanzsektors verlor der industrielle Sektor seine Funktion als Wachstumsmotor. Mehr noch: Infolge der abrupten Außenöffnung stieg die Zahl der Insolvenzen rapide und die Volkswirtschaft tendierte zur Deindustralisierung. Zu den Verlierern zählten die Klein- und Mittelbetriebe, die dem Importansturm nicht gewachsen waren. Von Produktionsrückgängen am stärksten betroffen waren die Hersteller von kurz- und langlebigen Konsumgütern. Arg in Bedrängnis gerieten auch jene Agrarier, die – aus

156 Burak Bener/Mathieu Dufour: A class analysis of capital flight from Chile, 1971–2001. In: Capital flight and capital controls in developing countries, hrsg. von Gerald Epstein. Cheltenham, UK/Northampton, MA: Edward Elgar 2005, S. 173-209.

geographischen Gründen oder wegen ihrer Betriebsgröße – nicht für den Export produzieren konnten. Das vergleichsweise stärkste Wachstum verzeichneten die Hersteller gering verarbeiteter Exportgüter: Fischmehl, halbraffiniertes Kupfer, Holz und Zellulose.[157]

Es ging nicht um eine Rückkehr zu einer „konservativ-oligarchischen" Ordnung, sondern um eine tief greifende kapitalistische Restrukturierung: Dies wird an der Boden- und Agrarpolitik der Militärregierung deutlich. Ein knappes Drittel der ursprünglichen Eigentümer erhielt seine Landgüter zurück oder wurde finanziell entschädigt. Zehn Prozent des Agrarlandes behielt der Staat, weitere 30 Prozent verkaufte er an neue Eigentümer. Die übrigen 30 Prozent gingen an vormalige Pächter, also kleinbäuerliche Produzenten. Die Kleinbauern waren allerdings bald zum Verkauf ihrer Parzellen gezwungen, weil sie nicht in der Lage waren, auf ihren *minifundios* eine halbwegs einträgliche Landwirtschaft zu betreiben. Diese Verkäufe veränderten den landwirtschaftlichen Sektor grundlegend, denn als Käufer traten Unternehmer auf, die mit Hilfe des Staates eine moderne, exportorientierte Produktionsstruktur errichteten. Die neue Schicht kapitalistischer Agrarunternehmer initiierte einen Exportboom – nicht zuletzt, weil sie nicht nur auf staatliche Anschubfinanzierung, sondern auch auf billige, entrechtete Arbeitskräfte zählen konnte. Die unter Frei und Allende durchgeführten Agrarreformen hatten die Pfeiler der traditionellen Landordnung zerstört und die grundbesitzende Klasse geschwächt. Eine neue soziale Ordnung war allerdings – im Unterschied etwa zu Mexiko, Jugoslawien oder zur UdSSR – nicht geschaffen worden. Dieser Umstand erlaubte es der Militärregierung, ihre Autonomie gegenüber den Kräften der alten Ordnung zu behaupten, die sie finanziell großzügig entschädigte. So wurde der Weg frei für eine kapitalistische Entwicklung auf dem Land und für den Aufstieg der neuen Agrarunternehmer.[158]

157 Der Industrieanteil am BIP fiel von 26 Prozent (1973) auf 21,6 Prozent (1980) und 1982 auf unter 20 Prozent; der Anteil der Industriebeschäftigung an der Gesamtbeschäftigung von 21,5 Prozent (1970) auf 12,7 Prozent (1982). Siehe Jaime Gatica Barros: Deindustrialization in Chile. Boulder/San Francisco/London: Westview Press 1989, S. 21 f., S. 32 ff. und Kapitel 3; Manuel R. Agosin: Trade and gowth in Chile. In: CEPAL Review 68, 1999, S. 79-100; Ffrench-Davis [u.a.]: Industrialization, S. 119f.

158 Zahlenangaben aus Cámara de Diputados: Informe comisión de privatizaciones. Santiago 2004, S. 68-76. Online unter http://www.privatizaciones.cl/articulos.php (3.7.2008); siehe auch Martínez/Díaz: Great transformation, S. 133 f.; Marcus Kurtz: State developmentalism without a developmental state. The public foundations of the "free market miracle" in Chile. In: Latin American Politics and Society 43 (2), 1999, S. 1-25. Zu den Agrarunternehmern siehe Rachel A. Schurman: Chile's new entrepreneurs and the "economic miracle". The invisible hand or a hand from the state? In: Studies in Comparative International Development 31 (2), 1996, S. 83-109.

Die Exporteinnahmen beruhten in den 1970er Jahren jedoch nicht überwiegend auf landwirtschaftlichen Erzeugnissen, sondern auf Kupfer und anderen Bergbauprodukten. Da sich die Auslandsinvestitionen zu diesem Zeitpunkt wenig dynamisch entwickelten, waren es hauptsächlich die nationalen *grupos*, die mit Krediten ausländischer Banken für die Modernisierung der Produktion sorgten. Das Exportwachstum hinkte dennoch den Importsteigerungen weit hinterher. Infolge des überbewerteten Wechselkurses – Finanzminister Sergio de Castro band im Juni 1979 den chilenischen Peso an den Dollar – war es zwischen 1978 und 1981 sogar rückläufig. Verbunden mit dem massiven Anstieg von Auslandskrediten machte das die chilenische Ökonomie enorm verwundbar.[159]

In den Worten Pinochets war die „wirtschaftliche Anpassung" an eine offene Ökonomie im Jahr 1978 erfolgreich abgeschlossen, und es fiel der Startschuss für eine weitere Reformetappe. Die „Sieben Modernisierungen" beinhalteten eine Justizreform mit einer neuen Verfassung, regionale Dezentralisierung sowie die tief greifende Umgestaltung des wohlfahrtsstaatlichen Systems: Das Regime privatisierte das Rentensystem, das Gesundheits- und das Bildungswesen und führte ein flexibles Arbeitsgesetz ein. Hatte bislang die Geld- und Regulierungstheorie der Chicagoer Schule die Leitideen für Chiles Wirtschaftspolitik gestellt, schöpften die chilenischen Neoliberalen mit der Public-Choice-Theorie nunmehr verstärkt aus dem Fundus der Virginia School.[160] Die Beziehungen zwischen Staat und Zivilgesellschaft sollten letztlich auf eine neue Basis gestellt werden. Arbeitsminister José Piñera verkündete, dass mit den Reformen nicht weniger als eine völlig neue politische, wirtschaftliche und soziale Realität geschaffen werde.[161]

159 Graciela Moguillansky: La inversión en Chile. ¿El fin de un ciclo en expansión? Santiago: CEPAL/Fondo de Cultura Económica 1999, Tabelle A.5, S. 318; Ffrench-Davis: Entre el neoliberalismo, S. 139 ff.

160 Die berühmtesten Vertreter der Virginia School, die Nobelpreisträger Gordon Tulluck und James Buchanan, waren mehrmals zu Gast in Chile. Auf Einladung des CEP und der Stiftung des BHC-Konglomerats hielten sie Seminare ab, siehe Alfred Stepan: State power and the strength of civil society in the Southern Cone of Latin America. In: Bringing the state back in, hrsg. von Peter B. Evans [u.a.]. Cambridge: Cambridge University Press 1985, S. 317-343, hier S. 341. Über den Einfluss der Virginia School auf die Reformagenda in Chile siehe Fischer: The influence of neoliberals.

161 Anders als viele Chicago boys entstammte Piñera einer wohlhabenden Familie. Sein Vater war christdemokratischer Politiker und Diplomat. In seiner Studienzeit trat er gegen die Gremialisten auf. Erst nach seiner Rückkehr aus den USA und dem Eintritt in die *grupo* Cruzat-Larraín 1977 kam er den Neoliberalen nahe. Nach dem Ende seiner politischen Karriere startete er unternehmerische, publizistische und Berateraktivitäten (siehe Kapitel IV, Tabelle 11). Auf seiner Homepage http://www.josepinera.com/ veröffentlicht er Beiträge zur Wirtschaftsreform. Siehe auch José Piñera: El cascabel al gato. La batalla

Mit der Übertragung der Rentenversicherung auf private Anbieter übernahm Chile weltweit eine Pionierrolle. Nur die Angehörigen des Militärs und der Polizei erhielten die Wahlmöglichkeit zwischen dem alten, staatlich garantierten und dem neuen System. Alle anderen Arbeitenden übertragen seither einen Teil ihres Gehalts an private Rentenfonds, die so genannten *Administradoras de Fondos de Pensiones* (AFP). Diese verwalten die Gelder und legen sie an. Ziel dieser Maßnahme war es, den Staat von sozialen Leistungen zu entlasten und gleichzeitig Kapital für die Akkumulation freizusetzen. In dieser Phase waren die Anlagemöglichkeiten noch auf Aktien und Anleihen von Unternehmen beschränkt, die am chilenischen Markt operierten. Innerhalb kurzer Zeit erlangten die AFPs der *grupos* eine marktbeherrschende Stellung; BHC und Cruzat-Larraín kontrollierten zwei Drittel der gesamten Einlagen.[162]

Kern des neuen Bildungsgesetzes war eine Dezentralisierung des Systems. Die Verantwortung für die öffentlichen Schulen wurde den Gemeinden übertragen. Die Kommunen konnten die Schulen dann privatisieren oder selbst betreiben. Da im zweiten Fall die Kosten für den Schulerhalt inklusive der Lehrergehälter von der Gemeinde aufgebracht werden müssen, gibt es in armen Kommunen bis heute nur unzureichende Bildungsangebote. Die Gesundheitsreform folgte einer ähnlichen Logik der Dezentralisierung und Privatisierung. In allen sozialen Bereichen wurden duale Systeme installiert: Der Staat sorgt für Mindestleistungen; ein erweiterter Leistungsbezug ist an das individuelle Einkommen gekoppelt. Es entstand ein profitträchtiger Markt für private Anbieter, wobei der Staat eine Kontroll- und Regulierungsfunktion behielt. Diese Form der Sozialpolitik trug zu sinkenden Ausgaben bei: Zwischen 1974 und 1989 gingen etwa die staatlichen Gesundheitsausgaben um zwei Drittel zurück.

Der *plan laboral*, das von José Piñera entworfene Arbeitsgesetz von 1979, schränkte die individuellen Arbeitsrechte ein und setzte kollektiven Vereinbarungen ein Ende. Fortan galt ein flexibles, auf persönlichen Verträgen basierendes System, von dem nur die Arbeiter in der staatlichen Kupferindustrie, die Angestellten der Zentralbank und Angehörige des Militärs ausgenommen waren. Das Gesetz garantierte zwar das Recht auf gewerkschaftliche Organisierung und ein eingeschränktes Streikrecht, beschnitt aber den Spielraum für die Durchsetzung von Forderungen massiv. Tarifverhandlungen waren nur noch auf Betriebs-

por la reforma previsional. Santiago: Zig-Zag 1991; ders.: La revolución laboral en Chile. Santiago: Zig-Zag 1991.

162 Doris Elter: Sistema de A.F.P. chileno. Injusticia de un modelo. Santiago: LOM 1999.

ebene möglich und an die Produktivitätsentwicklung gebunden. Verhandlungen konnten auch von ad hoc gebildeten Gruppen geführt werden.[163]

3. Krise und Krisenlösung: Von der Staatsintervention zum neuen Wachstumsmodell

Die Bankrotterklärung Mexikos im Jahr 1982 machte die internationale Schuldenkrise offenkundig. Auch das „chilenische Wirtschaftswunder" mündete in diesem Jahr in eine schwere Rezession. Die Zahlungsunfähigkeit zahlreicher Entwicklungs- und Schwellenländer des Südens und Osteuropas war auf veränderte weltwirtschaftliche Rahmenbedingungen zurückzuführen. Die Weltkonjunktur hatte sich ebenso wie der Welthandel verlangsamt. Die US-Administration war, gefolgt von den wichtigsten Industrieländern, zur Hochzinspolitik übergegangen, was den Schuldendienst schlagartig erhöhte. Hinzu kam der Ölpreisschock und der Verfall der Rohstoffpreise. Einseitig exportorientierte Länder wie Chile waren davon besonders betroffen.

Die Liberalisierung des Finanzmarktes und die in Dollar überschuldeten *grupos* gehörten zu den hausgemachten Faktoren, die die Rezession verschärften. Die Außenschuld Chiles unterschied sich von der anderer lateinamerikanischer Länder dadurch, dass es sich vor allem um private Schulden handelte. Erschwerend kam die Währungspolitik von Finanzminister Sergio de Castro hinzu: Der überbewertete Wechselkurs schädigte die Konkurrenzfähigkeit chilenischer Exportgüter am Weltmarkt und verstärkte den Importsog.

In der verschärften sozialen Krise formierte sich erstmals seit dem Antritt der Militärregierung eine breite Protestbewegung. Die Marginalisierten aus den Elendsvierteln trugen an der Seite der chilenischen Arbeiteravantgarde, den *mineros*, ihre Kritik bei Hungermärschen auf die Straße. Die von Verarmung und Arbeitslosigkeit bedrohte Mittelschicht – Staatsbeamte, kleine und mittlere Unternehmer, Landwirte und ihre Familien – beteiligte sich zahlreich an den nationalen Protesttagen. Gewerkschafter, oppositionelle Intellektuelle und ehemalige Parteipolitiker begannen, ein Bündnis für Demokratie zu schmieden.

Innerhalb der neoliberalen Staatselite brach Streit über die geeignete Krisenlösungsstrategie aus. Sergio de Castro beharrte hartnäckig auf der Dollarparität und einer automatischen, das heißt marktförmigen Anpassung des Wechselkurses. Er lehnte jeden Eingriff in die Währungspolitik strikt ab. Neben einigen Mitstreitern

163 Marcus Taylor: From Pinochet to the Third Way? Neoliberalism and social transformation in Chile, 1973–2003. London: Pluto Press.

aus dem El-Ladrillo-Team wusste er zunächst auch Teile des Großkapitals auf seiner Seite: Agustín Edwards, Manuel Cruzat und Javier Larraín kritisierten zwar die hohen Zinssätze. Aufgrund ihrer starken Dollarverschuldung waren sie aber gegen eine Abwertung des Peso, weil sich damit ihre Verbindlichkeiten vervielfacht hätten. De Castros Anhänger im El-Ladrillo-Team waren auch strikt dagegen, in das Bankensystem zu intervenieren und den verschuldeten Unternehmen unter die Arme zu greifen. Sie argumentierten dabei konsequent neoliberal: Wenn sich Unternehmen nicht am Markt bewährten, sollten sie nicht vom Staat gerettet werden.[164] So positioniert konnte Sergio de Castro sein Regierungsamt nur bis zum Juni 1982 halten. Mit ihm wurden de la Cuadra, Miguel Kast und Sergio Fernández ihrer Ämter enthoben. Die Mehrheit des El-Ladrillo-Teams votierte für eine Abwertung des Peso, zumal auch prominente Unternehmer, etwa Jorge Alessandri und Ricardo Claro, ausscherten und eine Kurskorrektur in der Wirtschaftspolitik forderten. Unterstützt wurden sie dabei von der SNA und von verschiedenen Sektorverbänden innerhalb der Sofofa.[165]

3.1. Staatsintervention zur Rettung des neoliberalen Modells

Die Bankenaufsicht intervenierte in 14 Banken (von insgesamt 26) und acht Finanzierungsgesellschaften (von 17). Betroffen waren die größten Privatbanken des Landes, Vials BHC und die Banco de Santiago von Cruzat-Larraín, sowie die Banco de Chile. Anfang 1983 wurden drei Finanzinstitutionen liquidiert, weitere fünf vom Staat übernommen und zwei Banken unter staatliche Aufsicht gestellt. Um die Solvenz des Finanzsystems wiederherzustellen, rekapitalisierte die Zentralbank die im Prinzip bankrotten Banken. Die Militärregierung folgte damit einer im Zuge der Schuldenkrise in Lateinamerika üblichen Praxis: Der Staat sozialisierte die Verluste, indem er riesige Mengen privatwirtschaftlicher Schulden übernahm.[166]

164 Fontaine: Los economistas, S. 154; Interviews der Autorin.

165 Imbusch: Unternehmer und Politik, Kapitel VI, Abschnitt 4; Campero: Los gremios empresariales.

166 Als die Banken nach der wirtschaftlichen Erholung wieder privatisiert wurden, verlangte die Regierung keinerlei Rückzahlung der eingesetzten staatlichen Mittel. Das knapp vor den ersten demokratischen Wahlen verabschiedete Bankengesetz annullierte diese Schuld de facto. Einen guten Überblick bieten Günther Y. Held/Luis Felipe L. Jiménez: Liberalización financiera, crisis y reforma del sistema bancario chileno: 1974–1999. Santiago: CEPAL 1999.

Hernán Büchi, der 1985 zum Finanzminister bestellt wurde, wertete den Peso umgehend um 18 Prozent ab.[167] Schuldner erhielten einen präferenziellen Dollarkurs, der 20 Prozent unter seinem realen Wert lag. Die Regierung verabschiedete ein neues Bankengesetz, das eine Bardepotpflicht bei der Zentralbank vorsah und die Geschäftstätigkeiten der Banken einer strikten Regulierung unterwarf. Um die Binnenproduktion anzukurbeln, subventionierte sie die Produzenten von Grundnahrungsmitteln und hob die Zölle um bis zu 35 Prozent an.

Auf die soziale Krise reagierte die Militärregierung überraschenderweise nicht nur mit Härte, sondern verabschiedete Sozial- und Arbeitsprogramme und nahm Abstand von Entlassungen im öffentlichen Sektor. Zwischen 1983 und 1988 betrugen die durchschnittlichen Staatsausgaben, gemessen als Anteil am BIP, 25 Prozent. Sie waren damit, abzüglich der Schuldenrückzahlung und Steuererträge, höher als in den 1960er Jahren. Die öffentlichen Ausgaben dienten aber in erster Linie der Ankurbelung der Wirtschaft. Die Lohnpolitik blieb weiterhin restriktiv und das Leben der Mittel- und Unterschichten prekär.[168]

Die klassenübergreifende Protestbewegung und die Kritik aus dem Unternehmerlager zwangen Pinochet, sich schließlich von den orthodoxesten Elementen des marktradikalen Programms zu verabschieden und einige aus dem El-Ladrillo-Team von ihren Regierungsposten zu entlassen. Sie wechselten in den Privatsektor oder ins Berater- und akademische Feld, um ihre politische Expertise weiterhin zu verbreiten. Die neoliberale Politik an sich und die Weltmarktorientierung der Wirtschaft standen nicht zur Disposition. Was waren die Gründe für die Stabilität des Regimes und die Fortsetzung seines Wirtschaftsmodells?

Auf politischer Ebene sicherte sich die Regierung die Loyalität des Unternehmerlagers. Der strategische Kern der regimetreuen Unternehmerverbände (CPC, Sofofa, SNA) erhielt mehr Mitsprache und Gestaltungsmacht. Verbandspolitiker wurden in Staatsämter berufen. In beratenden und gesetzgebenden Kommissionen konnten die Spitzenverbände Regierungsvorlagen kommentieren und ihre Vorschläge einbringen. Damit waren persönliche Netzwerke nicht mehr die einzige oder vorherrschende Form der Repräsentanz unternehmerischer Interessen.

167 Der an der Columbia University promovierte Hernán Büchi war vor seinem Antritt als Finanzminister Kabinettchef, Unterstaatssekretär im Wirtschaftsministerium und Planungsminister. Während der Krise entwarf er als Chef der Bankenaufsicht das neue Bankengesetz. Zuvor hatte er an so gut wie allen „Sieben Modernisierungen“ mitgewirkt (z.B. der Dezentralisierung des Bildungssystems, dem Arbeitsgesetz, der Pensionsreform, der Tarifreform im Energiesektor und der Einführung privatwirtschaftlicher Krankenkassen). Zum neuen Team gehörten Rolf Lüders, der sich als BHC-Topmanager mit Javier Vial überworfen hatte, Carlos Cáceres und Cristián Larroulet, siehe Tabelle 3.

168 Olave: Proyecto neoliberal, S. 135 ff.

Die Vermittlung zwischen Verbänden und politischer Entscheidungsmacht übernahmen Funktionäre und ihre Fachleute. Nicht unbedeutend bei diesem Bündnis war das gemeinsame Anliegen, das Wirtschaftsmodell gegenüber der prodemokratischen Oppositionsbewegung abzusichern.[169]

Der Führung war es außerdem gelungen, die Protestbewegung zu spalten. Während die Junta radikale Regimegegner mit Repression bedrohte, brach sie mit dem über die Medien kolportierten Bild der „gewaltbereiten Massen" die Mittelschichten – und die dissidenten *gremios* der kleinen und mittleren Unternehmer – aus der Protestfront heraus. Zudem rückten Vertreter der Sozialdemokraten und Christdemokraten von den weiter links stehenden Gruppen und Volksorganisationen ab. Zwischen den Kadern der radikalen und der gemäßigten Kräfte bestand erheblicher Dissens hinsichtlich der anzuwendenden Protestformen und Strategien, aber auch in Bezug auf die Ziele der Bewegung.[170]

Ein wichtiger Faktor, weshalb der zum Teil erneuerte Machtblock relativ schnell wieder auf einen neoliberalen Wirtschaftskurs einschwenkte, war die Abhängigkeit von Auslandskapital und multilateralen Krediten. Die Regierung startete 1982 Umschuldungsverhandlungen mit dem Internationalen Währungsfonds und 1983 mit den internationalen Geberländern. Die vom Regime eingeschlagenen expansionistischen Politiken widersprachen jedoch den Auflagen. Deshalb konnte im ersten Verhandlungsanlauf keine Vereinbarung zwischen den internationalen Finanzinstitutionen und der Regierung Pinochet geschlossen werden. Die Weigerung einiger Länder, Chile aufgrund fortgesetzter Menschenrechtsverletzungen Geld zu borgen, führte paradoxerweise wieder zu einer orthodoxeren neoliberalen Politik: IWF und Weltbank nutzten die Zwangslage, um eine rigide Anpassung zu erwirken. Neben einer strikten Budget- und Geldpolitik verlangten sie eine schnelle „Normalisierung" der Eigentumsverhältnisse staatlich kontrollierten Banken und Unternehmen. In den Verhandlungen spielten die Schlüsselfiguren des alten neoliberalen Teams eine maßgebliche Rolle. Sie verfügten über gute Kontakte zu den Vertretern der internationalen Finanzinstitutionen – so auch der offiziell geschmähte Sergio de Castro. Der ehemalige Finanzminister wurde jede Woche von den Weltbank-Mitarbeitern über den Stand der Verhandlungen unterrichtet – bevor er Pinochet zum Mittagessen traf.[171]

Unter der Führung von Finanzminister Büchi und auf Basis seines Strukturanpassungsprogramms, das unter anderem eine Zollsenkung und weitere Privatisie-

169 Imbusch: Unternehmer und Politik, Kapitel VI, Abschnitt 5, insbesondere 361 ff.; Silva: State and capital, S. 186-192, 204 ff.

170 Karin Fischer: Chile. Vom neoliberalen Pionier zum Vorzeigemodell für Wachstum mit sozialem Ausgleich? In: Lateinamerika Analysen 17 (2), 2007, S. 157-175.

171 Teichman: Freeing markets, S. 80, mit Bezug auf Interviews.

rungen vorsah, einigte sich die chilenische Regierung mit Weltbank und IWF in den Jahren 1985, 1986 und 1987 auf Kreditvereinbarungen. Darüber hinaus unterstützte die Interamerikanische Entwicklungsbank mit speziellen Kreditprogrammen Projekte in den neuen Exportsektoren. Die Verhandlungen mit den internationalen Finanzinstitutionen förderten nicht nur die Rückkehr zu einer monetaristischen Finanzpolitik und stärkten das neoliberale Netzwerk: Chile lieferte mit seiner Vereinbarung, wie der damalige Verhandler und spätere CPC-Vorsitzende und Chef der Bankenaufsicht, Hernán Somerville, schreibt, auch das Vorbild für ein Schuldenmanagement, das später in den anderen Schuldnerländern Lateinamerikas, Osteuropas und Afrikas Anwendung fand.[172]

Die Politik zur Bekämpfung der Krise und die nachfolgende Anpassung an eine exportorientierte Ökonomie werden aus chilenischer Sicht vielfach als Übergang zu einem „pragmatischen Neoliberalismus" interpretiert.[173] Dies trifft aber nicht den strategischen Kern der Restrukturierung. Die neoliberalen Protagonisten reagierten in personeller wie in weltanschaulicher Hinsicht vielmehr sehr flexibel auf die internen und externen Anforderungen und ermöglichten so die Fortsetzung des Modells (zur Kontinuität der personellen Netzwerke nach der Krise siehe Abschnitt 4.3.)

3.2. Aktive Weltmarktintegration und der Aufstieg der finanz-industriellen Konglomerate

Die neue Entwicklungsstrategie von Hernán Büchi und seinem Team bestand darin, die chilenische Ökonomie strikt an ihren komparativen Vorteilen am Weltmarkt auszurichten. In den 1970er hatten Jahren Finanz-, Versicherungs- und Immobiliengeschäfte das Erfolgsmodell unternehmerischer Expansion gebildet. Nun wurden Industrie- und Finanzinteressen auf der einen Seite und exportorientierte Interessen im Bereich der natürlichen Ressourcen auf der ande-

172 Hérnan Somerville: La renegociación de la deuda externa chilena. In: La transformación económica de Chile. Santiago: Universidad Nacional Andrés Bello 1992, S. 107-118. Zu den IWF-Verhandlungen siehe Silva: Technocrats and politics, S. 397; Teichman: Freeing markets, S. 53, S. 78 ff.

173 Eduardo Silva: La política económica del régimen chileno durante la transición. Del neo-liberalismo radical al neo-liberalismo „pragmático". In: El dificil camino hacia la democracia en Chile 1982–1990, hrsg. von Paul W. Drake und, Ivan Jaksic. Santiago: FLACSO 1993, S. 193-242; ders.: State and capital. Auch Imbusch spricht davon, dass die Chicago boys mit „neutraleren Personen aus der Unternehmerschaft" ersetzt wurden, die eine „pragmatischere Politik" verfolgten, siehe Imbusch: Unternehmer und Politik, S. 450.

ren Seite strategisch miteinander verknüpft. Die einheimischen Produzenten forstwirtschaftlicher, agrarischer und gering verarbeiteter *industrial commodities* erhielten temporären Zollschutz, günstige Kredite und Steuererleichterungen. Das weitgehend deregulierte und privatisierte Sozialsystem, das vor der Krise im Rahmen der „Sieben Modernisierungen“ implementiert worden war, lieferte zusammen mit den niedrigen Löhnen günstige Bedingungen für das exportorientierte Wirtschaftsmodell und die unternehmerische Expansion der Konglomerate (Tabelle 5 zeigt den Anstieg der ungleichen Einkommensverteilung).

Tabelle 5: Individuelle Einkommensverteilung 1965–1989 (in %)[174]

	Frei 1965–70	**Allende 1971–73**	**Pinochet 1974–89**
1. Quintil	3,2	3,1	2,7
2. Quintil	7,1	7,5	6,4
Die Ärmsten 40 %	*10,3*	*10,6*	*9,1*
3. Quintil	11,4	12,5	10,6
4. Quintil	19,7	21,5	18,3
Mittlere EK Schicht	*31,1*	*34,0*	*28,9*
5. Quintil	58,6	55,4	62,0
Verhältnis 5/1	*19,5*	*17,9*	*23,0*

Vor allem aufgrund des hohen Kupferpreises und der größeren Nachfrage nach chilenischen Produkten am Weltmarkt ist ab 1985 ein Handelsbilanzüberschuss zu verzeichnen. Im selben Jahr startete das Regime die dritte Privatisierungswelle. Mit Ausnahme von Codelco (Kupfer), Enap (Öl) und der Banco del Estado privatisierte es so gut wie alle Unternehmen, die vor der Krise noch in den Händen des Staates gewesen waren: Werften und Häfen, Elektrizitätswerke und Telefonfirmen, die Fluglinie LAN, den Stahl verarbeitenden Betrieb CAP, den Chemiekonzern Soquimich (heute SQM) sowie andere vormals öffentliche Infrastrukturdienstleister. Dazu kamen die Unternehmen der sogenannten *área rara*: jene Betriebe, die der Staat vormals übernommen hatte, weil sie volkswirtschaftlich so wichtig waren, dass man sich ihren Konkurs nicht hatte leisten können. Darunter befanden sich Banken, Gesundheitsdienstleister, Pensionskassen und bedeutende Unternehmen aus den insolventen Firmenimperien von Vial und Cruzat-Larraín (z.B. CCU, Copec, Industrias Forestales und Forestal Arauco).

Etwa die Hälfte dieser Unternehmensverkäufe wickelte die Junta in Form von Aktienpaketen (Minderheitenanteile) über die Börse ab. 18 Prozent gingen zu

174 Rafael Agacino: Chile 25 años después. Claroscuros, ilusiones y fisuras de una contrarrevolución madura (o.J.). Online unter http://www.archivochile.com/Ideas_Autores/agacino/agasino0017.pdf (31.7.2011), Tabellen 2 und 3, S. 15 und 16, Daten der primären Einkommensverteilung auf Basis 1977. Die Daten stammen von der wirtschaftswissenschaftlichen Fakultät der Universidad de Chile. Deren Haushaltsbefragungen in Santiago bilden die einzig verfügbare Quelle zu den Einkommen für diese Periode.

Investmentzwecken an die Rentenfonds und 20 Prozent wurden den Arbeitern/Angestellten der betreffenden Firma, den öffentlich Bediensteten sowie den Angehörigen des Militärs angeboten. Den potenziellen „Volkskapitalisten" gewährte man, basierend auf ihren bis dahin erbrachten Steuerleistungen, hierfür günstige Kredite und Steuervorteile. Allerdings kam es lediglich bei einem kleinen Teil der zum Verkauf stehenden Firmen zu einem breiter gestreuten Aktienbesitz (genau bei vier von 17). Die meisten Firmen gelangten durch den Rückkauf von Aktienpaketen unter die Kontrolle von Armeeangehörigen, regimenahen Unternehmern sowie transnationalen Investorengruppen. Nur sieben *grupos económicos* kontrollierten 1987 rund drei Viertel der 300 größten Aktiengesellschaften, die darüber hinaus für den Großteil der Exporte verantwortlich zeichneten.[175]

Die Privatisierungswelle endete mit dem vollständigen Verkauf von mehr als 400 Unternehmen und Banken. Eine Abgeordnetenkommission, die 2004 ihren Abschlussbericht vorlegte, beziffert darin den Schaden, der der chilenischen Volkswirtschaft durch die Privatisierungen der Jahre 1978 bis 1990 erwachsen ist, mit über 2.200 Millionen Dollar (basierend auf dem Dollarwert von 1989). Die von der Corfo übernommenen Außenstände der verstaatlichten und wieder veräußerten Firmen sind in dieser Rechnung nicht enthalten.[176]

Zu den Gewinnern der Privatisierung und des neuen Entwicklungsmodells zählten erstens die alten und wieder erstandenen Familientrusts, insbesondere diejenigen, die sich in den 1970er Jahren nicht so stark verschuldet hatten. Dazu gehörte die *grupo* Matte, die neben Finanz- und Versicherungsgeschäften ihr Stammgeschäft – die Forstwirtschaft, Papier- und Zellstoffindustrie – weiter ausbaute. Häufig taten sich die chilenischen *grupos* mit ausländischen Investoren zusammen, um Unternehmen aus der Reprivatisierungsmasse zu erwerben: Anacleto Angelini gliederte mit neuseeländischen Kapitalgebern das ehemalige Flaggschiff von Cruzat-Larráin, Copec, in sein Firmenimperium ein, das er in den 1950er Jahren im Fischereisektor begründet hatte. Mit der Expansion in den Holz- und Papiersektor avancierte Angelini in der zweiten Hälfte der 1980er Jahre zur größten *grupo económico* des Landes. Andrónico Luksic vergrößerte mit dem Erwerb von Kupferminen und dem Verarbeitungsbetrieb Madeco jenes

175 Robin Blackburn [u.a.]: Cien millones de trabajadores accionistas en el mundo. ¿Manipulación masiva o nuevo contrato social? Santiago: CENDA 1999; Cámara de Diputados: Informe. Zur Unternehmenskonzentration siehe Olave: Proyecto neoliberal, S. 129.

176 Cámara de Diputados: Informe, segunda parte, S. 23 ff. Für den größten Teil des volkswirtschaftlichen Verlustes – fast ein Drittel – war der Verkauf des Eisen- und Stahlkonzerns CAP verantwortlich, ein zum Zeitpunkt seiner Privatisierung rentabler und viel versprechender Betrieb.

Geschäftsfeld, mit dem die Familie zu Reichtum gekommen war. Auch er stieg in die Holzwirtschaft ein, landete aber im Finanzsektor den entscheidenden Coup. Mit ausländischer Beteiligung erwarb die Familie die Banco O`Higgins und die ehemalige Cruzat-Larraín-Bank Banco de Santiago. Mit der Fusion schuf sie die zweitgrößte Finanzinstitution des Landes.[177] Die ausländischen Partner der *grupos* wurden dabei von einem attraktiven Schuldenkonversionsprogramm angezogen. Es räumte ihnen steuerliche Begünstigungen ein, die bis zu 46 Prozent der erworbenen Vermögenswerte ausmachten. Sie sind deshalb die zweiten Gewinner des neuen Entwicklungsmodells (siehe Tabelle 6).[178]

Als Dritte prosperierten die kleineren, dem Regime verbundenen Gruppen wie Said, Briones, Claro oder Saieh. Zu ihnen gesellten sich neue „Manager-Unternehmer", die sich aus ehemaligen Staatsbeamten und Top-Managern rekrutierten. Sie verfügten über beträchtliches Insiderwissen und ihre Wege zur Macht waren kurz. Sie waren mit den Privatisierungen befasst gewesen, hatten an den Gesetzen zur Deregulierung mitgewirkt oder sich als Manager profiliert. Nun taten sie sich zu Konsortien oder mit ausländischen Kapitalgebern zusammen, um selbst Eigentümer-Unternehmer zu werden. Sie expandierten – etwa im Falle der Energieversorger oder der privatwirtschaftlichen Rentenfonds und Krankenkassen – in die Nachbarländer, wo diese Sektoren auf Geheiß der internationalen Finanzinstitutionen in Folge der Schuldenkrise gerade privatisiert wurden. Lukrative Investitionsmöglichkeiten fanden sie auch in den neuen Boombranchen Fischzucht, Einzelhandel, Agroindustrie und Weinexport.[179]

177 Transnationales Kapital war an 13 von 19 privatisierten ehemals staatlichen Unternehmen beteiligt, davon in acht zu über 50 Prozent. Die größten ausländischen Investoren der 1980er Jahre waren Carter Holt Harvey, Schmidheiny, der saudische Millionär Khaled Bin Mahfouz und Eternit. Die spanischen Banken Santander und Banesto hatten bereits in der Krise 1982/83 begonnen, insolvente Finanzinstitutionen aufzukaufen. Bei Bankers Trust und Citicorp in Santiago begannen die Karrieren vieler Chicago boys. Siehe Patricio Rozas/Gustavo Marín: Los grupos transnacionales y la crisis. El caso chileno. Buenos Aires: Editorial Nueva America 1988, Kapitel IV.

178 Mit dem im Jahr 1985 von der Zentralbank implementierten Mechanismus der *debt-for-equity swaps* konnten ausländische Investoren Schuldentitel gegen Unternehmensanteile eintauschen. Ungefähr 80 Prozent der gesamten ausländischen Direktinvestitionen zwischen 1985 und 1991 gelangten auf diese Weise ins Land. Siehe Ricardo Ffrench-Davis: Debt-equity swaps in Chile. In: Cambridge Journal of Economics 14 (1), 1990, S. 109-126; Álvaro Calderón/Stephany Griffith-Jones: Los flujos de capital extranjero en la economía chilena. Acceso renovado y nuevos usos. Santiago: CEPAL 1995.

179 In diese Gruppe gehören etwa Juan Hurtado und Fernández León, die u.a. von der Privatisierung der Energieunternehmen profitieren, oder die von den beiden Unternehmern Félix Bacigalupo und Juan Obach mit dem Kapital von Bin Mahfouz geschaffene Gruppe Pathfinder. Den größten Einzelanteil am Chemiekonzern SQM erwarb ein chilenisches Konsortium rund um Pinochets Schwiegersohn Ponce Lerou; zu Vorstandsmitgliedern

Tabelle 6: Finanz-industrielle *grupos económicos* und ihre ausländischen Partner, zweite Hälfte der 1980er Jahre[180]

Grupo	Bank	Wichtigste Unternehmen	Ausländische Partner
Angelini		Copec, Pesquera Iquique-Guanaye, Pesquera Eperva, Celulosa Arauco, Cía. Seg. Cruz del Sur Grales	Copec: Carter Holt Harvey (NZL)
Luksic	Banco de O'Higgins, Banco de Santiago	CCU, Manufactura de Cobre (Madeco), Metalúrgica e Industrial, Minera Los Pelambres u.a., Italpasta sowie Beteiligung an Medien	CCU: Paulaner (D), Los Pelambres (Kupfer): Midland Bank (GB), Lucky Goldstar (Südkorea)
Matte	Bice	CMPC, Inforsa (Industrias Forestales), Forestal Minico u.a., Cía. Indust. El Volcán, AFP Summa	Holz/Papier: Simpson Paper (USA), Fletcher Challenger (NZL), Bice: Rothschild
Edwards	Banco Edwards	El Mercurio	Rothschild

wurden Carlos Cáceres, Sergio de Castro, Sergio de la Cuadra, Pablo Baraona and Hernán Büchi bestellt. Siehe Patricio Rozas/Gustavo Marín: 1988: El „Mapa de la extrema riqueza“ 10 años despues. Santiago: Ediciones Chile América CESOC 1989, S. 56, S. 61-75; Mönckeberg: El saqueo, Kapitel 1; Genaro Arriagada: Los empresarios y la política. Santiago: LOM 2004.

180 Paredes/Sánchez: Organización industrial, Tabelle 6, S. 29; Luis Arturo Fuentes: Grandes grupos económicos en Chile y los modelos de propiedad en otros países. Santiago: Dolmen Ediciones 1997, S.47-93, eigene Recherchen.

Grupo	Bank	Wichtigste Unternehmen	Ausländische Partner
Said	Bhif	Embotteladora Andina, Parque Arauco Shopping Center, Shopping Center La Florida, Envases del Pacífico (Edelpa)	Coca-Cola Export Corporation
Claro		Schifffahrtsunternehmen CSAV, Elecmetal, Cristalerías de Chile, Viña Santa Rita, Diario Financiero	

Nicht alle Unternehmer dieser Gruppe zeigen ein prononciertes politisches Profil.[181] Sie alle aber fanden optimale Bedingungen im Kontext der neuen Entwicklungsstrategie, die zugleich ein Klassenprojekt begründete. Es begünstigte jene Fraktion, die ihre Geschäftsfelder international ausrichtete und mit transnationalem Kapital Verbindungen einging.

4. Autoritärer Neoliberalismus: Transformation des Staates und neoliberale Erziehungsdiktatur

Die Pinochet-Ära zeigt, dass neoliberale Projekte durchsetzungsfähige Institutionen brauchen, um eine marktförmige Gesellschaft aufzubauen. Das chilenische Regime nutzte die Einrichtungen des „historischen Entwicklungsstaates" für neoliberale Zwecke. Die relative Autonomie der Staatsklasse und die Abschottung der Entscheidungszentren von öffentlicher und demokratischer Einflussnahme sorgten dafür, dass eine schnelle, direkte Umsetzung geplanter Reformmaßnahmen möglich war. Dies bestätigt eine der Vaterfiguren der chilenischen Neoliberalen, der Chicagoer Ökonomieprofessor Arnold Harberger:

181 Als besonders regimetreu trat neben den bereits erwähnten Großunternehmern die Familie Matte in Erscheinung. Clanchef Eliodoro Matte studierte in Chicago und bezeichnete sich öffentlich als Bewunderer von Pinochet. Die Familie unterstützte finanziell die Gründung der neoliberalen Think Tanks. Luis Enrique Yarur, selbst Jurist, war während seiner Studienzeit *gremialista* und Jaime Guzmán sehr verbunden. Luksic und Angelini vermeiden hingegen öffentliche politische Bekenntnisse. Revista Capital: Los 25 empresarios que le cambiaron el rostro de Chile. Santiago: Salesianos 2004.

"Given that there was a military government, the idea that they were willing to cede economic authority to a group of technocrats made that transition easier than it would have been in a democratic context of the same time and place."[182] Dennoch, allein mit Repression, staatlicher Ordnungspolitik oder neuen Gesetzen wäre dieses Ziel nicht zu erreichen gewesen. Wenn die Reformen langfristig wirksam sein sollten – darüber waren sich die Neoliberalen im Klaren –, mussten die Einstellungen und Werthaltungen in der (Zivil-) Gesellschaft verändert werden.

4.1. Hayek in Chile: transnationale Diskurskoalitionen und ein institutioneller Rahmen für die neoliberale Reform

Nach dem Putsch oblagen sämtliche politischen Letztentscheidungen der Junta, die nach der Auflösung des Kongresses die gesetzgebende und die exekutive Gewalt war. Die Gesetze und die Verfassung von 1925 blieben in Kraft und die Gerichte im Amt – sofern es die „Lage der Nation" erlaubte. Auch dies lag im Ermessensspielraum der Junta: Sie entschied, wann ein Gesetz oder eine Verfassungsbestimmung geändert oder beseitigt werden sollte. Wie in der Wirtschaftspolitik wandelten sich ursprünglich nach Waffengattungen paritätisch besetzte Kommissionen zu persönlichen Machtinstrumenten Pinochets. Erst nach dem Inkraftsetzen der neuen Verfassung im Jahr 1981 waren die staatlichen Organe und deren Aufgaben klarer definiert.

Der zunächst restaurative Diskurs der Junta wurde mit der *Declaración de Principios* begraben In dem Dokument vom März 1974 war von der historischen Mission die Rede, durch neue Regierungsinstitutionen die vom „Marxismus völlig zerstörte" Wirtschaft zu reorganisieren. Das neue politische System werde ein von jeder Art der „Interessenartikulation" gesäubertes, entpolitisiertes, technokratisches und effizientes sein. Verfasser des Dokuments war der *gremialismo*-Führer Jaime Guzmán. Form, Inhalt und Tempo der Reform blieben innerhalb der Junta und ihrer zivilen Berater jedoch umstritten. Analog zum wirtschaftspolitischen Diskurs dominierte von 1973 bis 1975 ein weltanschaulicher Synkretismus, der die unterschiedlichen Ideologien und Interessen der Putschkoalition widerspiegelte: Ein starker Anti-Etatismus und Antikommunismus verbanden sich mit der Vision einer autoritären, korporatistisch organisier-

182 Levy: Interview with Arnold Harberger. Ganz ähnlich äußerten sich Rolf Lüders, Pablo Baraona und andere in Zeitungsinterviews, siehe Arriagada: Por la razon o la fuerza, S. 68.

ten Gesellschaft. Parteien sollten durch berufsständische Organisationen ersetzt und „neutrale Experten" nach „objektiven Kriterien" das Gemeinwohl definieren.[183]

Nach dem *take off* des neoliberalen Reformteams ging es verstärkt um die Institutionalisierung des Regimes, die sich im 1978 erstmals vorgelegten Verfassungstext widerspiegelt. Ein die Junta-Fraktionen einigendes Moment lag in der „Notwendigkeit", der Demokratie Grenzen zu setzen. Hinsichtlich der konkreten Ausgestaltung des politischen Systems unterschieden sich die Auffassungen von Nationalisten, Neoliberalen und *gremialistas* jedoch erheblich.[184] Die so genannten Institutionalisten waren genauso wie die Mehrheit der *gremialistas* für eine starke Präsidialmacht und die Abschottung wichtiger Institutionen – wie Sicherheitsrat, Verfassungstribunale und Zentralbank – von demokratischer Einflussnahme. Politische Entscheidungen sollten Experten übertragen werden. Die Nationalisten und Teile der *gremialistas* standen für eine „organische Demokratie" und einen „korporativen" Staat. Die Neoliberalen wiederum zeigten sich skeptisch gegenüber dem „Gesetzesfetischismus" ihrer intellektuellen Gegenspieler. Ihrer Meinung nach konnte das System nur durch strukturelle Reformen im ökonomischen und sozialen Bereich stabilisiert und dauerhaft abgesichert werden. Politische Entscheidungen sollten nach dem Prinzip der Subsidiarität dem Markt und wohl informierten Bürgern überlassen werden, „objektive Experten" allerdings dafür zuständig sein, das Gesamtinteresse der Gemeinschaft zu definieren. In der Verfassung sollten so genannte „letzte Mechanismen" (*últimos mecanismos*) die ökonomische Ordnung sichern und grundlegende Veränderungen des Systems verhindern. Ihre Vorschläge beinhalteten eine Begrenzung staatlicher Ausgaben, die Autonomie der Zentralbank und ein Verbot der Staatsverschuldung. Die Neoliberalen setzten – im Gegensatz zur reaktionären Rechten – bei der Beschränkung der Demokratie auf eine „objektive", „rationale" und „wissenschaftlich fundierte Alternative". Pablo Baraona, Chicago-Ökonom, Zentralbankpräsident und zweimaliger Wirtschaftsminister, beschrieb die Grundpfeiler der „neuen Demokratie" folgendermaßen: „Die neue, von einem wahrhaft nationalen Geist durchdrungene Demokratie muss *autoritär* sein in dem Sinne, als die für die Stabilität des Systems grundlegenden Normen nicht dem politischen Prozess überantwortet werden und unsere bewaffneten Institutionen ihre Einhaltung überwachen. Sie muss *unpersönlich* sein, da die Normen für alle gleichermaßen gelten (...), und *libertär* (*libertaria*), weil das Prinzip der Subsidiarität das entscheidende ist, um für das Gemeinwohl zu

183 Vergara: Auge y caida, S. 36-55; Valdivia Ortíz de Zárate: El golpe, S. 121 ff.

184 Siehe zum Folgenden Vergara: Auge y caida, S. 106-133.

sorgen. Sie muss *technifiziert* sein, weil das politische System nicht über technische Fragen entscheiden kann (...). Die Verantwortung muss der Technokratie übertragen werden, die logische Verfahrensweisen anwendet, um Probleme zu lösen und alternative Lösungen vorzuschlagen.“[185]

Im Verlauf der Diskussion, die zum endgültigen Verfassungsentwurf führte, setzten sich die Neoliberalen schließlich durch. Vergara spricht in diesem Zusammenhang von der „Neoliberalisierung der *gremialistas*“, weil letztere die Idee einer korporatistisch verfassten Zivilgesellschaft aufgegeben hätten. Als Konsensformel erwies sich dabei das von Papst Pius XI. in seiner Sozialenzyklika *Quadragesimo Anno* schon 1931 ausgegebene Subsidiaritätsprinzip, auf das sich *gremialistas* und Neoliberale gleichermaßen einigen konnten. Damit ließen sich individuelle Freiheit, Leistungsbereitschaft und Eigentumsrechte ebenso begründen wie ein subsidiärer Staat. In einem solchen brauchte es keine berufsständischen Organisationen mehr, deren Aufgabe ja darin gesehen wurde, das Individuum vor dem allmächtigen Staat zu schützen.[186] Die Denkansätze der Neoliberalen boten zudem eine gute Lösung für den Widerspruch zwischen Ordnung und Freiheit: Eine marktradikale Wirtschaftsordnung und ein autoritäres politisches System legitimierten sich durch die Gleichsetzung von individueller Freiheit mit wirtschaftlicher Dispositionsfreiheit am Markt.[187]

Die Modellverfassung einer „begrenzten“ und „geschützten“ Demokratie orientiert sich in vielen Elementen an den Vorstellungen Friedrich August von Hayeks, der Chile 1978 und 1981 besuchte. Dabei wurde er sowohl von Pinochet persönlich als auch vom Verfassungskomitee konsultiert. Chiles Verfassung kann deshalb als gelungenes Beispiel für die Verschmelzung nationaler und transnationaler Diskursgemeinschaften dienen. Wiewohl sich Guzmán nie explizit auf ihn bezog, wurde die Konstitution nach Hayeks gleichnamiger Schrift „Verfassung der Freiheit“ benannt.[188] Der Grundtenor: Individuelle Freiheit ist

185 Baraona 1978 zitiert in Vergara: Auge y caida, S. 156 (Ü.d.A., Kursivsetzungen im Original).

186 Ebd.: S. 168.

187 Diese Debatten können anhand des Jahrestreffens der Mont Pèlerin Gesellschaft, das 1981 in Chile abgehalten wurde, nachvollzogen werden. Im Zentrum standen Konzepte der Freiheit. Die fehlende politische Freiheit und Demokratie in Chile war den Teilnehmern (u.a. Friedman, Frickhöffer, Tullock und Buchanan) keine Erwähnung wert. Die Konferenzbeiträge sind nachzulesen in CEP: Conferencia Mont Pelerin. Estudios Públicos 6, segundo trimestre. Santiago: Centro de Estudios Públicos 1982. Siehe auch Bernhard Walpen/Dieter Plehwe: „Wahrheitsgetreue Berichte über Chile“. Die Mont Pèlerin Society und die Diktatur Pinochet. In: 1999. Zeitschrift für Sozialgeschichte des 20. und 21. Jahrhunderts 2, 2001, S. 42-70.

188 Debattenbeiträge sind in der von Guzmán gegründeten Zeitschrift Revista Realidad nachzulesen, siehe Friedrich A. Hayek: La Fuerza de la Libertad. In: Revista Realidad (2)

nur in einer marktwirtschaftlichen Ordnung möglich, und diese zu garantieren ist Aufgabe der Verfassung. Um die Marktordnung und individuelle Freiheit vor demokratischer Einflussnahme, Interessengruppen und „totalitären" Angriffen zu schützen, braucht es eine starke staatliche Autorität. Die Konstitution muss in der Lage sein, die Rule of Law zu garantierten. Guzmán rechtfertigte deshalb mit Nachdruck die Aufrechterhaltung des Ausnahmezustandes. Es war eine gern bemühte Argumentationslinie der Neoliberalen, die Regierung der Unidad Popular als „totalitäres" Regime darzustellen, gegen das die „autoritäre Notwehr" der Militärs gerechtfertigt gewesen sei. Hayek unterstützte diese Lesart öffentlich.[189]

Die Verfassung enthält eine Reihe von Bestimmungen, die einen Systemwechsel verhindern. Dazu gehört an erster Stelle das als *sistema binominal* bezeichnete Wahlrecht. Es kombiniert die Nachteile des Mehrheits- und Verhältniswahlrechtes in einzigartiger Art und Weise: Einerseits haben kleinere Parteien keine Chance auf Repräsentation im Parlament, andererseits behindert es die Schaffung klarer parlamentarischer Mehrheiten. Konserviert werden die institutionellen Machtverhältnisse durch die auf Lebenszeit ernannten sowie die vom Nationalen Sicherheitsrat entsandten Senatoren. Dieses System erschwert es, Gesetze zu beschließen, die das institutionelle, politische, wirtschaftliche und soziale Modell der Diktatur grundlegend verändern.[190] Laut Regierungsangaben votierten 1980 in einer Volksabstimmung mehr als zwei Drittel der Wahlberechtigten für den Entwurf. Die Verfassung trat 1981 in Kraft und zementierte die Präsidentschaft Pinochets bis 1989, mit der Möglichkeit einer Wiederwahl bis zum Jahr 1997.

24, 1981, S. 27-35. Zu Hayeks Denken und dessen Spuren in der chilenischen Verfassung siehe Tomás Moulian: Chile actual. Anatomía de un mito. Santiago: LOM 1997, S. 240-252; Fischer: The influence of neoliberals.

189 Friedrich August Hayek sagte 1981 einer venezolanischen Tageszeitung, angesprochen auf totalitäre Regime in Lateinamerika: "Don't confuse totalitarianism with authoritarianism. I don't know of any totalitarian governments in Latin America. The only one was Chile under (former Marxist president Salvador) Allende. Chile is now a great success. The world shall come to regard the recovery of Chile as one of the great economic miracles of our time." Zitiert in Alan Ebenstein: Friedrich Hayek. A biography. New York: Palgrave 2001, S. 300.

190 Das binominale System schreibt vor, dass pro Wahlkreis zwei Mandate vergeben werden. Nur wenn die beiden Kandidaten einer Wahlliste die Stimmen der zweitplazierten um mehr als das Doppelte übertreffen, ist der Wahlkreis für die erste Liste gewonnen, sonst erhalten beide je einen Sitz. Mit ihrem „historischen Drittel" der Stimmen kann die rechte Allianz folglich auf die gleiche Vertretung im Parlament zählen wie die Mitte-Links-Kräfte.

4.2. Die Unternehmerbewegung und die Erziehung der Kapitalisten im erweiterten Staat

Tatsächlich gelang es der Regierung Pinochet mit den Chicago boys und der Unternehmerbewegung, neoliberale Ansichten in weiten Teilen der Gesellschaft zu verankern. Maßgeblichen Anteil daran hatte die geschickt vernetzte Tätigkeit der Think Tanks, Interessenverbände und Massenmedien. Insbesondere die Publikationen aus dem Hause Edwards mit dem Flaggschiff El Mercurio sowie die Verlagsgruppe Copesa mit ihren Radio- und TV-Sendern, den Tageszeitungen La Tercera und La Cuarta und der populären Zeitschrift Qué Pasa boten den neoliberalen Ökonomen viel Platz für Kommentare. Copesa gehörte bereits damals zum Unternehmensimperium des Chicago-Ökonomen Álvaro Saieh; sein Teilhaber Sergio de Castro fungierte vor seinem Eintritt in die Regierung Pinochet als Herausgeber von Qué Pasa.

Neben dem Cesec avancierte Anfang der 1980er Jahre das Centro de Estudios Públicos (CEP) zum wichtigsten Think Tank des Regimes. Mit reger Organisations- und Publikationstätigkeit trug (und trägt) es zur Verbreitung neoliberalen Denkens europäischer und nordamerikanischer Prägung bei. Zu seinen Gründungsvätern gehörte der erste Finanzminister unter Pinochet, Jorge Cauas. Chicago-Ökonom und MPS-Mitglied Hernán Cortés war sein erster Geschäftsführer. Im Direktorium saßen einflussreiche Unternehmer (Matte, Luksic, Saieh, Said) und neoliberale Ökonomen (Sergio de Castro, Pablo Baraona und Mercurio-Direktor Arturo Fontaine); Friedrich August von Hayek fungierte als Ehrenpräsident.[191]

Die Chicago boys – zugleich politische Elite, Wirtschaftsequipe und organische Intellektuelle – erkannten frühzeitig die Bedeutung dieser „Hegemonieapparate“ für die Beeinflussung der Öffentlichkeit und wichtiger politischer Bündnispartner (dazu zählten vor allem die Staatsbürokratie, intellektuelle Zirkel, Jugendorganisationen und die verschiedenen Unternehmersektoren). Bei der (Aus-) Bildung zukünftiger Eliten und Politiker profitierten die Neoliberalen vom Bündnis mit den Gremialisten, die ebenfalls ideologische Initiativen starteten. Die kollektiven Wissensformen der ISI-Periode – binnenorientierte Industrialisierung, Wohlfahrt und staatliche Steuerung – in der öffentlichen Meinung an den Rand zu drängen, war jedoch ein langer Prozess. Noch 1981 ergab eine Meinungsumfrage, dass 67 Prozent der Befragten gegen eine Privatisierung staatli-

191 Valdés: Pinochet's economists, S. 222 f.; zur Think Tank-Landschaft in Chile siehe Karin Fischer: Organized neoliberals back in office – the Piñera think tank government in Chile. Paper presented at the 5th Conference on Interpretive Policy Analysis 2010, Grenoble, June 23-25, 2010.

cher Unternehmen waren, 72 Prozent sprachen sich für ein staatliches Gesundheitswesen aus.[192]

Innerhalb der Unternehmerschaft war das nicht viel anders. Die marktradikalen Denk- und Praxisformen unterschieden sich erheblich von der Haltung, die für die chilenischen Unternehmer bis zur Regierung Allende kennzeichnend gewesen war. Deshalb ging es bei dem neoliberalen Projekt auch um die „Erziehung der Kapitalisten" selbst. Die Sofofa und eigens dafür gegründete Unternehmerstiftungen sahen ihre Aufgabe darin, neue Führungskräfte heranzubilden und bei ihnen „unternehmerische Einstellungen" zu befördern. Die „paternalistische Rentiermentalität" der ISI-Periode sollte der Vergangenheit angehören. Der „neue Unternehmer" sollte nicht das Alte gegenüber dem notwendigen Wandel verteidigen. Er sollte der internationalen Konkurrenz selbstbewusst begegnen und sich dynamisch und hochgradig motiviert auf die Weltmärkte bewegen. Neoliberale Argumentationslinien wurden in diesen Jahren zum „nuevo sentido común empresarial" (Montero): als verinnerlichte Überzeugungen und als offizielles Programm.

Die Restrukturierung hatte das Unternehmerlager als soziale Gruppe enorm aufgewertet, weil immer größere gesellschaftliche Bereiche in privatwirtschaftliche Hände gelangt waren. Die kurzfristige Destabilisierung des Regimes hatte zur institutionalisierten Einbindung der Verbände in politische Entscheidungsprozesse beigetragen. Diese hatten sich in der Krise als Vertretungsinstanz *aller* Unternehmer profiliert und erfolgreich verhindert, dass Teile der Unternehmerschaft zur Opposition gewechselt waren. Aber so erfolgreich man bei der Erziehung der eigenen Basis und der machtpolitischen Absicherung eigener Interessen auch gewesen war, herrschte beim *núcleo dirigente* doch gehörige Unsicherheit darüber, wie es um die breitere gesellschaftliche Akzeptanz und die politische Zukunft der Unternehmerschaft bestellt war. Deshalb startete die Unternehmerbewegung eine ideologische Offensive, um ihr Image in der Öffentlichkeit weiter zu verbessern und ihren Anspruch auf eine gesellschaftliche Führungsrolle geltend zu machen. Das nahende Plebiszit erzeugte in dieser Hinsicht Handlungsdruck: Wie immer es ausgehen sollte, es galt klarzumachen, dass ohne den mächtigsten zivilgesellschaftlichen Akteur kein neuer Staat zu machen sein würde.

In einer breit angelegten öffentlichen Kampagne stellten sich die Unternehmer als verantwortungsbewusste gesellschaftliche Gruppe dar: Durch die Krise hätten sie nicht nur zu einer finanzpolitisch konservativen und weitsichtigen Unterneh-

192 Armando C. Arancibia: Chile. Mythos und Wirklichkeit des autoritären Projekts. In: Lateinamerika. Analysen und Berichte 6, 1992, S. 114-129, hier S. 128.

mensführung gefunden. Sie hätten gelernt, soziale Notlagen ernst zu nehmen und nicht nur nach ihren kurzfristigen Interessen, sondern zum Wohle der Allgemeinheit zu handeln.[193]

4.3. Kontroll- und Netzwerkstrategien des Reformteams und die institutionellen Schaltstellen des autoritären Neoliberalismus

Politische Vorschläge durchliefen einen zwar intensiven, aber ausschließlich internen Diskussionsprozess, bevor sie ihre endgültige Form erhielten und umgesetzt wurden. In der ersten Phase bestückte die Junta die Kommissionen mit Fachleuten mit unterschiedlichem organisatorischen und ideologischen Hintergrund. Jedes Gesetzesvorhaben musste vor der Genehmigung von mehr als zehn Experten aus verschiedenen regimetreuen Gruppen begutachtet werden. Die neoliberalen Ökonomen und Juristen waren in diesem, dem Generalstab entlehnten Modell gezwungen, ihre Vorschläge genau zu erläutern. Die Fachleute wurden alle persönlich nominiert und hatten eine Brückenfunktion zu ihren „zivilgesellschaftlichen Milieus". Berufspolitische Vereinigungen, *gremios*, Bildungsvereine, Jugendorganisationen etc. mussten deshalb nicht oder kaum berücksichtigt werden. Diese personalistischen Beziehungen zwischen Regime und regimefreundlichen Vertretern der Zivilgesellschaft ermöglichten es außerdem, potenziellen Einsprüchen seitens reformkritischer Verbände, etwa bestimmter Berufsverbände, entgegenzuwirken.

Später wurde es in den Ministerien Praxis, jedem Minister einen zivilen „Unterstaatssekretär" zur Seite zu stellen. Die „technischen Aspekte" – die konkrete Ausgestaltung und Umsetzung von Maßnahmen – oblagen meist diesen Experten. Pinochet ernannte sie persönlich. Deshalb waren sie ihm gegenüber in der Regel in besonderem Maße loyal. Dieses Vorgehen sicherte die Kontinuität und Kohärenz der neoliberalen Politik während der gesamten Regierungszeit des Militärregimes: Die Minister wechselten häufig, die zivilen Sekretäre blieben meist im Amt.

Diese Unterstaatssekretäre kamen überdurchschnittlich häufig aus der Kaderschmiede Odeplan, die bereits 1967 von Präsident Frei geschaffen worden war. Von Beginn an erhielt die Behörde innerhalb des Staatsapparates ein hohes Ausmaß an Autonomie. Ihre Experten entwarfen Fünfjahrespläne und mittelfristige Vorhaben für sämtliche Wirtschaftsbereiche und gaben Umsetzungsschritte

193 Montero: La revolución empresarial; Imbusch: Unternehmer und Politik, Kapitel 5.2, 5.3; Arriagada: Los empresarios y la política; Muñoz: Los inesperados caminos.

dafür vor. Außerdem hatten sie die Aufgabe, geplante Reformen zwischen den beteiligten Ministerien zu koordinieren. Doch die so genannten *Programas Ministeriales* waren de facto viel mehr als das – sie gaben klar definierte Aktionspläne und Direktiven für die betreffenden Regierungsstellen aus. Schließlich kam der Behörde die Aufgabe zu, für die volkswirtschaftliche Gesamtrechnung zu sorgen. Die Ministerien waren deshalb bei der Budgetplanung und -erstellung auf das Zahlenmaterial von Odeplan angewiesen.[194] Erst unter der Militärdiktatur aber wurde die Odeplan eine schlagkräftige Regierungsstelle und avancierte von 1973 bis 1980 zum logistischen Zentrum der neoliberalen Transformation.

Ihre Direktoren schufen über ihre Leute äußerst geschickt ein horizontales und vertikales Netzwerk quer durch den gesamten Staatsapparat. In dieser Hinsicht tat sich insbesondere Miguel Kast hervor. Als stellvertretender Direktor und später als Leiter der Behörde betrieb er eine emsige Rekrutierungstätigkeit. Die jungen Ökonomen, Ingenieure und Agrarwissenschaftler, die er in den Staatsdienst holte, verfügten bis auf wenige Ausnahmen über denselben akademischen und politischen Hintergrund: Sie hatten an der Katholischen Universität studiert, an einer US-Hochschule den PhD gemacht und sich in der rechten Studentenbewegung engagiert.

Die Behörde schloss unzählige Kooperationsabkommen mit der Wirtschaftsfakultät der Katholischen Universität ab, gewährte Auslandsstipendien, die mit Jobzusagen im Staatsapparat nach der Rückkehr verbunden wurden, und führte ein Aus- und Weiterbildungsprogramm für Staatsbedienstete durch. Auf diese Weise lieferte die Behörde dem Regime laufend hoch qualifizierte und loyale Experten für den Staatsapparat.[195]

Die zweite wichtige Schaltstelle war das Finanzministerium. Jorge Cauas verfügte bei seinem Amtsantritt 1975 im Zuge des Startes des Schockprogramms über große Machtfülle. Das Decreto Ley 966, war angeblich von ihm selbst verfasst. Es gab ihm die Kontrollgewalt über jede staatliche Institution, die in irgendeiner Form mit dem Finanzministerium verbunden war sowie über weitere zehn Ministerien, von Wirtschaft über Bergbau, Wohnungsbau, Landwirtschaft bis hin zum Gesundheitsministerium. Das Gesetz ermöglichte es dem Finanzminister überdies, mit Ausnahme der Minister selbst hochrangige Staatsbeamte zu ernennen und zu entlassen.

Die schwere Krise 1982/83 und die Protestbewegung machten das Regime verwundbar. Sie nährte bei seinen Gegnern die berechtigte Hoffnung, dass es

194 Die Erstellung der *Cuentas Nacionales* wanderte Anfang der 1980er Jahre in die Zentralbank.

195 Huneeus: Tecnócratas y políticos; Silva: Technocrats and Politics; Lavín: Kast, S. 58 f.

nicht in der Lage sein würde, den in der Verfassung vorgesehenen Zeitplan durchzuhalten, der im Jahr 1988 eine Volksbefragung über eine weitere, siebenjährige Amtsperiode von Pinochet vorsah. Die Entlassung neoliberaler Masterminds wie Kast, die Aufnahme von Gesprächen mit der Opposition durch die neuen Spitzenrepräsentanten (oftmals Militärs oder Vertreter der Nationalen Partei) und die Programme zur Stimulation der Wirtschaft waren deutliche Veränderungen im Zuge der Krise. Aber es entstand kein neues Machtzentrum und keine geeinte Gruppe anders denkender Ökonomen, die auch nur annähernd an die ideologische und personelle Geschlossenheit und Überzeugungskraft der „Gremialista-Odeplan-Boys“ herangereicht hätte.

Im Gegenteil: Nach der Krise zeigte sich, dass die Bindung Pinochets an die marktradikalen Ökonomen nie nachgelassen hatte. Ausdruck der alten und wiederum stabilisierten politisch-ökonomischen Achse war die Rückkehr von Sergio Fernández, einer Zentralfigur der *gremialistas* und des ökonomischen Netzwerkes, in das Amt des Innenministers im Jahr 1987. Fernández kam ursprünglich aus der Privatwirtschaft und war in den 1970er Jahren Arbeitsminister und der erste zivile Innenminister des Regimes gewesen. Während all der Jahre pflegte er enge Kontakte zur Odeplan. Zusammen mit Jaime Guzmán hatte er 1983 die Pinochet-Partei Unión Democrática Independiente (UDI) gegründet. Sie sollte nach der Volksabstimmung über die Zukunft des Regimes, egal wie sie ausging, von der Zivilgesellschaft aus für Kontinuität sorgen. Auch Pablo Barona, seit den gemeinsamen Jahren an der Universidad Católica eng mit de Castro verbunden und Wirtschaftsminister von 1976 bis 1978, kehrte Ende der 1980er wieder in dieses Amt zurück. Die zweite Riege in den staatlichen Agenturen hatte vielfach überhaupt nicht gewechselt.

Bei der Odeplan hingegen war die zivile Führungsgarnitur während der Krise abgelöst worden und Vertreter des Militärs hatten die Leitung übernommen. Nach der Krise büßte die Agentur und mit ihr auch das Wirtschaftsministerium an Bedeutung ein: Es wurde nach Abschluss der „Sieben Modernisierungen“ von den Ökonomen als eher unwichtig betrachtet. Die zentrale Steuerung der Ökonomie sollte nun das Finanzministerium übernehmen. Es avancierte ab 1985 unter der Leitung von Hernán Büchi, dem Architekten des neuen Wachstumsmodells, zur wirtschaftspolitischen Schaltzentrale. Büchi verfügte zwar nicht über die Rekrutierungs- und Netzwerkerqualitäten eines Miguel Kast – seine Machtausstattung und das persönliche Vertrauen von Pinochet gewährleisteten dem alten neuen Reformteam dennoch ein hohes Maß an Autonomie.

Schließlich darf eine bedeutende Institution des „historischen Entwicklungsstaates“ nicht vergessen werden: die Corfo. Die Agentur, die in der ersten Phase des Militärregimes mit der Abwicklung der Privatisierungen betraut gewesen war, übernahm nach der Krise wieder jene Aufgabe, die sie schon im Rahmen der ISI-Periode gehabt hatte: die Gründung und Förderung von Unternehmen.

Nur waren es diesmal keine binnenmarktorientierten Industrieunternehmen, sondern exportorientierte Betriebe im Commodity-Sektor. Vorrang hatten die Forstwirtschaft und die Fischindustrie.

Bildung und Einsatz des Ökonomenteams im Rahmen der Militärdiktatur offenbaren in der Rückschau durchaus strategischen Charakter. Sie ermöglichten Pinochet und seinen engsten Mitstreitern eine Neuausrichtung der chilenischen Wirtschaft und Gesellschaft, ohne Verhandlungen mit anderen politischen Fraktionen und Interessengruppen führen zu müssen. Der Diktator gab den neoliberalen Ökonomen den autoritär geschützten Raum, in dem sie nach ihren politischen Vorstellungen handeln konnten. Die Ökonomen ergriffen ihre historische Chance und verfolgten mehrere Strategien, um sich im Staat zu verankern und ihre Position zu stärken. Sie etablierten erstens ein vertikales Netzwerk, das heißt enge und dauerhafte Verbindungen mit solchen Angehörigen der Regierung und im Staatsapparat, von denen politische Unterstützung zu erwarten war. Zweitens schufen sie horizontale Netzwerke mit Sympathisanten und Kritikern, die Schlüsselpositionen besetzten und geplante Maßnahmen befördern oder boykottieren konnten. Dazu gehörten beispielsweise hochrangige Staatsbeamte in benachbarten Ministerien, das Beraterkomitee des Präsidenten oder die legislativen Kommissionen. Das Ökonomenteam schuf auch Verbindungen zu jenen reformkritischen Gruppen in der Zivilgesellschaft, die – innerhalb der engen Grenzen des Militärregimes – politisch bedeutsam waren (berufspolitische Vereinigungen, Fachgruppen oder Akademiker). Auf diese Weise konnte die Gruppe ein hohes Maß an Kontrolle über den politischen Restrukturierungsprozess aufrechterhalten. Einige der so bereits informell etablierten Kontrollmechanismen wurden später institutionalisiert, indem alle Staatssekretariate der direkten Aufsicht des Finanzministeriums unterstellt wurden.[196]

196 Fontaine: Los economistas; Vergara: Auge y caida; Lavín: Kast; Piñera: El cascabel al gato. Eine ausgezeichnete Fallstudie für das Networking des neoliberalen Reformteams bietet González-Rossetti [u.a.]: Enhancing the political feasibility, und zwar am Beispiel der Gesundheitsreform, S. 75-84.

4.4. Staat und regimekritische Zivilgesellschaft: Neuorientierung der politischen Opposition und der Übergang zur Demokratie

Bei aller Bedeutung der personalistischen Netzwerke und Kontrollstrategien darf nicht vergessen werden, dass Oppositionskräfte und regimekritische Gruppierungen zunächst durch direkte Gewalt und Repression und später durch die „Sieben Modernisierungen" systematisch geschwächt wurden. Die Sozialreformen und das neue Arbeitsgesetz stellten quasi verfeinerte politische Techniken dar, "to 'create rewards and structures that depoliticize automatically' by the systematic insistence on market and individual-choice principles."[197] Die Reformen des autoritären Neoliberalismus zielten darauf, eine Ideologie des *individual man* zu etablieren und kollektive Identitäten und Handlungsweisen zu zerstören. Hinzu kamen die wirtschaftliche Stabilisierung und das Einschwenken auf einen Wachstumspfad ab Mitte der 1980er Jahre. Dies schwächte die oppositionellen Kräfte, die sich im Zuge der Krise formiert hatten, weiter. Wie war es um diese zivilgesellschaftlichen Kräfte bestellt, die für ein Ende der Diktatur eintraten? Welche Faktoren trugen dazu bei, um sie in den neoliberalen Ordnungsrahmen zu integrieren?

Im Zusammenhang mit den Oppositionskräften, die den Kampf um Demokratie führten, sind zuallererst die Linksparteien zu nennen. Innerhalb der Sozialistischen Partei begann in der zweiten Hälfte der 1970er Jahre eine Auseinandersetzung, in der sie ihre Strategien der Vergangenheit neu bewertete und politische und ideologische Glaubenssätze einer selbstkritischen Betrachtung/Revision unterzog. Dieser Erneuerungsdiskurs (*renovación*) war stark von Intellektuellen und Parteiführern beeinflusst, die ins Exil gezwungen worden und dort in Kontakt mit der europäischen Sozialdemokratie gekommen waren. Hatte die Partei die Niederlage der Unidad Popular bislang mit dem Fehlen einer bewaffneten Strategie begründet, sah sie nunmehr in der politischen Isolation das entscheidende Moment für das Scheitern. Die Diskussionen führten Ende der 1970er Jahre zur Spaltung der Partei in einen von Exilanten geprägten Minderheitenflügel und eine Strömung, die in Chile weiterhin eine Aufstandsstrategie im Bündnis mit den Kommunisten verfolgte. Mit dem Abflauen der Proteste und der andauernden Repression gewann ersterer, die zudem auf die Unterstützung sozialdemokratischer Parteien und Stiftungen aus Europa zählen konnte, immer stärkeren Einfluss. In der zweiten Hälfte der 1980er Jahre versammelten sich

197 Stepan: State power, S. 323 (einen chilenischen Regierungsvertreter zitierend); ganz ähnlich Lois Hecht Oppenheim: Politics in Chile. Democracy, authoritarianism, and the search for development. Boulder: Westview 1999.

schließlich beide Gruppierungen hinter der Strategie, eine Allianz mit anderen gesellschaftlichen Kräften – insbesondere mit den Christdemokraten – zu suchen. Ziel war es, im Rahmen eines Mitte-Links-Bündnisses (Bündnis der Parteien für Demokratie – Concertación) die künftige Demokratie zu stabilisieren. Zu dieser Richtungsentscheidung trug nicht zuletzt der Zusammenbruch der Sowjetunion bei. Er wurde für die ehemals leninistische Partei zum Anlass, sich vom (Staats-) Sozialismus als Weg zur Entwicklung zu verabschieden.

Die Kommunistische Partei wiederum war bereits zu Zeiten der Unidad Popular für eine Mehrparteienallianz eingetreten und analysierte die Niederlage des linken Regierungsbündnisses als eine Folge der politischen Isolation und Entfremdung von den Mittelschichten. Die Partei verfolgte während des Militärregimes eine Doppelstrategie: Einerseits versuchte sie, ein antifaschistisches Bündnis zu formen, das auch die Christdemokraten mit einschloss. Andererseits setzte sie ab 1980, den Kampf der Sandinisten in Nicaragua vor Augen, auf alle Formen des Widerstands – von Miliz- und Guerillamethoden bis zu Straßenkämpfen in den städtischen Armenvierteln. Dahinter stand die begründete Einsicht, dass das Regime mit Einsetzung der Verfassung institutionalisiert werden und dann friedlich noch schwerer zu bekämpfen sein würde. Beim Übergang zur Demokratie sollten die Kommunisten mit ihrer Doppelstrategie und ideologischen Krise infolge des Zusammenbruchs der staatssozialistischen Länder allerdings allein bleiben: Die KP Chiles wurde vor der Bildung der ersten demokratischen Regierung aus der Concertación ausgeschlossen – und das obwohl sie ein wichtiger Mobilisierungsfaktor bei der Oppositionskampagne im Plebiszit 1988 gewesen war.[198]

Neben den Oppositionsparteien nahmen auch regimekritische Intellektuelle Einfluss auf den Kurs der Re-Demokratisierung. Obgleich sie häufig in ausländischen Forschungsinstituten Aufnahme gefunden hatten, kehrten viele von ihnen nach Chile zurück. Sie begannen, den engen Spielraum zu nutzen, den ihnen das Militärregime zugestand: Während politische Aktivitäten verboten waren, konnten Akademiker ihrer Arbeit nachgehen, solange es sich um „wissenschaftlich fundierte Expertise“ handelte. Zu einem Hauptbetätigungsfeld regimekritischer

198 Die organisierte Gewerkschaftsbewegung vollzog einen ähnlichen Standortwechsel wie die politischen Parteien. Im Dachverband CUT, in dem traditionell christdemokratische und sozialistische Politiker die Spitzenfunktionen besetzen, wich die Kampfrhetorik konsensualen Strategien. Siehe Manuel Antonio Garretón: La oposición política y el sistema partidario en el régimen militar chileno. Un proceso de aprendizaje para la transición. In: El dificil camino hacia la democracia en Chile 1982–1990, hrsg. von Paul Drake und Ivan Jaksic. Santiago: FLACSO 1993, S. 391-454; Kenneth Roberts: Renovation in the revolution? Dictatorship, democracy, and political change in the Chilean left. Kellogg Institute for International Studies, Working Paper 203, 1994.

Wissenschaftler avancierte deshalb die Makroökonomie. Die Forschungsinstitute, allen voran Cieplan, wurden angesichts der Repression gegenüber ihren Politikern und Parteien in den 1980er Jahren zu wichtigen Dialogzentren der Opposition. Explizites Ziel war es, vertrauensbildend auf die verschiedenen pro-demokratischen Gruppen zu wirken und eine gemeinsame programmatische Plattform für ein zukünftig demokratisches Chile zu erarbeiten. Die Akademiker traten für konsensuale und klassenübergreifende Kompromisse ein, da dem Regime und den Folgen der ökonomischen Restrukturierung, so ihre Analyse, nicht mit Aufständen in den Unterschichtvierteln beizukommen wäre. In diese Diagnose mischte sich zunehmend die Anerkennung für die wirtschaftliche Stabilisierung – und die Selbstkritik gegenüber den eigenen, linksideologischen Standpunkten der 1960er Jahre. Den Akteuren aus dem wissenschaftlichen Milieu schien in der neuen internationalen Konstellation politische Stabilität, nationale Aussöhnung und wirtschaftliches Wachstum am besten in einer *marketed democracy* aufgehoben. Auf dieser Konsensformel basierte die oppositionelle „NO-Kampagne" für die Volksabstimmung 1988.[199]

Das Parteienbündnis für Demokratie akzeptierte das in der Verfassung festgelegte Szenario. Dabei mag die Angst vor einer Wiederkehr der Militärs mitgespielt haben. Die Opposition akzeptierte damit allerdings die institutionellen und sozioökonomischen Grundpfeiler der „beschränkten und geschützten Demokratie". Im Oktober 1988 votierten 56 Prozent für die Opposition. Immerhin 44 Prozent sprachen sich für den Kandidaten des Regimes, Augusto Pinochet, aus.

199 James Petras: The metamorphosis of Latin America's intellectuals. In: Latin American Perspectives 17 (2), 1990, S. 102-112; Jeffrey M. Puryear: Thinking politics, intellectuals and democracy in Chile, 1973–1988. Baltimore/London: The Johns Hopkins University Press 1994.

IV. Chile in der Gegenwart: Demokratischer Neoliberalismus (1990–2010)

Das Parteienbündnis für Demokratie (*Concertación de los Partidos por la Democracia*) und ihr christdemokratischer Präsidentschaftskandidat Patricio Aylwin gewannen Ende 1989 überzeugend die ersten Wahlen. Ihr institutioneller Handlungsspielraum blieb allerdings beschränkt. Die Verfassung schrieb Machtbefugnisse für das Militär und die alten Herrschaftseliten fest und konservierte die soziopolitische Ordnung. Es dauerte bis zum Jahr 2005, bis einige der „autoritären Enklaven" außer Kraft gesetzt wurden.

Der neue Block an der Macht trat mit dem Versprechen an, das wirtschaftlich erfolgreiche „Modell Chile" mit sozialen Anliegen zu verknüpfen. Bei einem „Wachstum mit sozialem Ausgleich" wusste die regierende Klasse die Parteigänger des alten Regimes auf ihrer Seite. Denn angesichts der Erwartungen in der Bevölkerung hatte sich auch bei den *poderes fácticos* die Einsicht breit gemacht, dass ein stärker inkludierendes System besser geeignet war, das neoliberale Modell zu sichern. Umfragen hatten gezeigt, dass wirtschaftliche Gründe das stärkste Motiv für ein „No" gewesen waren. Außerdem betrachteten die Unternehmer die Diktatur zunehmend als Hindernis für eine weltwirtschaftliche Integration.

1. Weltmarktorientiertes Wachstum mit sozialem Ausgleich: Neoliberalismus mit menschlichem Antlitz?

Das demokratische Chile erreichte in Hinblick auf makroökonomische Variablen das Spitzenfeld am südamerikanischen Kontinent. Pro-Kopf-Einkommen, BIP und die Exporte konnten beachtlich gesteigert werden, Inflation und Auslandsschuld blieben niedrig. Im Januar 2010, nach drei Verhandlungsjahren, wurde Chile nach Mexiko als zweiter Staat Lateinamerikas OECD-Mitglied. Der Human Development Index zeigte hingegen eine langsamere Aufwärtsentwicklung. Die Reallohnsteigerungen lagen, außer während der Asienkrise 1998/1999, unterhalb der Produktivitätszuwächse. Der Mindestlohn erreichte vor diesem Abschwung real gerade einmal das Niveau von 1982. Zwar konnten die Armut und die extreme Armut erheblich reduziert werden. Die Ungleichverteilung der

Einkommen aber blieb auf einem konstant hohen Niveau. Sie zählt unverändert zu den höchsten in Lateinamerika und weltweit.[200]

1.1. Die Sozial-, Steuer- und Verteilungspolitik der Concertación

Die demokratischen Regierungen verbuchten bei der Armutsbekämpfung ihren größten Erfolg. Mit gezielten Sozialausgaben verbesserten sie die miserablen Lebensbedingungen, unter denen breite Teile der Bevölkerung während des Militärregimes gelitten hatten. Galten nach offiziellen Statistiken im Jahr 1990 13 Prozent der Bevölkerung als extrem arm und 25,6 Prozent als arm, so waren es im Jahr 2006 nur mehr 3,2 bzw. 10,5 Prozent. Das bedeutet einen Rückgang von insgesamt 38,6 auf 13,7 Prozent. Allerdings stellte die Erhebung für das Jahr 2009 erstmals in der demokratischen Periode wieder einen Anstieg fest: auf 3,7 Prozent (extreme Armut) und 11,4 Prozent (Armut).[201]

Im Unterschied zur Armutsbekämpfung war die Minderung der Einkommensungleichheit nie ein politisches Ziel der Concertación. Sie blieb seit 1990 auf gleichbleibendem Niveau. Vielmehr hoffte man, dass sich die Verteilungssituation mit Wirtschaftswachstum, makroökonomischer Stabilität und den nunmehr „autonomen Beziehungen" zwischen Arbeitnehmern und Arbeitgebern verbessern würde. Obwohl in Chile weiterhin geschätzte 30 Prozent der Bevölkerung an der Armutsgrenze leben, zeigt die Tabelle, dass Ungleichheit in Chile weniger auf akuter Armut der unteren Schichten beruht, sondern hauptsächlich der Einkommenskonzentration an der Spitze zuzuschreiben ist (siehe Tabelle 7).

200 UNDP: Human development indicators. Country profile Chile (verschiedene Jahre). Online unter http://hdrstats.undp.org/en/countries/profiles/CHL.html (30.6.2011); INE: Encuesta nacional de empleo. Santiago: Instituto Nacional de Estadísticas (verschiedene Jahre). Online unter http://www.ine.cl/canales/chile_estadistico/mercado_del_trabajo/nene/nene.php (30.7.2011).

201 Mideplan: Casen 2009. Encuesta de caracterización socioeconómica nacional. Santiago: Mideplan 2009, S. 3. Die Armutsgrenze wird auf Grundlage eines eingeschränkten und veralteten Warenkorbs aus dem Jahr 1987 berechnet. Kritiker wenden ein, dass diese niedrige Schwelle die gemessene Armut erheblich verringert.

Tabelle 7: Verteilung der Haushaltseinkommen 1990–2009 (in %)[202]

	1990	1992	1994	1996	1998	2000	2003	2006	2009
Primäreinkommen									
Verhältnis 20/20	14,0	13,2	14,0	14,8	15,6	14,5	14,5	13,1	15,7
Verhältnis 10/40	3,5	3,3	3,4	3,5	3,5	3,5	3,4	3,0	3,4
Verhältnis 10/10	30,5	28,1	30,9	33,0	34,7	34,2	34,4	31,3	46,0
Gini-Koeffizient	*0,57*	*0,56*	*0,57*	*0,57*	*0,58*	*0,58*	*0,57*	*0,54*	*0,55*
Geldeinkommen (mit staatlichen Transferleistungen)									
20/20	13,0	12,3	12,4	13,6	13,9	13,3	12,8	11,5	11,9
10/40	3,3	3,2	3,1	3,4	3,3	3,3	3,2	2,8	2,9
10/10	27,1	25,2	25,7	28,7	28,4	29,5	27,3	23,9	25,9
Gini Koeffizient	*0,56*	*0,56*	*0,55*	*0,56*	*0,57*	*0,58*	*0,56*	*0,53*	*0,53*

Mit einer Sozialquote von durchschnittlich 13 Prozent führte Chile in den 1990er Jahren das Mittelfeld Lateinamerikas an, mit erheblichem Abstand zu Kuba, Uruguay und Argentinien sowie hinter Brasilien und Costa Rica. An diesem Bild änderte sich nach der Jahrtausendwende nicht viel. Nur einen Prozentpunkt legte Chile in der folgenden Dekade bei der Sozialquote zu.[203]

Ausgabensteigerungen sind im Bildungsbereich zu verzeichnen. Diese waren zunächst nicht nur sozialpolitisch, sondern auch wirtschaftlich motiviert: Unternehmerkreise hatten das schlechte Ausbildungsniveau moniert und ein stärkeres Eingreifen des Staates gefordert. Dennoch kann die Steigerung bestenfalls als moderat bezeichnet werden. Gleiches gilt für die Aufwendungen für die öffentliche Gesundheit. Seit 2005 werden beide Bereiche wieder etwas besser dotiert. Die Regierung reagierte auf die zähen Proteste der betroffenen Gruppen auf der Straße (siehe Tabelle 8).

202 Mideplan: Casen 2009, S. 13. Man beachte: Der Gini-Koeffizient für Geldeinkommen liegt nur geringfügig unterhalb des Wertes für Primäreinkommen. Nach den Berechnungen des UN-Entwicklungsberichts 2006 war der Gini-Koeffizient im Jahr 2004 der höchste seit dem Übergang zur Demokratie.

203 CEPAL: Panorama social de América Latina. Santiago: CEPAL (verschiedene Jahre).

Mit der Zielgruppenorientierung gab die Concertación allerdings insgesamt geringere Mittel aus. Die Sozialquote lag mit 12,2 Prozent des BIP in den Jahren 2005 und 2006 auf demselben Wert wie 1992, im Jahr 2007 sogar darunter. Die Gelder für die Armutsprogramme stammen aus Kürzungen bzw. Umschichtungen anderer Töpfe. Antizyklische soziale Maßnahmen, die im Gefolge der Asienkrise und in der Finanzkrise 2008/2009 getätigt wurden, finanzierte die Regierung aus dem gesetzlich vorgeschriebenen strukturellen Budgetüberschuss, der aus den Kupferexporterlösen gespeist wird.

Tabelle 8: Staatsausgaben 1987–2008 (in % des BIP), ausgewählte Jahre[204]

	1987	**1990**	**1994**	**2000**	**2005**	**2008**
Militär, öffentliche Sicherheit	**5,3**	**3,9**	**3,2**	**3,6**	**3,4**	**3,6**
Wirtschaft und Infrastruktur	**3,1**	**2,0**	**2,7**	**3,0**	**2,5**	**3,5**
Transport	1,3	0,8	1,4	1,5	1,6	1,7
Landwirtschaft	0,1	0,1	0,2	0,3	0,3	0,3
Forschung und Entwicklung	0,5	0,1	0,2	0,2	0,2	0,2
anderes	1,2	1.0	0,9	1,0	0,4	1,3
Sozialausgaben	**15,3**	**12,3**	**11,7**	**14,2**	**12,2**	**13,7**
Pensionen	8,1	6,7	5,4	6,1	4,8	4,5
Bildung	3,0	2,3	2,5	3,7	3,2	4,0
Gesundheit	2,0	1,9	2,4	2,8	2,8	3,5
Wohnen	0,8	0,7	0,9	0,8	0,8	1,0
Familien	0,9	0,7	0,5	0,7	0,5	0,6
Arbeitslosigkeit	0,5	0,0	0,0	0,1	0,1	0,1

204 Dipres: Estadísticas de las finanzas públicas, 1987–2003. Santiago: Dirección de Presupuestos, Ministerio de Hacienda 2004; dies.: Estadísticas de las finanzas públicas, 1999–2008. Santiago: Dirección de Presupuestos, Ministerio de Hacienda 2009.

Umwelt	**0,2**	**0,2**	**0,3**	**0,4**	**0,3**	**0,5**
Städtische Dienstleistungen	0,2	0,2	0,2	0,3	0,2	0,4
Umweltschutz	0	0	0,1	0,1	0,1	0,1
Öffentliche Verschuldung	**2,0**	**1,9**	**1,0**	**0,4**	**0,4**	**0,2**
Gesamt	26,3	20,7	19,9	22,3	19,1	21,9

Der größte Teil der Aufwendungen für soziale Sicherheit – mehr als ein Viertel – floss in die Umstellung des 1980 privatisierten Pensionssystems. Der Staat muss bis heute für die Pensionsansprüche aus dem alten System aufkommen und den Wechsel in das AFP-System finanzieren. Darüber hinaus glich er das Defizit aus, das die Pensionskassen des Militärs und der Polizei verursachten und leistete Assistenzzahlungen für Arme und andere besonders verletzbare Gruppen.

Den Anstoß für eine erste größere Reform im Jahr 2008 gaben die hohen Verwaltungsabgaben der AFP und die fehlende Existenzsicherung für den Großteil der Erwerbstätigen. Das kapitalgedeckte, von privaten Unternehmen verwaltete Pensionssystem stand nicht zur Diskussion. Den marktkonformen Empfehlungen der Weltbank und der OECD folgend, führte die Regierung Bachelet ein Solidaritätsrentensystem (*Sistema de Pensiones Solidarias*) ein, das die alte Assistenzleistung ersetzte. Alle Staatsbürger, die älter als 65 Jahre sind, mehr als 20 Jahre in Chile gearbeitet haben und die Mindestpension aus eigener Kraft nicht erreichen, haben seither Anspruch auf eine staatliche Rente. Sie macht etwa 40 Prozent des gesetzlichen Mindestlohns aus. Die Finanzierung der breiteren Absicherung erfolgte nicht durch progressive Steuern, sondern aus dem *Fondo de Reserva de Pensiones*. Dieser Wohlfahrtsfonds wird aus dem strukturellen Budgetüberschusses gefüllt.[205]

Die Reichen zur Kasse zu bitten, war nicht Teil der Regierungsprogramme. Umverteilung blieb auch in der demokratischen Ära tabu. Die Steuereinnamen des chilenischen Staats stammen nur zu einem Drittel aus Einkommens-, Kapital- und Unternehmenssteuern. Den größten Anteil des Staatshaushaltes finanzie-

205 Im Jahr 2009 bezogen rund 950.000 Personen eine staatliche Mindestpension. Rafael Rofman [u.a.]: Reformando las reformas previsionales en la Argentina y Chile. In: Revista de la CEPAL 101, 2010, S. 85-109; Yesko Quiroga: De modelo ejemplar a objeto de enmiendas. El sistema de pensiones de Chile. In: Chile en la Concertación (1990–2010). Una mirada crítica, bilance y perspectivas, Bd. 1, hrsg. von Yesko Quiroga und Jaime Ensignia. Santiago: Friedrich Ebert Stiftung 2009, S. 367-382.

ren die indirekten Massensteuern, allen voran die Mehrwertsteuer. Der Steuersatz auf Unternehmensgewinne wurde lediglich moderat angehoben, von 10 auf 15 Prozent im Jahr 1990 und auf 17 Prozent 2001. Nur Staatsbetriebe zahlen eine Zusatzsteuer von 40 Prozent auf ihre Gewinne. Die Erträge aus Besitz blieben von 1990 bis 2004 konstant. Erst danach stiegen die Unternehmenssteuern an. Der Kongress hatte sich nach jahrelangen Debatten auf Abgaben für Kupferunternehmen geeinigt.[206]

Steuern auf Kupfer sind abhängig vom Weltmarktpreis und damit starken Schwankungen unterworfen. Gezahlt werden sie in erster Linie vom staatlichen Unternehmen Codelco. Die privaten Kupferunternehmen führen durch gewinn- und steuermindernde Transaktionen wenig oder gar keine Steuern ab. Transnationale Konzerne – darunter BHP Billiton, Anglo American, Exxon Mobil und Mitsubishi –wiesen über mehr als 20 Jahre ununterbrochen Verluste aus und befreiten sich auf diese Weise von ihrer Steuerpflicht.[207]

Die Concertación enttäuschte nach der Transition die Erwartungen der Arbeitenden. Das Arbeitsgesetz, als *plan laboral* Kernstück autoritär-neoliberaler Umgestaltung, wurde nur halbherzig reformiert. Eine Novelle setzte 1990/91 einige Bestimmungen außer Kraft, so z.B. das Recht des Arbeitgebers, ohne Angabe von Gründen Entlassungen durchzuführen. Arbeiterrechte wie das Streikrecht oder das Recht auf Gründung einer Gewerkschaft wurden wieder eingeführt. Dies allerdings geschah mit entscheidenden Einschränkungen: So darf der Arbeitgeber im Streikfall Ersatzarbeitskräfte anheuern. Flächendeckende Tarifverhandlungen oberhalb der Einzelgewerkschaft und eines Betriebs blieben verboten. 1995 sollten über ein umfassendes Reformpaket auch diese kollektiven Rechte eingeräumt werden. Es scheiterte fortgesetzt an den Einsprüchen der Unternehmerverbände und den Gegenstimmen der Rechten im Senat. Im Jahr 2001 erfolgte schließlich eine Gesetzesreform. Sie verlangt von den Arbeitgebern Verträge für Teilzeitbeschäftigte und sieht Strafen bei illegalen Praktiken vor. Auch der Schutz gewerkschaftlicher Aktivitäten wurde ausgebaut und die Normalarbeitszeit von 48 auf 45 Stunden pro Woche vermindert. Doch grundlegende kollektive Rechte – ein uneingeschränktes Streikrecht und das

206 Das Gesetz von 2005 sieht für Unternehmen mit Verkäufen ab 12 Millionen Tonnen Feinkupfer gestaffelte Steuern von 0,5 bis 5 Prozent vor. Zu den Steuererträgen aus Kupfer siehe Dipres: Estadísticas, 1999–2008.

207 Marcel Claude: El retorno de Fausto. Ricardo Lagos y la concentración del poder económico. Santiago: Ediciones Política y Utopía 2006.

Recht, Tarifverhandlungen zu führen – fehlen weiterhin im chilenischen Arbeitsgesetz.[208]

1.2. Wachstum und Grenzen des Exportmodells

Das chilenische Exportmodell schien in der Demokratie auf den ersten Blick eine sehr erfolgreiche Entwicklung zu nehmen. Sowohl Exportprodukte als auch Zielländer diversifizierten sich erheblich. Die Ausfuhren gehen heute zu etwa gleichen Teilen in die Europäische Union und nach Russland, nach Asien mit den Hauptabnehmern China und Japan sowie in die Länder der Nordatlantischen Freihandelszone USA, Kanada und Mexiko. Zu den Top-Exportgütern der 1980er Jahre wie Frischobst, Fischmehl oder Zellstoff kamen verarbeitete Nahrungsmittel, Holzprodukte und Wein hinzu.[209]

Um das Exportmodell vor Instabilitäten und einem steigenden Wechselkurs zu schützen, führte die Regierung 1991 eine Bardepotpflicht für ausländische Kapitalinvestitionen ein. Sie verpflichtet Investoren dazu, einen Teil der Investitionen unverzinst in der Zentralbank zu deponieren. Auf diese Weise suchte die Regierung das exportorientierte Entwicklungsmodell (das nach einem niedrigen Wechselkurs verlangt) und den nötigen Kapitalzufluss (der nach einem restriktiven geldpolitischen Kurs und hohen Zinsen verlangt) miteinander zu versöhnen.[210]

Allerdings offenbart das Entwicklungsmodell bei näherer Betrachtung gravierende Schwachstellen. Die Ausfuhren beruhen zu 80 bis 90 Prozent auf der Ausbeutung natürlicher Ressourcen, von denen Kupfer unverändert die wichtigste darstellt. Neben den ökologischen Grenzen eines solchen Wachstumsmodells macht die einseitige Orientierung auf den Export die chilenische Ökonomie abhängig von der Preisentwicklung am Weltmarkt. Die wirtschaftliche Dynamik verlief – selbst innerhalb von Wachstumsperioden wie jener zwischen 1986 und 1997 – instabil, und der Wechselkurs schwankte erheblich. Schließlich waren die

208 Dirección del Trabajo (Hg.): Negociación colectiva en Chile. La debilidad de un derecho imprescindible. Santiago: División de Estudios, Dirección del Trabajo 2009.

209 Daten zum Außenhandel (nach Produkten und Zielländern) siehe Direcon: Informe de comercio exterior de Chile. Santiago: Direcon (verschiedene Jahre). Online unter http://rc.direcon.cl/ und http://www.chileinfo.com/ (30.6.2011).

210 Die sogenannte *encaje* oder *unremunerated reserve requirement* (URR) wirkte wie eine Steuer auf kurzfristige und spekulative Kapitalflüsse, bei langfristigen Investitionen tendierte sie gegen null. Susanne Soederberg: A historical materialist account of the Chilean capital control. Prototype policy for whom? In: Review of International Political Economy 9 (3), 2002, S. 490-512.

Erträge aus den neuen Exportsektoren trotz ihrer mengenmäßigen Steigerung rückläufig. Im internationalen Handel zeigte keines der zehn führenden Ausfuhrgüter Chiles eine dynamische Entwicklung. Ihre *terms of trade* beschrieben seit Mitte der 1980er Jahre eine Abwärtskurve.

Den rückläufigen *terms of trade* suchten die Regierungen und ihre Wirtschaftsexperten durch eine „zweite Phase der Exportentwicklung" (*segunda fase exportadora*) beizukommen. Ihr Ziel war es, Chile aus seiner historisch untergeordneten Position in der internationalen Arbeitsteilung herauszuführen, die während der Militärdiktatur vertieft worden war. Statt Rohstoffe und wenig verarbeitete Güter zu exportieren, sollten in den Leitsektoren des Modells Produkte mit höherer Wertschöpfung und einem höheren einheimischen Technologie- und Dienstleistungsanteil hergestellt werden. Die Exportunternehmen sollten komplexere Produktions- und Arbeitsschritte übernehmen. Als Folge, so glaubte man, würden lokale Fachkräfte und KMU auch vom Exporterfolg der „Großen" profitieren. Die Concertación erachtete damals die Aufwertung der Produktion durch neue Technologien und moderne Verarbeitungsprozesse als Voraussetzung für ein Wirtschaftswachstum.[211]

Doch das große Modernisierungsprojekt der 1990er Jahre blieb uneingelöst – und Chiles Spezialisierungsmuster weitgehend dasselbe wie im 19. Jahrhundert. Zwar erhöhten sich mengenmäßig die Weltmarktanteile – gemessen an den Importen – von 0,23 auf 0,32 Prozent. Aber den größten Anstieg verzeichneten die geringfügig verarbeiteten Rohstoffe, während der Anteil an verarbeiteten Rohstoffen schon bescheidener ausfiel. Die Steigerungsrate von technologisch verarbeiteten Produkten blieb minimal (siehe Tabelle 9).

Untersuchungen zu den vor- und nachgelagerten *linkages* in den wichtigsten Exportsektoren zeigen zwar, dass der Anteil der Inputs zugenommen hat. Diese werden aber zum Großteil nicht im Land produziert, sondern stammen aus Importen. Bis heute wird nicht einmal ein Prozent des Kupfers im Land raffiniert. Chilenische kupferverarbeitende Betriebe sind am unteren Ende der Wertschöpfungskette angesiedelt und stellen Drähte und Kabel her. Das Mehrprodukt schöpfen die transnational integrierten Konzerne ab, die von der vorteilhaften Investitions- und Steuerpolitik profitieren. Die Einbindung der chilenischen Ökonomie in globale Warenketten beruht weiterhin auf der Ausbeutung natürlicher Ressourcen und niedrig entlohnter Arbeitskräfte. Sie entfaltet keine interne Dynamik und bleibt abhängig von externen Fluktuationen.[212]

211 Zur *segunda fase* siehe exemplarisch Patricio Meller/Raúl Sáez (Hg.): Auge exportador chileno. Lecciones y desafíos futuros. Santiago: CIEPLAN/Dolmen 1995.

212 Rafael Agacino: Reestructuración productiva, flexibilidad y empleo en condiciones de crecimiento prolongado. Lecciones del caso chileno. In: El trabajo en un mundo globali-

Tabelle 9: Chiles internationale Konkurrenzfähigkeit gemessen an den weltweiten Importen 1985–1998 (in %)[213]

Exportprodukte und ihr Welthandelsanteil (Sektoren und Anzahl der Produkte)	**1985**	**1990**	**1995**	**1998**
geringfügig verarbeitete Produkte basierend auf natürlichen Ressourcen (45)	0,41	0,76	1,03	1,06
verarbeitete Produkte basierend auf natürlichen Ressourcen (Holz, Agrikultur, Metall, 65)	0,61	0,80	0,90	0,95
verarbeitete Produkte, die nicht auf natürlichen Ressourcen beruhen				
– mit niedriger Technologie (Textil, Papier, Glas, Schmuck, etc., 44)	0,02	0,03	0,06	0,06
– mit hoher Technologie (pharmazeutische Produkte, Instrumente, etc., 18)	0,01	0,01	0,01	0,01

Das Scheitern der viel beschworenen „zweiten Phase" hat mehrere Ursachen. Es kann aber zumindest teilweise mit dem Investitionsverhalten der *grupos económicos* erklärt werden, die die Exportsektoren dominieren.[214] Die nationalen Konglomerate nutzten die Anreize des Staates, etwa die hohe Anschubsubvention für Aufforstungen, um ihre Produktionskapazitäten zu erweitern und ihre Betriebe zu modernisieren. Ab 1996 gab es jedoch eindeutige Anzeichen für ein Ende dieses expansiven Investitionszyklus. Die alten und neuen *grupos* verlagerten sich auf Aktivitäten, die höhere Gewinne versprachen (etwa Immobilien-, Versicherungs- und Finanzgeschäfte oder die Bauwirtschaft), verkauften Teile ihrer Unternehmen an transnationale Investoren oder expandierten ins benachbarte Ausland. Gefördert wurde diese Expansionswelle durch die Liberalisierung der Kapitalexporte und den erweiterten Zugang zu externen Finanzquellen. Chiles Top-Unternehmen hatten begonnen, Aktien an internationalen Finanzplätzen

zado, hrsg. von Santos Miguel Ruesga Benito und Gerardo Fujii Gambero. Madrid: Ediciones Pirámide 2000, S. 223-258; José Miguel Albala-Bertrand: Changes in Chile's production structure, 1986–1996. Output and industrial interdependence. In: CEPAL Review 88, 2006, S. 159-172, hier S. 166. Nur in der Fischindustrie sind in letzter Zeit erfolgreiche Upgrading-Strategien zu beobachten. Siehe Karin Fischer: Die globalisierte Lachsindustrie: Vom Süden Chiles ins Kühlregal des Supermarktes. In: Globale Güterketten. Weltweite Arbeitsteilung und ungleiche Entwicklung, hrsg. von Karin Fischer [u.a.]. Wien: Promedia 2010, S. 98-118.

213 CEPAL: La inversión extranjera en América Latina y el Caribe, 2000. Santiago: CEPAL 2001, S. 103.

214 Moguillansky: La inversión en Chile.

zu emittieren, vorrangig an der New Yorker Börse. Mit den Gewinnen finanzierten sie ihren Internationalisierungsprozess.[215]

Den Großteil der Investitionen tätigten die Unternehmer zwischen 1990 und Mitte 2011 in Argentinien, gefolgt von Brasilien, Peru, Kolumbien und den USA. Etwa ein Fünftel des auswärts fließenden Kapitals ging in die Offshore-Zentren Panama, Cayman Islands, Aruba oder Bermuda, wo die meisten *grupos* aus steuerlichen Gründen ihre Investitionsgesellschaften eingerichtet haben. Die hohen Zahlen über Kapitalflucht Ende der 1990er Jahre bestätigen die mangelnde Bereitschaft der finanziell-industriellen *grupos*, in die Produktion in Chile zu investieren. Lieber ging man ins Ausland oder steigerte schlicht die Produktion.[216]

In der Asienkrise Ende der 1990er Jahre geriet die chilenische Ökonomie in eine offene Rezession. Die von dem Sozialdemokraten Lagos geführte Regierung reagierte mit einer finanzialisierten Akkumulationsstrategie und verabschiedete sich auch verbal von jeder Form von Industriepolitik. Bereits das Bankengesetz von 1997 hatte den Kapitalexport liberalisiert. Nun hob die Regierung die Bardepotpflicht auf kurzfristige Kapitalflüsse auf, um Auslandskapital anzuziehen. Kurz danach fiel die Bestimmung, dass ausländische Direkt- und Portfolioinvestitionen mindestens ein Jahr im Land belassen werden mussten. Eine zweite Kapitalmarktreform 2001 schaffte sämtliche Kapitalverkehrskontrollen und Steuern auf kurzfristige Kapitalflüsse ab. Die privaten Rentenfonds können die Ersparnisse der Arbeitenden seither auch im Ausland anlegen.[217]

215 Das chilenische Telekomunternehmen CTC war die erste lateinamerikanische Firma, die 1990 Aktien am internationalen Finanzmarkt platzierte; in der ersten Hälfte der 1990er Jahre folgten u.a. CCU (Luksic), die damals noch chilenischen Energieunternehmen Chilectra und Chilgener, AFP Provida und der Chemiekonzern SQM. Mittlerweile haben einige der Pionierfirmen diese Praxis aufgegeben. In den Interviews mit der Autorin wurde dies einerseits mit dem hohen Arbeitsaufwand durch die geforderten Rechenschafts- und Informationspflichten begründet, andererseits damit, dass heute durch einen globalisierten und liberalisierten Finanzmarkt Aktien problemlos am lokalen Börsenstandort erworben werden können.

216 Direcon: Inversión directa de Chile en el exterior. Santiago: Direcon. Online unter http://www.direcon.gob.cl/inversion/1416 (30.6.2011). Chile führt in Lateinamerika mit Abstand beim Kapitalbestand im Ausland (die Offshore-Zentren ausgenommen). Im Jahr 2009 waren es 25 Prozent des BIP. Siehe UNCTAD: Annex Web table 08. Online unter http://www.unctad.org/ (30.6.2011). Die Kapitalflucht war mit 9,6 Prozent (1998) und 12,3 Prozent (1999) gemessen am BIP ungefähr doppelt so hoch wie in der Krise 1982 (5,7 Prozent). Bener/Dufour: Class analysis of capital flight, Tabelle 3, S. 183.

217 Der Anteil der Finanzdienstleistungen am BIP (beinhaltet FDL, Versicherungen, Einnahmen aus Vermietung und unternehmensbezogene Dienstleistungen) überrundete im Jahr 2007 erstmals den Anteil der verarbeitenden Industrie am BIP. Seither hat sich der Abstand zwischen FDL und Industrie zugunsten der FDL vergrößert (16,6 Prozent

Im Kontext der liberalen Geld- und Handelspolitik wurde Santiago zu einem Finanzplatz ausgebaut. Regierungskampagnen bewarben das Land als Investitionsplattform für den lateinamerikanischen Markt. Insbesondere ostasiatischen Unternehmen soll Chiles Hauptstadt als Drehscheibe für unternehmensbezogene Dienstleistungen dienen.

Zudem verschrieb sich die Regierung einer konservativen Budgetpolitik. Im Jahr 2000 verfügte der Finanzminister, dass der Staatshaushalt einen Überschuss von mindestens einem Prozent des BIP aufzuweisen habe. Ziel der strukturellen Haushaltsbilanzregel (*Balance Estructural*) war es, die Budgetpolitik von den Schwankungen des Kupferpreises zu entkoppeln. Mit anderen Worten: In guten Zeiten sollte gespart werden, um für schlechte gerüstet zu sein. Allerdings handelte es sich bei der Haushaltsbilanzregel um eine defensive Maßnahme. Das wenig nachhaltige und weiterhin stagnative Wirtschaftsmodell – der seit 2003 wieder steil ansteigende Kupferpreis schlug sich nämlich nicht in einem entsprechenden BIP-Wachstum nieder – wird auf diese Weise bestenfalls zeitweilig stabilisiert.[218]

gegenüber 14,3 Prozent im Jahr 2010). Eigene Berechnung auf Grundlage der Daten der Zentralbank.

218 Im Jahr 2008 hatte Chile 26 Milliarden Dollar vor allem bei US-Banken deponiert, die internationalen Reserven der Zentralbank beliefen sich auf über 17 Milliarden US-Dollar. Die Summe entspricht rund acht Prozent des BIP. Die öffentlichen Investitionen betrugen im selben Jahr nur rund zwei Prozent des BIP. Siehe Andrés Solimano: Three decades of neoliberal economics in Chile. Achievements, failures and dilemmas. UNU-WIDER Research Paper 2009/37, June 2009, S. 2. Im Jahr 2008 verminderte die Regierung Bachelet die Selbstverpflichtung auf 0,5 Prozent des BIP; in der Krise wurde sie für das Jahr 2009 kurzfristig auf null gesetzt.

1.3. Die Transnationalisierung und Weltmarktintegration der chilenischen Ökonomie

Der Übergang zur Demokratie hatte eine kräftige Schubwirkung auf die Transnationalisierung der gesamten chilenischen Ökonomie. In einer letzten, umfassenden Privatisierungswelle wurden nun Luftfahrt und Eisenbahn, Energiewirtschaft und Wasserversorgung sowie der Finanzsektor ohne Einschränkungen für ausländische Mitbewerber geöffnet.

Es folgte der massive Markteintritt transnationaler Konzerne im Banken-, Versicherungs-, Energie und Telekommunikationssektor. Dadurch überrundeten die Investitionen im Dienstleistungsbereich erstmals jene im Bergbau, obwohl auch die *gran minería* zu zwei Dritteln privatisiert wurde und an transnationale Konzerne ging. Erst nach der Jahrtausendwende wurde der Primärsektor wieder zum attraktivsten Anziehungspunkt für ausländisches Kapital: Sämtliche Dienstleistungsunternehmen waren privatisiert, und Kupfer erzielte neue Höchstpreise am Weltmarkt. In den verarbeitenden Sektor ging nur ein geringer Teil der Kapitalflüsse, vor allem in Produktionsbereiche mit geringem Technologieeinssatz. Die produktive Basis erweiterte sich auch nicht mit einer niedrigen Besteuerung einbehaltener Gewinne gegenüber ausgeschütteten Dividenden – es überwogen Firmenaufkäufe und lokal-globale Allianzen in den Leitsektoren des Exportmodells.[219]

Die meisten Investitionen kamen unverändert aus den USA. Die Spitzenposition der ausländischen Unternehmen im Bergbau besetzte allerdings der angloaustralische Konzern BHP-Billiton (mit einem Förderanteil von rund 30 Prozent hat er mittlerweile Codelco überrundet). Den Markt teilten sich – als Einzelkonzerne oder in Form von Investorengruppen – das britisch-südafrikanische Unternehmen Anglo American, US- und kanadische Unternehmen sowie japanische Konsortien (Mitsubishi, Nippon Mining). Für spanische Investoren waren insbesondere die gut positionierten Rentenfonds und die Energieunternehmen attraktiv. Sie dominieren gegenwärtig die Versorgung mit Energie, Gas, Wasser sowie den lokalen Finanzsektor.

In der Aquakulturindustrie sind ebenfalls transnationale Konzerne führend. Norwegische und niederländische Global Player nutzen Chiles natürliche Ressourcen – und die schwache Regulierung. Sie beliefern Supermärkte weltweit

219 CEPAL: La inversión extranjera en América Latina y el Caribe. Santiago: CEPAL (verschiedene Jahre); Calderón/Griffith-Jones: Los flujos de capital extranjero; Comité de Inversiones Extranjeras, www.cinver.cl/ (30.6.2011).

mit Zuchtfischen aus chilenischen Küstengewässern. Der Schweizer Unternehmer Schmidheiny verlegte nach der Übernahme eines lokalen holzverarbeitenden Großunternehmens den Hauptsitz seines transkontinentalen Firmennetzwerkes nach Santiago. Es ist im Bereich Forst- und Holzwirtschaft lateinamerikanischer Marktführer. Nestlé, Pepsi Cola, Unilever, Procter & Gamble haben im Agrobusiness, Hoechst und BASF in der chemischen Industrie investiert.

Die Konzerne erschließen den nationalen Markt. In vielen Fällen ist ihre Präsenz in Chile aber im Kontext einer regionalen oder kontinentalen Expansionsstrategie zu sehen. Dies gilt insbesondere für den Energie-, Finanz- und Versicherungssektor. Mit dem Erwerb des chilenischen Marktführers Provida wurde BBVA zum größten Verwalter privater Pensionsfonds am lateinamerikanischen Kontinent. Provida Internacional war zum Zeitpunkt der Übernahme in sechs Ländern aktiv. Auch der US-Multi Aetna (heute ING) wurde mit dem Kauf chilenischer Versicherungs- und Gesundheitsunternehmen zum regionalen Player. Der Plan, das Land für transnationale Konzerne attraktiv zu machen, ging auf: Chile ist mit seinem als hervorragend bewerteten „Business Milieu" zu einem Standort für globale Dienstleistungen geworden. Delta Air, Air France und Hewlett-Packard betreiben ihre Call Center für Lateinamerika in Santiago. BHP Billiton, Nestlé, Unilever und Xerox unterhalten dort ihre Hauptquartiere und Shared Service Center.[220]

Chile bietet Konzernen so viele Vorteile, weil das Land zu den offensten Ökonomien der Welt gehört. Ein wichtiges Vehikel für die Liberalisierung und Transnationalisierung waren die Freihandelsabkommen. Seit dem Übergang zur Demokratie unterzeichnete die Concertación-Regierungen fast 60 solcher Verträge. In den 1990er Jahren wurden *Economic Complementation Agreements* mit lateinamerikanischen Ländern abgeschlossen. Nach der Jahrtausendwende folgten Assoziationsabkommen mit P–4 (Trans-Pacific Strategic Economic Partnership) und der Europäischen Union. Freihandelsabkommen bestehen mit den NAFTA-Ländern USA, Kanada, Mexiko, mit Kolumbien, Peru, der Türkei und einer großen Zahl asiatisch-pazifischer Staaten (u.a. China, Japan, Indien, Australien, Neuseeland, Singapur, Korea). Chile ist Teil der Asia-Pacific Economic Cooperation (APEC), während es im Gemeinsamen Markt Südameri-

220 Álvaro Calderón/Ramón Casilda: Grupos financieros españoles en América Latina. Una estrategia audaz en un difícil y cambiante entorno. Santiago: CEPAL 1999; A.T. Kearney: Chile. A top destination for global services. Quality and stability of an OECD country at Latin American costs. Prepared on behalf of Invest Chile–CORFO. Santiago 2009.

kas (Mercosur) nur assoziiertes Mitglied ist – als Vollmitglied hätte es seine Außensteuern erhöhen müssen.[221]

Dass neben der bilateralen *go-it-alone*-Strategie das Hauptaugenmerk der asiatisch-pazifischen Region gilt, ist kein Zufall. Erstens ist die chilenische Exportstruktur in hohem Maße kompatibel mit dem Importbedarf dieser Länder (Bergbauprodukte, Tierfutter, Fisch, Zellulose). Zweitens hat sich die APEC, genauso wie Chile, einem bedingungslosen Freihandel verschrieben.[222]

2. Die Gegenwart der chilenischen Wirtschaftselite

Die lokale Wirtschaftselite behauptete trotz der transnationalen Durchdringung der chilenischen Ökonomie ihre Position. Sie ist unverändert stark in den Exportsektoren und intensivierte ihre Finanz-, Versicherungs- und Immobiliengeschäfte. Zu den alten Familientrusts sind weitere kleinere Gruppen hinzugekommen. Sie begannen ihren unternehmerischen Aufstieg in der zweiten Hälfte der 1980er Jahre. Know-How und die günstige Konjunktur waren ihrem Erfolg genauso dienlich wie die guten Kontakte zum alten Regime.

Allein oder gemeinsam mit ausländischen Partnern verfolgten die chilenischen Manager-Unternehmer regionale Expansionsstrategien, verloren dabei aber ihre Position am Binnenmarkt nicht aus den Augen. Lokal verwurzelt in sozialer und kultureller Hinsicht, weisen ihre global orientierten Unternehmensstrategien und Einstellungen sie als Teil einer entstehenden transnationalen Klasse aus.

221 Direcon: Chile, 20 años de negociaciones comerciales. Santiago: Dirección General de Relaciones Económicas Internacionales 2009.

222 Die Integration folgt einem „offenen Regionalismus", der als Hebel für eine weitere Liberalisierung auf multilateraler Ebene betrachtet wird. Siehe C. Fred Bergsten: Open regionalism. Working Paper 97-3. Washington: Petersen Institute for International Economics 1997. Die CEPAL versuchte wenig erfolgreich, dieses freihändlerische Konzept für den Kontinent nutzbar zu machen, siehe CEPAL: El regionalismo abierto en América Latina y el Caribe. Santiago: CEPAL 1994.

2.1. Die transnationale Finanz- und Industriebourgeoisie und der Export des chilenischen Modells in die Nachbarländer

Der Unternehmersektor in Chile ist unverändert hoch konzentriert. Die *grupos económicos* sorgen für etwa zwei Drittel aller Umsätze und für 95 Prozent aller Exporte. Sie kontrollieren 85 Prozent des Börsenwertes, 70 Prozent der an der Börse notierenden Unternehmen und 90 Prozent der Aktiva (ohne Finanzsektor). Eine Untersuchung der Eigentümerstruktur der börsennotierten Unternehmen zeigt, dass die fünf größten Aktionäre im Durchschnitt 80 Prozent der Aktien eines Unternehmens besitzen – Eigentum geht deshalb mit Kontrolle und Leitung einher.[223]

Das Ranking der nationalen Konglomerate führt Luksic an. Die Bergbauholding Antofagasta Minerals, das einzige mehrheitlich chilenische Privatunternehmen in der *gran minería*, rangiert an dritter Stelle nach Codelco und BHP Billiton. Zu den anderen Geschäftsfeldern der Gruppe gehören Banken und Versicherungen, Wasserversorgung und Tourismus, Nahrungsmittel und Getränke sowie Telekommunikation. Das Firmenimperium wird nach dem Tod von Andrónico Luksic im Jahr 2005 von seinen drei Söhnen weitergeführt.

Zur Angelini-Gruppe gehören neben dem Energie- und Treibstoffkonzern Copec forstwirtschaftliche Betriebe, Unternehmen im Fischerei- und Versicherungssektor sowie kleinere Minen.[224] Die Hauptaktivitäten des Matte-Clans liegen unverändert im Holz- und Papiersektor (CMPC) sowie im Bankengeschäft. Die Familie hat aber ihr Engagement im Versicherungs- und Immobiliensektor verstärkt. Wechselseitige Beteiligungen an Unternehmen sind üblich, wenngleich nicht signifikant (siehe Tabelle 10).

Generell haben lokale Gruppen nicht an (Markt-) Macht eingebüßt. Das Holz- und Papiergeschäft am unteren Segment der Warenkette dominieren Luksic und Matte, Copec ist der lokale Marktführer bei Brenn- und Treibstoffen. Im Agrar-

223 Zu den *grupos* an den Börsen siehe Manuel Agosin/Ernesto Pastén: Corporate governance in Chile. Working Paper 209. Santiago: Banco Central de Chile 2003. Zu Konzentrationsgrad und Organisationsstruktur siehe Fernando Lefort: Ownership structure and market valuation of family businesses in Chile. In: Corporate Ownership & Control 3 (2), 2005, S. 90-105. Ganz allgemein siehe Hugo Fazio: Mapa de la extrema riqueza al año 2005. Santiago: LOM 2005; Fuentes: Grandes grupos económicos.

224 Clanchef Anacleto Angelini starb 93-jährig im Jahr 2007. In diesem Jahr reihte ihn das Forbes Magazine auf seiner Liste auf Rang 119 der reichsten Menschen der Welt und auf Rang 10 in Lateinamerika. Sein Nachfolger an der Spitze des Konglomerats ist sein Neffe Roberto Angelini Rossi.

sektor sorgen zwar vier transnationale Konzerne – darunter Dole und Chiquita – für rund 30 Prozent der Ausfuhren an Frischobst, die Spitzenposition hält allerdings das lokale „Pionierunternehmen“ David Del Curto. Ganz ähnlich ist es in der Aquakulturindustrie. Auf die norwegischen Global Player folgen drei chilenische Unternehmen. Sie stiegen mit staatlicher Anschubfinanzierung in den 1980er Jahren in das attraktive *high-risk, high-return business* ein. In einigen Fällen erhöhten die *grupos* die Kontrolle über ihre Firmen sogar wieder, indem sie die Anteile ihrer ausländischen Partner zurückkauften.

Die Verbindungen mit transnationalem Kapital sind vielfältig. Die Familientrusts suchten Partner für die Expansion ins benachbarte Ausland, zur Finanzierung von Megaprojekten (vor allem in der Holz- und Papierindustrie) oder um besseren Marktzugang in anderen Weltregionen zu erlangen (so z.B. in der Weinproduktion). Firmenübernahmen fanden vor allem im Energiesektor statt. Während die großen, teilprivatisierten Konzerne nun gänzlich an die Spanier gingen, blieben die *grupos* als regionale Energie- und Wasserversorger präsent.

Wie schon während der ISI-Periode sind chilenische Partner für die transnationalen Investoren nicht nur wegen ihrer Marktkenntnis interessant, sondern auch aus politischen Gründen. Der spanische Energiekonzern Endesa kooperierte bei einem Megaprojekt mit Matte. Auf diese Weise sollten Regierung und Regulatoren positiv gestimmt werden – insbesondere bei der erforderlichen Umweltverträglichkeitsprüfung.[225]

225 „Den größten Vorteil, den die Eigentümer von Colbún [Matte] für Endesa haben, ist ihr unbestreitbarer Einfluss in der Welt der Politik und der Wirtschaft. `Es ist schwieriger, Matte zu anzugreifen als Endesa´, wird ein Experte des Stromsektors zitiert.” La Tercera, 16.4.2006 (Ü.d.A.).

Tabelle 10: *Grupos económicos* heute: wichtigste Unternehmen, Binnen- und Außenorientierung, transnationale Präsenz[226]

Gruppe	**Wichtigste Unternehmen**		**Transnationale Präsenz**
	binnen /	**außenorientiert**	
Luksic	Quiñenco (Holding)		
		Antofagasta Minerals (Bergbau, Transport)	Ecuador, Bolivien, Pakistan, Zambia; Headquarter in London
		Madeco (Kupfer- und Aluminiumverarbtg., Verpackung)	Brasilien, Peru, Argentinien, Kolumbien
	Banco de Chile,Versicherungs-, Broker-, Investmentgesellschaften		Zweigstellen New York und Miami; Repräsentationsbüros Mexico City, Buenos Aires, São Paulo, Hongkong
	CCU (Getränke)		
	Aguas de Antofagasta	Viña San Pedro (Wein)	
	Shopping Center Parque Hollywood		
	Tourismus		Kroatien

226 Superintendencia de Valores y Seguros, http://www.svs.cl/sitio/mercados/grupos.php (20.7.2011), Jahresberichte der Unternehmen. Die Zuordnung zu binnen- oder exportorientiert erfolgte nach Umsatz und/oder Erträgen (je nach Sektor und Verfügbarkeit von Angaben in den Jahresberichten). Eine doppelte Kennzeichnung erfolgte, wenn das Unternehmensziel auf die Binnenmarktversorgung ausgerichtet ist, auch wenn die im Ausland erwirtschafteten Erträge höher sind. Bei klar auf Export orientierten Unternehmen, die den Binnenmarkt zwar versorgen, dies aber kein Unternehmensziel darstellt, ist eine Doppelkennzeichnung entfallen.

Gruppe	Wichtigste Unternehmen binnen	/ außenorientiert	Transnationale Präsenz
Angelini	AntarChile (Holding)		
	Empresas Copec (Treibstoff, Energie)	Copec (Holz)	
		Celulosa Arauco (Holz- und Forstwirtschaft, Holzderivate)	Argentinien, Brasilien; Büros in Mexiko, Peru, Costa Rica, Kolumbien, USA, Kanada, Japan, Niederlande; Repräsentanten in Venezuela, der Türkei und 10 Ländern Asiens, u.a. China, Indien, Indonesien
		Minera Can-Can, Minera Isla Riesco, Minera Cerro Dominador	
	Cruz del Sur (FDL, Versicherungen)		Argentinien
	Guacolda, Metrogas (Energie)	Pesquera Iquique, Corpesca, Pesquera Eperva (Fischzucht)	
Matte		CMPC (Holz, Holzverarbeitung, Papier, Zellstoff)	Argentinien, Mexiko, Peru, Uruguay, Kolumbien, Brasilien
	Colbún (Elektrizität)	Minera Valparaíso (Bergbau)	
	Banco Bice, Vers., Broker-, Investmentgesellschaften		
	Almendral (Investmentgesellschaft; Telekommunikation, IT, Immobilien)		USA, Peru, British Virgin Islands

Gruppe	Wichtigste Unternehmen binnen	/ außenorientiert	Transnationale Präsenz
Yarur	Banco de Crédito e Inversiones (BCI), Versicherungs-, Broker-, Investmentgesellschaften		Zweigstelle Miami; Repräsentationsbüros Lima, São Paulo, Mexiko City, Hongkong
		Empresas Juan Yarur (Finanzholding)	
		Viña Morandé u.a. (Weinexport)	
	Salcobrand (Drogeriekette)		Peru
Claro		CSAV (Schifffahrt), mit Beteiligungen an Linien und Häfen	Regionalbüros São Paulo, New Jersey, Hamburg, Hongkong, China, Indien; lokale Vertretungen
	Megavisión (Fernsehkanal), VTR (Kabel-TV), Diario Financiero, Revista Capital (Wirtschafts-zeitungen)	Cristalerías de Chile (Glas- und Verpackungsmaterial für Exporteure)	
	Elecmetal (Maschinen für Bergbauunter-nehmen und Bauwirtschaft)		
		Viña Santa Rita	Argentinien
Saieh	CorpBanca, Versicherungs-, Broker-, Investmentgesellschaften, Immobiliengeschäfte		New York; Venezuela, Peru, Argentinien, USA
	Copesa (Medien)		
	SMU (Einzelhandel)		

Gruppe	Wichtigste Unternehmen binnen /	außenorientiert	Transnationale Präsenz
Said	Said Holding Group (Investitionen, Immobilien)		
	Tourismus	Embotelladora Andina (Coca-Cola-Abfüller)	Argentinien, Brasilien
	Parque Arauco	Shopping und Entertainment Center, Immobilien	Argentinien, Kolumbien, Peru, Brasilien
	Isapre Cruz Blanca (Gesundheits-dienstleister)	Energie, Wasserversorgung	Peru, Argentinien, Brasilien

Das lokale Großkapital ließ sich, anders als ein Jahrhundert zuvor, auch nicht aus dem mächtigsten Bereich der Wirtschaft, dem Finanzsektor, verdrängen. Wenn die chilenischen Eigentümer ihre gut positionierten Firmen an die Spanier verkauften, dann nicht aus Not, sondern aus strategischen Überlegungen.[227] Die Erlöse verwendeten sie für neue Projekte. So landete Luksic am heimischen Markt den großen Bankendeal: Er erwarb 1999 den Mehrheitsanteil an der Banco Edwards und ein Jahr später, mit einem Kredit der chilenischen Staatsbank, an der Banco de Chile. Seit dem Merger der beiden Finanzinstitutionen ist die Banco de Chile (nach Santander) die zweitgrößte Bank des Landes. Sie ist spezialisiert auf hohe Einkommensschichten und chilenische Großunternehmen. Auch BCI, seit den 1930er Jahren unter Kontrolle der Familie Yarur, hat sich als globale Bank für chilenische Unternehmen im Ausland etabliert. Mattes Banco Bice bietet ihre Dienste den Wohlhabenden an. Das größte Geschäftsfeld sind

227 Die Familie Matte verkaufte die Anfang der 1980er Jahre gemeinsam mit Angelini gegründete AFP Summa an Santander. Bernardo Matte Larraín bezeichnete den Verkauf als gutes Geschäft. Außerdem hatte die Familie schon länger befürchtet, dass sich die Politik in den Versicherungssektor einmischen würde (Interview in Revista Capital 172, 2005, S. 32-38). Andrónico Luksic gab Teile seines Finanzimperiums an Santander ab, als sich die Spanier für einen anderen Partner bei ihrer Expansion am lateinamerikanischen Markt entschieden. Saieh verkaufte den Marktführer AFP Provida zu einem sagenhaft hohen Preis an BBVA.

die Import-Export-Geschäfte von Mittelbetrieben. Der Aufstieg von Medienmogul Álvaro Saieh[228] zum Banker begann 1986 mit dem Erwerb der Banco Osorno aus der sogenannten *área rara* (siehe Kapitel III.3.2). Ihr Verkauf an Santander de España zehn Jahre später machte ihn und die anderen Teilhaber zu Multimillionären. Dann schuf er aus der maroden Banco de Conception ein neues Finanzkonglomerat und expandierte mit CorpBanca, an dem kanadische und US-amerikanische Investoren beteiligt sind, ins Ausland. Dass mit einem Eigentümerwechsel nicht unbedingt ein Machtverlust verbunden sein musste, zeigt José Said: Er behielt nach dem Verkauf seiner Banco Bhif an BBVA einen Minderheitenanteil und blieb – zusammen mit anderen Familienmitgliedern – im Vorstand und im Aufsichtsrat.

2.2. Neue Gruppen, alte Netzwerke, einträgliche Geschäfte

Bilden die traditionellen Familienstrusts zwar unverändert die Spitze des Unternehmersektors, wäre seine Beschreibung doch unvollständig ohne die zahlreichen kleineren Gruppen, die in der zweiten Hälfte der 1980er Jahre entstanden sind und seither prosperieren. Auch sie sind meist Familienunternehmen oder ein Zusammenschluss mehrerer „Manager-Unternehmer" (siehe Kapitel III.3.2). Einige spezialisierten sich auf einen Sektor, etwa Wein oder Agroindustrie. In der Mehrzahl entstanden jedoch diversifizierte Gruppen, die unter dem Dach von Investmentgesellschaften diversen Anlagegeschäften nachgehen.[229]

228 Der Chicago-Ökonom Saieh „säuberte" nach dem Antritt der Militärregierung als Dekan die wirtschaftswissenschaftliche Fakultät der Universidad de Chile. In seinem Unternehmensimperium waren und sind Mitstreiter von damals als Direktoren oder Manager zu finden, z.B. Sergio de Castro, der ehemalige Odeplan-Leiter Álvaro Donoso oder Pinochets Wohnbauminister Miguel Ángel Poduje. Seine rechte Hand ist der ehemalige Budgetdirektor Jorge Selume. Saieh erwarb im Jahr 1996 gemeinsam mit anderen die 1988 gegründete Privatuniversität Andrés Bello und unterrichtet an US-amerikanischen und lateinamerikanischen Business Schools. Sein Medienunternehmen Copesa führt mittlerweile sein Sohn Jorge Andrés Saieh. Siehe Mönckeberg: El saqueo, S. 161-188, eigene Recherchen.

229 Neben Said, Saieh, Yarur, Claro (siehe Tabelle 10) und Edwards sind zu erwähnen: die Gruppe des ehemaligen Präsidentschaftskandidaten und Senators Francisco Javier Errázuriz (Agrikultur, Bergbau, Autovertrieb, Energie, Versicherungen, Investment), die Holding Dersa der Familie del Río (Fischerei, Maschinen- und Autovertrieb, Agrikultur, Versicherungen, Immobilien, Einzelhandel), die Investmentgruppe Penta (Versicherungen, Immobilien) sowie die Gruppen Fernández León und Hurtado-Vicuña (Energie, Bergbau, Versicherungen, Immobilien, Gesundheitsdienstleistungen, Telekom, Investment). Der um 1900 gegründete Familienbetrieb Carozzi (Lebensmittel) und Guilisasti (Weinexport) gehören zu den spezialisierten Unternehmen.

Mitunter trugen die undurchsichtigen Transaktionen im Zuge der Privatisierungen zu ihrem Erfolg bei. Die Gruppe Penta beispielsweise entstand im Kontext der Reprivatisierung von Versicherungsunternehmen, die zum Konglomerat Cruzat-Larraín gehört hatten. Ihre Gründer, Carlos A. Délano und Carlos Eugenio Lavín, hatten in den 1970er Jahren bei Cruzat gearbeitet und dort die ersten privaten Versicherungsgesellschaften des Landes aufgebaut. Ende der 1980er Jahre erwarben sie Anteile am ehemals staatlichen Instituto de Seguridad del Estado (ISE). Zusammen mit Eduardo Férnandez León, der Anfang der 1980er Jahre in das lukrative Geschäft mit der privaten Gesundheitsversorgung eingestiegen war, und Juan Hurtado Vicuña, ebenfalls im Finanz-, Versicherungs-, Gesundheits- und Immobiliensektor aktiv, formten sie ein Konsortium. Es nimmt im nationalen Ranking gegenwärtig den zweiten Platz hinter ING Vida ein. Ihre Teilhaber sind auch im Ausland aktiv. Hernán Büchi, in der Zeit der Privatisierungen Finanzminister (und von 1985 bis 1987 Präsident der ISE), sitzt im Vorstand des Konsortiums.

Die genannten Manager-Unternehmer erwarben im Privatisierungsverfahren auch Anteile an dem Energiekonzern Chilquinta und der Telefonfirma Entel. Sie wurden später unter ihrer Mitwirkung an ausländische Konzerne verkauft. Hurtado Vicuña, der Entel bis zur Übernahme im Jahr 2001 selbst geleitet hatte, gründete u.a. mit Férnandez León und Matte ein Konsortium und kaufte die Firma unterhalb des Verkaufspreises von den italienischen Mehrheitseigentümern zurück. Nun sitzen die die beiden jüngeren Brüder von Hernán Büchi in der Chefetage. Beide verfügen über eine Ausbildung in den USA und sind frühzeitig in die Geschäftswelt eingetreten. Richard Büchi hatte zuvor die – damals noch chilenische – Chilquinta auf internationale Märkte geführt.[230]

Bei diesen Transaktionen wird ein Netzwerk sichtbar, das seine Wurzeln in den 1970er Jahren hat. Ein Gravitationsfeld für die heute 60-jährigen Manager-Unternehmer waren die Konglomerate von Manuel Cruzat und Fernando Larraín sowie Javier Vial (BHC), genauer deren Entwicklungs- und Studienabteilungen. Bei Vial starteten u.a. die späteren Zentralbanker Vittorio Corba und Felipe

230 Großes Aufsehen erregte der Korruptionsfall „Chispas": José Yuraszeck, in den 1970er Jahren Gremialist und von Miguel Kast zu Odeplan geholt, übernahm im Krisenjahr 1983 den staatlichen Energieversorger Chilectra. Im Privatisierungsverfahren erwarben Yuraszeck und seine ehemaligen Kollegen den Mehrheitsanteil. Im Jahr 1997 musste Yuraszeck den Chefsessel räumen, weil er bei der Übernahme durch die spanische Endesa in die eigene Tasche gewirtschaftet hatte. In die dubiose Privatisierung der chilenischen Energieunternehmen und ihre nachfolgende Veräußerung an spanische Konzerne waren einige prominente Figuren des Regimes und heutigen Unternehmersektors involviert. Siehe Mönckeberg: El saqueo, S. 108-143; Cámera de Diputados: Informe, Blackburn [u.a.]: Cien millones.

Morandé. Bei Cruzat „lernten" nach ihrer Rückkehr von US-amerikanischen Universitäten nicht nur die Gründer der Penta-Gruppe. Auch José Piñera und sein jüngerer Bruder, der spätere Präsident Sebastián Piñera und sein erster Wirtschaftsminister, der *gremialista* Juan Andrés Fontaine, Francisco Pérez Mackenna (gegenwärtig Geschäftsführer der Luksic-Holding Quiñenco) und eine Reihe anderer Top-CEOs des Landes begannen dort ihre Karriere. Eine „Talentschmiede" der 1980er Jahre waren die lokalen Niederlassungen der US-Banken IM Trust und Citicorp. Sebastián Piñera gelangte damals an die Spitze von Citicorp Santiago. Er holte einige seiner Kollegen in die Bank. Dort machten sie im boomenden Geschäft mit den AFP, aber auch als Finanzanalysten und internationale Berater Karriere.

Manuel Cruzat selbst ist seit Anfang der 1990er Jahre mit Versicherungsunternehmen, Kupferminen, in der Forstwirtschaft und im Immobiliensektor wieder aktiv. Mit Bank- und Kreditgeschäften ist er in Peru und Mexiko präsent. Er betreibt Autobahnen und ein regionales Eisenbahnnetz, zusammen mit internationalen Konsortien und der International Finance Corporation, dem „privatwirtschaftlichen Arm" der Weltbank. Unterstützt wird er dabei von seinen Söhnen, die in Chicago und am Massachusetts Institute of Technology ihre postgraduale Ausbildung erhielten. Cruzats ehemaliger Partner, Fernando Larraín, hat sein neues Unternehmensimperium über Finanzdienstleistungen und im Nahrungsmittelsektor mit starker Exportorientierung aufgebaut.

Auch die demokratische Epoche hat ihre Aufsteiger. Dazu zählen die Betreiber von Einzelhandelsketten. Ihren wirtschaftlichen Erfolg verdanken die „Waren- und Geldhändler" dem Kreditkartengeschäft. Die chilenische Gesellschaft gilt als hochgradig verschuldet. Schätzungen gehen davon aus, dass sich die Mittel- und Unterschichten angesichts der niedrigen Löhne monatlich um das Dreifache ihres Einkommens verschulden. Durch Fusionen und Eigentümerwechsel gibt es gegenwärtig zwei große Player, die Unternehmerfamilie Paulmann und die Gruppe Falabella im Besitz der Familie Solari. Beide haben über die chilenischen Grenzen hinaus expandiert. Die Familie Solari betreibt mittlerweile die zweitgrößte Einzelhandelskette in Lateinamerika. Sie wird nur von Walmart überrundet.[231] Ein weiteres Erfolgsbeispiel ist die 1989 privatisierte Fluglinie LAN, die 1994 von den Unternehmerfamilien Cueto, Piñera, Hirmas und Eblen erworben wurde. Unter der operativen Leitung der Cuetos wurde LAN zum größten Luftfrachttransporter in Lateinamerika.

231 Die Ketten betreiben Supermärkte, Heimwerker- und Drogeriemärkte, Shopping und Entertainment Center und Reisebüros und bieten Bankdienste an. Zur Expansion der chilenischen Einzelhandelsketten siehe Álvaro Calderón: The expansion model of the major Chilean retail chains. In: CEPAL Review 90, 2006, S. 149-168.

Die alten und neuen *grupos* haben ihre Unternehmen an globale Standards angepasst. Internationales Marketing und die Übernahme von *world best practices* sind üblich geworden. Einige verfügen über transnational integrierte Unternehmenskonzepte und Kommunikationsstrukturen. Die Konkurrenzfähigkeit am Weltmarkt ist das Leitmotiv ihres unternehmerischen Handelns. Globalisierung gilt ihnen als alternativlos. Dennoch ist die „Home Base“ wichtig für die transnational orientierte Wirtschaftselite: Chile bietet ihr optimale Bedingungen für die unternehmerische Expansion. Politische Stabilität, funktionierende Institutionen und eine marktförmige Regulierung, die die Interessen der Privaten stärkt – das weiß sie zu schätzen.[232]

Für die Identitätskonstruktion der chilenischen Manager-Unternehmer spielt der während der Militärdiktatur grundgelegte „Modellcharakter“ des chilenischen Entwicklungsweges eine große Rolle. Man betrachtet die Zeit der Diktatur als „Lehrjahre“, nach denen man mit Disziplin, Effizienz und Arbeitseifer erfolgreich der weltweiten Konkurrenz begegnen konnte. Die hohen sozialen Kosten werden mitunter bedauert, immer aber der ökonomische Erfolg betont. Man sieht Chile als Modell für wegweisende wirtschaftliche Reformen, als Pionier in Sachen Weltmarktöffnung und Globalisierung. Deshalb ist Chile anders und übertrifft seine Nachbarn. Die Abwertung der übrigen lateinamerikanischen Länder (mit Ausnahme Kolumbiens) ist gängig innerhalb der Wirtschaftselite. Man fühlt sich Europa, den USA und den asiatischen Schwellenländern „kulturell näher“ als den Nachbarn, die man als nicht in der Lage betrachtet, ihre Wirtschaft und ihren Staat in Ordnung zu halten.

Neben den Standortvorteilen für Unternehmen schätzt die Wirtschaftselite auch die guten Lebensbedingungen in Chile. Dort werden nach Mexiko die höchsten Managergehälter am Kontinent gezahlt.[233] Die Kosten für die Lebenshaltung und die Entlohnung für Hausangestellte hingegen sind vergleichsweise niedrig. Sie sind in der Regel zudem die einzigen Personen aus unteren sozialen Schichten, mit denen Wohlhabende in Kontakt kommen. Santiago ist hinsichtlich der Einkommensgruppen eine großflächig segregierte Stadt: Hohe Einkommensschichten leben traditionell im so genannten Wohlstandskegel – weit entfernt von der *ciudad probre*. Mittlerweile sind außerhalb der Agglomeration, am Fuße der Anden, luxuriöse Wohnkomplexe für Reiche entstanden. Meist sind dies

232 Interviews der Autorin mit den Top-Managern der 48 führenden Unternehmen in Chile. Siehe Karin Fischer: Von der nationalen Bourgeoisie zur transnationalen Klasse? Klassenbildung und nachholende Entwicklung in Chile 1820–2005. Dissertation an der Universität Wien 2009.

233 AméricaEconomía, 24.6.-24.7.2005, 7.10.2010; El Mercurio, 6.10.2009 mit Bezug auf Erhebungen von MercerHumanResourceConsulting.

Gated Communities – eingezäunt und überwacht, dafür ausgestattet mit großzügigen Freizeitanlagen, bei deren Nutzung man unter sich bleibt.[234]

Hierin kommt ein ausgeprägtes Eliten- und Statusbewusstsein zum Ausdruck, das als weiterer Grund für die lokale Verwurzelung des Wirtschaftsbürgertums gelten kann. Es reproduziert sich über die Generationenfolge hinweg aus derselben Klasse, mehr noch, aus einer relativ kleinen und überschaubaren Gruppe. Grund dafür ist zum einen die fortdauernde Bedeutung der familiären und sozialen Netzwerke. Zum anderen wird durch die Ausbildung ökonomisches und soziales Kapital vererbt. Die überwiegende Mehrheit der Manager-Unternehmer hat dieselben teuren Privatschulen besucht und zieht nur diese Colegios für den eigenen Nachwuchs in Betracht.[235] Die Kinder der Wirtschaftselite erwerben überproportional häufig eine postgraduale Ausbildung. Sie studieren an Elite-Universitäten oder Business Schools in den USA, in Spanien (vorzugsweise an der IESE Navarra, die von Opus Dei betrieben wird) oder England (London School of Economics). Als gleichrangig mit internationalen Business Schools wird ein zusätzlicher Abschluss an der privaten Universidad Adolfo Ibañez angesehen. Der ungebrochene Einfluss der Herkunft auf die berufliche Position zeigt sich in der nach wie vor geringen Austauschmobilität. In die Führungsebene der alten und neuen *grupos* gelangen die Kinder der Eigentümer-Unternehmer, andere Familienmitglieder und Vertraute.[236]

234 Ende der 1970er und Anfang der 1980er Jahre sind durch Vertreibung und Umsiedlung der Armen und die Neuordnung der Bezirksgrenzen sozial homogene Wohngebiete geschaffen worden. Dieses großflächige Segregationsmuster verändert sich nur langsam. Siehe Christof Parnreiter [u.a.]: Transformación económica, políticas y producción de la segregación social en Chile y México. In: Scripta Nova VII (146) 127, 2003, o.S.

235 Laut einer Erhebung 2008 gingen 84 von 100 befragten Spitzenmanagern auf teure Privatschulen. Die Hälfte der Befragten absolvierte ihre Schulbildung in fünf Colegios: Verbo Divino, Sagrados Corazones, Saint George, San Ignacio, The Grange School und Tabancura. Nur sieben von 100 chilenischen Kindern haben die Möglichkeit, auf eine der genannten Schulen zu gehen. Die Konzentration auf bestimmte Schulen hat in den vergangenen Jahren sogar noch zugenommen. Das erzkonservative, von Opus Dei gegründete Colegio El Tabancura avancierte bei der jüngeren Managergeneration gar zur bevorzugten Ausbildungsstätte. La Tercera, 23.3.2008; Vergleichsuntersuchung von Encuesta Seminarium Head 2003 in Revista Capital, 23.5.-5.6.2003, S. 66-71, eigene Interviews.

236 Das bestätigt auch eine Mobilitätsstudie. Zwar stellen die Autoren fest, dass ungefähr ein Drittel der 24 bis 35 Jährigen mit einer über die Realschule hinausgehenden Ausbildung aus Haushalten stammt, in denen die Eltern nur über eine einfache Schulbildung verfügten. Der breitere Zugang zu Bildung hat insgesamt zur Zunahme sozialer Mobilität geführt. An der Spitze änderte sich dennoch wenig. Florencia Torche/Guillermo Wormald: Estratificación y movilidad social en Chile. Entre la adscripción y el logro. Santiago: CEPAL 2004.

Chiles Wirtschaftsbürgertum ist eine selbstbewusste, vom Staat zwar protegierte, aber von ihm relativ unabhängige gesellschaftliche Gruppe geworden. Sie verfügt über Konzepte in Bezug auf die wichtigen sozialen Fragen und gut ausgebaute Organisationsstrukturen in der Zivilgesellschaft. Ihre Mitglieder sitzen in den Beiräten der halbstaatlichen Wirtschaftsagenturen und Verbände, den Stiftungen und Think Tanks, die sie auch finanzieren. Ihre Kontakte zur Politik sind direkter Art. Sie beschränken sich nicht nur auf die beiden rechten Parteien, obwohl sich die überwiegende Mehrheit der Wirtschaftselite als „rechts" deklariert. Nach 20 Jahren unternehmerfreundlicher Politik erstrecken sich die persönliche Kontakte auch auf Politiker der Concertación. Die Durchsetzungsfähigkeit der Wirtschaftselite zeigt sich nicht zuletzt in ihrer Medienpräsenz: In kaum einem Land sind Meinungen der Unternehmer so präsent wie in der chilenischen Presse.

3. Gerüstet für die Demokratie: Unternehmerverbände, rechte Parteien und neoliberale Hegemonieapparate im erweiterten Staat

Ziel der Unternehmerverbände war es, im Zuge der Re-Demokratisierung möglichst wenige Änderungen am ökonomischen Modell zuzulassen. Sie wählten zum einen die Konfrontation, etwa bei arbeitsmarktpolitischen Reformen. Zum anderen gingen sie aber auch auf den Weg der *democracia de los acuerdos* (Demokratie der Übereinkommen), den ihnen die Concertación und ihre Wirtschaftsequipe eröffnete. Während die Ende der 1980er Jahre wiedergewonnene Stabilität des Regimes und die nahende Volksabstimmung die Mitte-Links-Kräfte zusammenschweißte, wirkten sich dieselben Bedingungen auf die politischen Befürworter der alten Ordnung ganz anders aus. Sie schafften es nicht, ihre internen Richtungskämpfe zu überwinden. Es bildeten sich schließlich zwei Parteien im rechten Lager. Zusammen schafften sie es, ihr „historische Drittel" an Wählerstimmen zu übertreffen und bei den Wahlen 2010 schließlich das Präsidentenamt zu erobern. Die Regierung Piñera stützt sich maßgeblich auf das Personal der neoliberalen Think Tanks.

3.1. Die organisierte Unternehmerbewegung

Eine Rückkehr zur Demokratie war für die Unternehmerbewegung kein genuines politisches Ziel. Erwartungsgemäß waren Sofofa und SNA im Vorfeld des Plebiszits als entschiedene Befürworter Pinochets aufgetreten. Auch die *Comités Cívicos* unter Führung von Jorge Fontaine, zwischen 1982 und 1986 Präsident der CPC, mobilisierten in der sogenannten SI-Kampagne für den General. Die wenigen pro-demokratischen Stimmen, etwa die christlichen „Unternehmer für die Demokratie", waren im Unternehmerlager in der Minderheit und äußerten sich kaum in der Öffentlichkeit. Sobald die Parteien das in der Verfassung festgelegte Übergangsszenario jedoch akzeptiert hatten, erklärte die CPC im Namen „aller Unternehmer", den „friedlichen und geordneten Weg in die Demokratie" mitzutragen. Nicht ohne hinzufügen, dass ihre Unterstützung jenen gehöre, „die sich mit uns für das Prinzip der unternehmerischen Freiheit, des Privateigentums an den Produktionsmitteln, eines subsidiären Staats, für Meinungs- und Versammlungsfreiheit sowie die Freiheit der Arbeit einsetzen".[237]

237 CPC 1988 zitiert in Alfredo Rehren: Empresarios, transición y consolidación democrática en Chile. In: Revista Ciencia Politica 27 (1-2), 1995, S. 5-61, hier S. 13. (Ü.d.A.). In der Verfassung wird bis heute nicht vom Recht auf Arbeit, sondern von der Freiheit der Arbeit gesprochen. Zu den Unternehmern im Transitionsprozess siehe auch Imbusch:

Je näher die ersten demokratischen Wahlen rückten, desto stärker konzentrierten sich die Unternehmerverbände auf ihre Rolle als Interessenvertreter. Auf diese Weise suchten sie sich als eigenständiger politischer Akteur, relativ unabhängig von den rechten Parteien, zu profilieren. Angesichts eines möglichen Wahlsiegs der Concertación begann der neue CPC-Vorsitzende Manuel Feliú, von ihren Parteiführern Zugeständnisse und Garantien für das Wirtschaftsmodell einzufordern. Dennoch reagierten die Unternehmervertreter zunächst misstrauisch auf die Annäherungsversuche der Opposition, die mit Gesprächsangeboten und in ihren Wahlprogrammen um ihre Zustimmung warb. Auch zweifelten sie, ob die neue politische Klasse über ein so fähiges ökonomisches „Expertenteam" verfüge wie der Finanzminister des alten Regimes, Hernán Büchi.

Der Christdemokrat Alejandro Foxley, später Finanzminister im ersten demokratischen Kabinett, war nur einer von vielen *Economistas por el NO*, der dieser Sorge beredt entgegentrat. Auf den Konferenzen, die die CPC mit Unterstützung der Chamber of Commerce Washington organisierte, aber auch bei informellen Treffen suchten die Politiker der Opposition die Unternehmer zu beruhigen. Expertenteams beider Lager arbeiteten gemeinsam wirtschaftspolitische Konsensformeln aus. Inhaltliche Zugeständnisse und persönliches Networking schufen im Unternehmerlager langsam ein Klima der Zuversicht.

Dieser Optimismus war nicht unbegründet. In den von der ersten Regierung eingerichteten Dialogrunden, die Kompromisse in wesentlichen Reformfragen entwickelten, konnten die Verbände ihre Forderungen weitgehend durchsetzen. Sie stemmten sich erfolgreich gegen Steuern auf Gewinne, eine Anhebung der Mindestlöhne und Lohnsteigerungen, die ihrer Meinung nach strikt an Produktivitätszuwächse zu binden waren. Das Vertrauen der Unternehmer in die Stabilität der Verhältnisse zeigte sich auch darin, dass es in den Jahren 1991 und 1992 faktisch keine Kapitalflucht gab.[238]

Im Laufe der 1990er Jahre wurden die Konsultationsverfahren formalisiert. Gleichzeitig bauten die Verbände ihre Kontakte zur Präsidentschaftskanzlei, zu den Senatskommissionen und zum Finanzministerium aus – jenen Institutionen also, in denen wirtschaftspolitische und legislative Initiativen ihren Anfang nahmen, aus. Bei Reformen, die das Arbeitsgesetz, gewerkschaftliche Rechte oder Besitzsteuern berühren, sind Einsprüche von Unternehmerseite üblich.

Unternehmer und Politik, S. 378 ff. und Kapitel VII; Montero: La revolución empresarial, Kapitel IV; Arriagada: Los empresarios y la política.

238 Zu den Inhalten und Beschlüssen der sogenannten *acuerdos marcos* der 1990er Jahre siehe Imbusch: Unternehmer und Politik, S. 397 ff.; zur Kapitalflucht Bener/Dufour: Class analysis of capital flight, Tabelle 3, S. 183.

Seit der Transition haben die Spitzenverbände einen Professionalisierungsprozess durchlaufen. Neben Beratungs- und Schulungszentren unterhalten sie eigene Statistik- und Forschungsabteilungen. Dies gilt insbesondere für die Sofofa, die hinsichtlich ihrer Bedeutung der Dachorganisation CPC bald den Rang ablief. Sie verbreiterte ihre Mitgliederbasis durch die Aufnahme nicht-industrieller Wirtschaftszweige, vor allem des Dienstleistungssektors und der exportorientierten Agrarproduzenten. Der Verband wird deshalb klar von transnational orientierten Kräften dominiert.

Die Sofofa wertete den Bereich Internationales insgesamt enorm auf und baute die internationale Handelsabteilung zur größten Sektion aus. Die Freihandelspolitik (siehe Abschnitt 1.3) war ein wichtiges Element der demokratischen Regierungen, die Pinochet-Anhänger mit jenen Unternehmersektoren zu versöhnen, die der Concertación zuneigten. Die unzähligen Freihandelsverträge brachten den Privatsektor und die Regierungen einander in einem Ausmaß nahe, das am lateinamerikanischen Kontinent einmalig ist. Vertragswerke werden von der Sofofa mit vorbereitet, ihre Komitees verhandeln im Auftrag der Regierung eigenständig die Herkunftszertifikate.[239]

Auch auf diese Weise wurden alte Strukturen in die neue Demokratie implementiert. Denn viele Führungsfiguren der Sofofa waren vor der Transition mit dem Militärregime verbunden gewesen. Das gilt zuallererst für die Ikone der *poderes fácticos*, Hernán Briones, der von 1991 bis 1993 dem Verband vorstand.[240] Auch Bruno Philippi (2005 bis 2009) war 1973 als Berater verschiedener Ministerien und Vorsitzender der staatlichen Energiekommission in den Dienst der Militärregierung getreten. Als Direktor des Energieunternehmens Chilgener wickelte er Ende der 1980er Jahre dessen Privatisierung ab, was ihm später den Vorwurf der Bereicherung einbrachte. Damals an seiner Seite: der gegenwärtig amtierende Sofofa-Vorsitzende Andrés Concha. Concha leitete außerdem von 1975 bis 1979 die Regierungsagentur ProChile.[241] Felipe Lamar-

239 Guillermo Campero: La relación entre el gobierno y los grupos de presión. El proceso de la acción de bloques a la acción. In: Revista de Ciencia Política 23 (2), 2003, S. 159-176; Ben Ross Schneider: Business politics and the state in twentieth-century Latin America. Cambridge: Cambridge University Press 2004, S. 228; Benedicte Bull: Policy networks and business participation in free trade negotiations in Chile. In: Journal of Latin American Studies 40 (2), 2008, S.195-224. Freihandelskritische Segmente im Agrarierverband SNA, der in der Frage der Marktöffnung gespalten war, sind im Zuge der 1990er Jahre marginalisiert worden.

240 Briones war Mitglied des „konspirativen Unternehmerkommandos“ zum Sturz von Allende. Der Gründer der Fundación Pinochet starb Ende 2005 (siehe Kapitel III.1.1).

241 Die Exportförderagentur wurde 1974 vom damaligen CPC-Chef Jorge Fontaine aufgebaut. Ihre Aufgabe war und ist es, den heimischen Exporteuren umfassende Informatio-

ca, Vorsitzender von 1997 bis 2001, wurde hingegen nach einem Jahr aus seinem hohen Amt gefeuert: Ihm war von Pinochet 1973 die Leitung der obersten Finanzbehörde übertragen worden. Doch er musste gehen, weil er sich weigerte, ein Steuerverfahren gegen einen *gremio*-Funktionär niederzuschlagen, der den Putsch unterstützt hatte. Der streitbare Verbandschef pflegte während seiner Amtszeit einen konfrontativen Kurs gegenüber der Regierung: Er forderte die Möglichkeit der Wiederwahl des Staatspräsidenten, weil er den moderaten Christdemokraten Frei an der Regierung sehen wollte – und keinen Kandidaten der Sozialistischen Parteien, deren Initiativen für eine Arbeitsmarktreform er heftig kritisierte.

Für gute Beziehungen mit der Concertación sorgte insbesondere sein Cousin und Nachfolger Juan Claro (2001–2005). Dieser arbeitete mit Präsident Lagos die „Kampagne für Wachstum" aus. Permanente Arbeitsgruppen mit Vertretern der Regierung und der Unternehmer nahmen sich unter anderem der Weltmarktintegration und Exportförderung sowie der Staatsreform an. Gemeinsam lancierten sie eine Initiative, die mehr Auslandskapital nach Chile bringen sollte.

Einige Jahre nach dem Ende seiner Funktionsperiode erregte Felipe Lamarca großes Aufsehen. Er wies das Angebot der Rechten, als Senator zu kandidieren, zurück und unterstützte im Wahlkampf Michelle Bachelet. Die ehemalige rechte Hand von Anacleto Angelini – Lamarca stand 19 Jahre lang an der Spitze von Copec – kritisierte gar die Verflechtung von politischer und ökonomischer Macht und das daraus folgende Demokratiedefizit.[242] Aber auch mit diesen Zwischenrufen und einer jüngeren, gut ausgebildeten Funktionärsriege ist die Sofofa ein dem Großkapital verbundener, eher autoritär organisierter Männerverband geblieben, der das Gedenken an die Ära Pinochet hochhält.[243]

nen sowie technische, logistische Hilfe und Fortbildungsmöglichkeiten zur Verfügung zu stellen. ProChile unterhält ca. 50 Auslandsbüros (siehe Abschnitt 4.1).

242 Felipe Lamarca: Las prisas pasan, las cagadas quedan. Santiago: La Tercera Ediciones 2009.

243 Aus der Aussendung der Sofofa anlässlich des Todes von Pinochet im Dezember 2006: „Als chilenische Industrielle halten wir es für wichtig, den großen wirtschaftlichen Beitrag anzuerkennen und wertzuschätzen, den die Regierung von General Pinochet geleistet hat, indem sie Anfang der 1970er Jahre eine desartikulierte und halb zerstörte Wirtschaft in Ordnung gebracht hat. Von da an begann ein tiefgreifender Prozess der institutionellen Modernisierung, der es erlaubte, die demokratische Verfasstheit wiederherzustellen (...)". (Ü.d.A.)

3.2. Vom Wiedererstehen der Rechtsparteien bis zum Wahlsieg 2010

Die alten Parteien der Rechten hatten nach dem Putsch 1973 ihre Aktivitäten eingestellt und sich aufgelöst. Als der in der Krise Anfang der 1980er Jahre zum Innenminister bestellte Sergio Onofre Jarpa begann, die Nationale Partei wiederzubeleben[244], reagierte *gremialista*-Führer Jaime Guzmán mit der Formierung eines „zivilen Arms" der Pinochettreuen. Er scheiterte jedoch am Ziel einer geeinten rechten Bewegung unter dem Dach der Unión Demócrata Independiente (UDI). Stattdessen beschleunigten sein eigenwilliges Vorgehen und inhaltliche Differenzen die Entstehung weiterer rechter Parteien.

Auch die Anfang 1987 als Föderation rechter Parteien gegründete Renovación Nacional zerbrach nach nur einem Jahr an internen Unstimmigkeiten. Die Nationalisten um Jarpa waren zwar Anhänger der Militärdiktatur, standen aber der neoliberalen Wirtschaftspolitik skeptisch gegenüber. Eine andere Gruppe, die sich später unter dem Namen Renovación Nacional (RN) als zweite große Partei im rechten Lager etablierte, befürwortete uneingeschränkt das ökonomische Modell, distanzierte sich aber von Pinochet. Eine Festlegung auf ihn als Kandidaten, so argumentierten ihre Führer, würde dem Plebiszit unnötig konfrontativen Charakter verleihen. Im Vordergrund habe der Erhalt des neoliberalen Modells zu stehen und nicht die umstrittene Person des Generals. Die Partei forderte vom Regime unmissverständlich, das Ergebnis der Volksbefragung anzuerkennen und Kompromisse in der Verfassungsfrage einzugehen. Diese Position trug ihr die Feindschaft der Pinochet-treuen Unternehmer und der anderen Rechten ein. Die Sofofa organisierte im Wahlkampf 1989 sogar einen Finanzierungsboykott gegen die rechten „Versöhnler". Schließlich formierte sich eine ultra-rechte Strömung, die keinerlei institutionelle Reformen am Gründungswerk von Pinochet akzeptierte. Sie trat bei den ersten Wahlen mit einem eigenen Präsidentschaftskandidaten an, dem Unternehmer Francisco Javier Errázuriz. UDI und RN bildeten eine Liste und gingen mit dem von der UDI nominierten Hernán Büchi ins Rennen. Die Spaltungen bestärkten die Unternehmerbewegung darin, sich als

244 Jarpa hatte von 1952 bis 1958 eine kleine Gruppe von Ibáñez-Anhängern geleitet. Seit seiner Gründung 1966 war er im Partido Nacional aktiv. Mit der Ernennung des national-korporatistischen Politveterans zum Innenminister signalisierte Pinochet Distanz zur Wirtschaftspolitik der Chicago boys. Als sich die Lage beruhigte, musste Jarpa seinen Posten wieder verlassen. Schon damals hatte er Pläne für eine kontrollierte politische Öffnung und die Wiederzulassung von Parteien entwickelt. Diese scheiterten am Wiedererstarken der harten Fraktion um Pinochet und Büchi.

parteiunabhängiger Interessenverband zu positionieren. Ihre Verbände gaben keine Wahlempfehlung ab.[245]

Bei den ersten Wahlen blieb die rechtspopulistische UDI erheblich hinter der RN zurück. Bei späteren Urnengängen jedoch holte sie auf und ist seit der Jahrtausendwende stärkste Kraft im Rechtsbündnis. Selbst die Christdemokraten, bis dahin stets stimmenstärkste Partei, konnte sie bei Parlamentswahlen bereits hinter sich lassen. Gemeinsam wuchs die Rechte in der demokratischen Periode über ihr historisches Drittel an Wählerstimmen hinaus. Die Concertación erreichte nur bei den Präsidentschaftswahlen 1993 doppelt so viele Stimmen wie die rechte Allianz. Bei allen folgenden Wahlgängen verlor das Mitte-Links-Bündnis an Nichtwähler, während RN und UDI zulegten. Ihre institutionellen Kampfformen erinnerten an die ISI-Periode: Vom Parlament und Senat aus obstruierte sie Reformvorhaben der Regierung und schützte die Klasseninteressen der Besitzenden.[246]

Um ihre Klientel zufriedenzustellen, gingen die rechten Parteien – trotz der gemeinsamen Agenda – mitunter andere Wege als die Unternehmerverbände. Das zeigte sich am deutlichsten in der Steuerpolitik. So votierten etwa die Abgeordneten der UDI Anfang der 1990er Jahre gegen die Anhebung der Mehrwertsteuer. Sie war von den Unternehmerverbänden als Finanzierungsmittel für Reformen gefordert worden. Die Partei verweigerte ihre Zustimmung mit dem Argument, dass eine solche Maßnahme die Ärmsten treffe. Die Steuerreform aus dem Jahr 2001 beinhaltete, die Abgaben auf Unternehmensgewinne von 15 auf 17 Prozent zu erhöhen und im Gegenzug den Höchststeuersatz auf individuelle Einkommen abzusenken. Trotz intensiven Lobbyings seitens der Spitzenverbände blockierten die Parteien des rechten Spektrums nicht die Reform.

Die Parteien unterscheiden sich im Politikstil und in gesellschaftspolitischen Haltungen voneinander. In ökonomischen Fragen beziehen beide neoliberale Positionen, korporatistische Elemente sind beinahe gänzlich verschwunden. In ihrem gesellschaftspolitischen Verständnis erinnert die UDI an die alte Konser-

245 Hernán Büchi erreichte 29,4 und Errázuriz immerhin 15 Prozent, das sind eine Million Stimmen. Die Wahl gewann mit 55 Prozent Zustimmung Patricio Aylwin. Zu den rechten Parteien siehe Correa: Con las riendas, S. 278 ff.; Moulian/Torres: La derecha en Chile, S. 38-42; Patrick S. Barrett: Chile's transformed party system and the future of democratic stability. In: Journal of Interamerican Studies & World Affairs 42 (3), 2000, 1-32.

246 Bei den Präsidentenwahlen 1999 lagen Ricardo Lagos und UDI-Leitfigur Joaquín Lavín mit etwas mehr als 47 Prozent im ersten Wahlgang fast gleich auf, Lagos entschied die Stichwahl knapp für sich. 2005 erreichten die beiden rechten Kandidaten Lavín und Sebastián Piñera zusammen fast 50 Prozent, Piñera verlor dann die Stichwahl gegen Bachelet. Sämtliche Wahlergebnisse, auch der Kommunalwahlen, online unter http://www.elecciones.gov.cl/ (30.7.2011).

vative Partei: erzkonservativ, hierarchisch und reaktionär katholisch. Mit klientelistischer Machtpolitik und konservativem Populismus versucht sie, Wähler aus den unteren sozialen Schichten zu gewinnen. Viele Parteispitzen hatten in der Militärdiktatur hohe Ämter bekleidet, doch es wuchs bald eine junge Führungsriege heran. Die UDI genießt die Unterstützung des Pinochet-treuen Flügels des Großkapitals und der Sofofa.

Der heute in der RN tonangebende Flügel ähnelt den Liberalen zur Mitte des 20. Jahrhunderts. Er steht für marktradikale Konzepte und kapitalistische Modernisierung. Die Ambitionen des ersten Parteiführers, eine Mitte-Rechts-Option mit den Christdemokraten zu eröffnen und sich konstruktiv an einer *democracia de los acuerdos* zu beteiligen, waren rasch zum Scheitern verurteilt. Der Absturz in den Meinungsumfragen veranlasste die Parteiführung, sich noch vor den ersten Wahlen ein klar erkennbares rechtes Profil zu geben.

Beide Parteien unterhalten eigene Stiftungen, die sie bei ihrer politischen Arbeit unterstützen. Das Instituto Libertad (RN) hat ein großes Netzwerk an Fachleuten geschaffen, die in Arbeitsgruppen Positionen für ihre Mandatare und die breite Öffentlichkeit ausarbeiten. Meinungsumfragen und Publikationstätigkeiten gehören zum Alltagsgeschäft. Die Fundación Guzmán (UDI) legt den Schwerpunkt auf die Gesetzesarbeit. Ihre Mitarbeiter sind sehr aktiv in den legislativen Kommissionen des Senats und des Parlaments. Die Stiftung tut sich besonders hervor bei der Rekrutierung junger Leute, um die rechte Bewegung mit Nachwuchs zu versorgen. Rund tausend Personen – von jungen Hochschulabsolventen bis berufserfahrenen Professionals – haben im letzten Jahrzehnt ein Ausbildungsprogramm mit Praktika durchlaufen, das sie für die Arbeit in Gemeinden, Ministerien, Expertengruppen und im öffentlichen Dienst prädestiniert.[247]

Bei den Wahlen 2010 führte Sebastián Piñera die Rechte zum ersten Wahlsieg seit dem Übergang zur Demokratie.[248] Der Spitzenpolitiker der Renovación Nacional will mit dem Projekt einer „neuen Rechten“ eine dauerhafte gesellschaftliche Mehrheit erreichen. Voraussetzung dafür ist der Weg ins politische Zentrum. Auf seiner Agenda stehen deshalb Themen, die der traditionellen Rechten fremd sind: die Rechte der Indigenen, die Achtung der Menschenrechte, gute und menschenwürdige Arbeit für alle sowie der Schutz der Umwelt. Ergänzt wird die programmatische Plattform mit den alten Themen Ordnung,

247 Fischer: Organized neoliberals.

248 Der in Harvard promovierte Piñera entschied die Stichwahl gegen den Kandidaten der Concertación, Eduardo Frei Jr., für sich. Piñera verfügt über erheblichen Grundbesitz und hält Anteile u.a. an LAN Chile, einem Fernsehsender, Malls, Energieunternehmen und an einigen der größten Konglomerate des Landes. Forbes schätzte sein Nettovermögen auf 2.400 Millionen US-Dollar (Forbes Magazine, 3.11.2010).

Stabilität und Sicherheit. Auch die Denkansätze der Neoliberalen bleiben selbstredend erhalten: Die Ideologie des *individual man*, eine gesetzliche und institutionelle Ordnung, die für die Durchsetzung des Wettbewerbs als Ordnungsprinzip der Wirtschaft sorgt sowie ein subsidiärer, gleichwohl starker Staat.

In Piñeras Regierung der „neuen Rechten“ finden sich viele alte Bekannte. Neben den Parteiführern und Managern aus den Chefetagen der *grupos económicos* haben die Ideologen aus den neoliberalen Think Tanks ihre Posten bezogen.[249]

3.3. Die Chicago boys: wirksam in der Zivilgesellschaft

Unmittelbar nach der Transition mussten sich die neoliberalen Intellektuellen zunächst andere Tätigkeitsfelder suchen, um die neuen Verhältnisse mit neoliberalen Ideen zu durchdringen. Als Akademiker wirken sie zum einen innerhalb der Wissenschaften. Sie unterrichten an den von ihnen selbst gegründeten privaten Universitäten, an der Universidad Católica und Adolfo Ibañez.[250] Zum anderen betätigen sie sich als "second-hand dealers in ideas" (Hayek): Als Kolumnisten, Experten und Berater beeinflussen sie die Öffentlichkeit, die Regierungen und deren Umfeld. Ihren Status verdanken die Chicago boys der in Chile unverändert herrschenden „Expertenideologie“, ihre anhaltend starke Präsenz in der Öffentlichkeit den *grupos* Edwards und Saieh. Deren Medien bieten den rechtsliberalen Intellektuellen viel Raum, die Politik der Concertación zu kommentieren und ihre Ansichten zu verbreiten.

Um Personen und Ressourcen zusammenzuführen, gründeten die chilenischen Neoliberalen weitere Think Tanks (Tätigkeitsfelder siehe Tabelle 11). Kurz nach den ersten Wahlen schufen Hernán Büchi, Cristián Larroulet und Carlos Cáceres das Instituto Libertad y Desarrollo.[251] Mit reger Publikationstätigkeit wurde es

249 So gut wie alle Mitarbeiter des Instituto Libertad wechselten als Berater in die Regierung. Mit fast 80 Experten, Kabinettchefs und Unterstaatssekretären ist die Fundación Guzmán zahlenmäßig am stärksten vertreten.

250 Neben Andrés Bello, Universidad de los Andes und Finis Terrae entstand 1990 eine weitere Privatuniversität im neoliberalen Umfeld. Gründungsväter der Universidad del Desarrollo waren Hernán Büchi, Cristián Larroulet, Joaquín Lavín und Ernesto Silva.

251 Tragende Mitarbeiter des Instituts wechselten als Minister in die Regierung Piñera. Felipe Larraín wurde zum Finanzminister berufen. Cristián Larroulet werkt als Minister der Präsidentschaftskanzlei im selben Amt wie schon in den 1980er Jahren (siehe Kapitel III.1.2, Tabelle 3). Bildungs- und später Planungsminister Joaquín Lavín arbeitete in den 1970er Jahren in der Planungsbehörde Odeplan. Der Chicago-Ökonom wurde er mit nur 26 Jahren Dekan der wirtschaftswissenschaftlichen Fakultät an der Universidad Católica. Ab Anfang der 1980er Jahre war er verantwortlich für den Wirtschaftsteil des Mercurio.

bald zur wichtigsten Denkfabrik zur Verbreitung neoliberaler Ideen. Die Mitarbeiter richteten im Parlament Beraterbüros ein, erarbeiten Gesetzesvorschläge und formulieren die Wahlprogramme für die Präsidentschaftskandidaten des rechten Bündnisses. Das LyD gehört zu den international am besten vernetzten Institutionen seiner Art in Chile. Gemeinsam mit Schwesterorganisationen in den USA, in Lateinamerika, Osteuropa und Ostasien werden Schulungen und internationale Konferenzen organisiert.

Beim CEP übernahmen nach dem Ende der Militärregierung Jorge Cauas, Pablo Baraona, Sergio de Castro und Arturo Fontaine die Führung. Das Institut fungiert bis heute als „Brücke“ zwischen Unternehmern und Concertación. Zu den Unterstützern des Instituts aus dem Big Business zählen etwa Matte, Saieh, Said und die Luksic-Brüder, die zusammen mit hochrangigen Sofofa-Funktionären den Beirat bilden. Der inhaltliche Schwerpunkt des CEP liegt auf den Bereichen Staatsreform und öffentlicher Sektor (*Public Policy*). Eine emsige Publikationstätigkeit, medienwirksame Meinungsumfragen und die Weiterbildung von – vor allem lateinamerikanischen und osteuropäischen – Ökonomen bilden weitere Arbeitsschwerpunkte.

Tabelle 11: Aktivitätsfelder ausgewählter Chicago boys nach der Transition[252]

Name	Zivilgesellschaftliche Aktivitäten	Unternehmerische Tätigkeiten
Pablo Baraona	Rektor Universidad Finis Terrae (Legionäre Christi)	Vorstandsmitglied einer Akkreditierungsagentur für Höhere Bildung
Hernán Büchi	Kolmunist, Buchautor, Gründungsmitglied und Präsident LyD, Präsident der Universidad del Desarrollo und Universitätsprofessor, MPS-Mitglied, Gründer und Mitglied der Fundación Internacional para la Libertad (FIL), Exekutivdirektor des IWF, Regierungsberater in Lateinamerika und Osteuropa; Mitglied im Beraterkomitée ABAC (APEC Business Advisory Council)	Präsident und Vizepräsident zahlreicher Unternehmen, u.a. im Versicherungssektor, Chemie (SQM), Energie, Medien (Copesa), Einzelhandel (Falabella); Direktorenposten in der Luksic Holding Quiñenco und Unternehmen der *grupo* (Madeco, Lucchetti, CCU); Unternehmensberater (u.a. im Beraterstab der Banco de Chile)

252 Eigene Recherchen.

Name	Zivilgesellschaftliche Aktivitäten	Unternehmerische Tätigkeiten
Carlos Cáceres	Gründungsmitglied des LyD und Vorsitzender diverser Arbeitsgruppen; Rektor, Vizepräsident, Direktor des Instituts für Politische Ökonomie und Professor der Universidad Adolfo Ibáñez; Vizepräsident der MPS; Direktor der Fundación Friedrich A. Hayek (Buenos Aires); Direktor der Fundación Chile und der Fundación Educación Empresa	Vorstands- und Aufsichtsratsmitglied, u.a. Compañía Chilena de Tabacos, Walmart, Copesa, Salmofood, Pesquera Coloso, Cetecsal, Molymet, Almacenes Paris, Carozzi, Investitionsgesellschaft Sipsa
Jorge Cauas	Universitätsprofessor; Unternehmerbeirat Universidad de los Andes (Opus Dei), Mitbegründer des CEP und Mitglied der Kommission für Staatsreform	Direktor der BCI (Yarur) und Cruz Blanco Seguros (Cruzat)
Sergio de Castro	Gründer und Ratsmitglied CEP; Ratsmitglied Universidad Finis Terrae	Partner von Saieh (Copesa), im Vorstand von Chilectra/Enersis/ Endesa, Direktor CMPC; bis 1996 Vorstandsmitglied und Präsident Banco Edwards; Vorsitzender der Banco Transandino (Argentinien), Aktivitäten im Immobiliensektor
Sergio de la Cuadra	Unternehmensberater und Konsulententätigkeit für Regierungen in Lateinamerika in Finanz- und Budgetfragen, Ratsmitglied der wirtschaftswissenschaftlichen Fakultät der Katholischen Universität, Mitbegründer und Direktor der elektronischen Börse in Santiago	Vorstandsmitglied Iansa, Pesquera Itata, Industrias Ceresita, Forestal y Papelera Concepción, Banco Monex, Nibsa, Petroquim, Midway Guaranty (Brokerfirma), Arch Latin America (Telekommunikation) und Verschiedener Investitions-gesellschaften; Geschäftsführer Concha y Toro (Wein)

Name	Zivilgesellschaftliche Aktivitäten	Unternehmerische Tätigkeiten
Cristián Larroulet	Gründungsmitglied und Exekutivdirektor LyD, Fundación Miguel Kast; Gründungsmitglied und Direktor der Universidad del Desarrollo und Dekan ihrer wirtschaftswissenschaftlichen Fakultät; Leiter des wirtschaftspolitischen Beraterteams von Lavín; Kolumnist und Autor	
Rolf Lüders	Wirtschaftsprofessor an der Katholischen Universität, Herausgeber einer wissenschaftlichen Ökonomiezeitschrift, Berater der Weltbank, der Vereinten Nationen und der Agency for International Development of the United States; Mitglied der Beratergruppe Geldpolitik der Zentralbank	
José Piñera	Gründer und Präsident des International Center for Pension Reform, Ko-Vorsitzender des Cato Projekts für soziale Sicherung, Senior Distinguished Fellow und Vorsitzender des Cato Instituts; MPS-Mitglied, internationaler Berater für Pensionsreform (v.a. in den USA, Osteuropa und China); Kolumnist und Buchautor	
Andrés Sanfuentes	Gründungsmitglied des LyD, Berater im Finanzministerium	Präsident Banco del Estado

Die Think Tanks festigen zum einen die sozialen Netzwerke, die sich aus der Wirtschaftselite, der Wissenschaft und der politischen Expertokratie rekrutieren. Zum anderen wird dort jenes Wissen produziert, mit dem die chilenischen Neoliberalen in die politische und zivile Gesellschaft intervenieren.

Im Vergleich zu den konkurrierenden Instituten des Regierungsbündnisses haben sie den Kampf um Diskurshoheit vorerst gewonnen. Die Think Tanks der Christdemokraten verloren während der 1990er Jahre relativ an Einfluss. Die kleineren, den Linken nahestehenden Institute leiden an Ressourcenmangel und haben teilweise ihre Aktivitäten eingestellt. Die neuen Plattformen der Sozialdemokraten, die nach der Jahrtausendwende entstanden, erreichten bislang nicht die Wirksamkeit der neoliberalen Organisationen.[253]

4. Der neue Block an der Macht: Die Neoliberalisierung der Concertación

Die Opposition akzeptierte die an Hayeks Idee einer „begrenzten Demokratie“ orientierte „Verfassung der Freiheit“ – und damit auch die operativen Grundlagen des neoliberal-autoritären Staates.[254] In den Monaten vor den ersten demokratischen Wahlen erließ die scheidende Junta eine Reihe weiterer Verfassungs(organ)gesetze, die die staatlichen Organe – bis heute – auf eine bestimmte Politik verpflichten.

Eine politische Auseinandersetzung mit den *poderes fácticos* mied die Concertación. Zunächst mag die Angst vor einer Rückkehr der Militärs der Grund dafür gewesen sein. Die weitere Entwicklung bestätigte aber die politische Strategie der Architekten des neoliberalen Modells: Der Neoliberalismus muss die ideologische Hegemonie erlangen, damit das Gründungsprojekt auch unter demokratischen Bedingungen Bestand hat.

253 Fischer: Organized neoliberals, dies.: The influence of neoliberals.

254 Nach dem gewonnenen Plebiszit handelten Vertreter der Concertación und des Regimes moderate Verfassungsänderungen aus, die im Juli 1989 einer Volksbefragung vorgelegt und mit 85,7 Prozent der Stimmen angenommen wurden. Das Paket enthielt u.a. die Anhebung der Zahl gewählter Senatoren und der Zivilisten im Nationalen Sicherheitsrat. Seine Befugnisse wurden geringfügig eingeschränkt, auch das Verbot Kommunistischer Parteien wurde aufgehoben. Die Struktur des Staates blieb unangetastet. Siehe Felipe Portales: Una democracia tutelada. Santiago: Editorial Sudamericana 2000.

4.1. Neoliberale Staatlichkeit

Mit den sogenannten *Leyes Orgánicas Constitucionales* gelang es dem Regime, Normen des „disziplinierenen Neoliberalismus“ (Stephen Gill) in das institutionelle Regime einzuschreiben. Die Verfassungsorgangesetze sind nicht Bestandteil der Konstitution. Sie regeln jedoch zentrale staatliche Bereiche und Funktionen wie das Wahlrecht, das Bildungswesen, die Befugnisse von Militär und Polizei oder das Statut der Zentralbank. Wie bei Verfassungsbestimmungen ist eine Änderung nur möglich, wenn eine Mehrheit in beiden Kammern zustimmt.

Das einen Tag vor ihrer Demission von der Militärregierung erlassene *Ley Orgánica Constitucional de Enseñanza* übertrug die finanzielle Verantwortung für die Schulen den Gemeinden und verankerte staatliche Zuschüsse für Privatschulen. Das Bankengesetz verbietet künftigen Regierungen, in Finanzinstitutionen zu intervenieren oder Anteile zu erwerben. Bereits in der Konstitution von 1980 war die Autonomie der Zentralbank verankert. Chile war damit internationaler Vorreiter bei der Institutionalisierung neoliberal-monetaristischer Geldpolitik. Das Verfassungsorgangesetz von 1989 legte nun im Detail den Tätigkeitsbereich der Zentralbank fest. Ihre erste Aufgabe ist es, für die Stabilität der Währung und niedrige Inflation zu sorgen. Der Zentralbank ist es verboten, dem Staat direkte oder indirekte Kredite für öffentliche Aufgaben zu gewähren. Die fünf Zentralbankgouverneure, die das Staatsoberhaupt vorschlägt, müssen von einer Mehrheit in beiden Kammern bestätigt werden.[255]

Dennoch erklärte Präsident Aylwin Mitte 1991 den Übergang zur Demokratie als erfolgreich abgeschlossen. Damit hatte die Führung der Concertación ihre Ansichten über Demokratie grundlegend geändert. In den 1980er Jahren noch hatte sie als Opposition die Verfassung als antidemokratisch gegeißelt. Eine wichtige Forderung der Demokratiebewegung war die Einsetzung einer vom

255 Nach der verlorenen Wahl einigten sich Pinochet und die designierte Regierung auf die Besetzung des fünfköpfigen Leitungsgremiums. Die alte und die neue Regierung nominierten je zwei Gouverneure; den Vorsitz übernahm ein Brigadier und Ökonom, der beide Parteien zufrieden stellte. Der ins Amt kommende Finanzminister Foxley würdigte im Mercurio diese Einigung als "a way of showing the country, the private sector, and the international financial community that the Concertación is committed to the economic stability of the country" (zitiert in Verónica Montecinos: Economic policy elites and democratic consolidation. Working Paper 192, The Helen Kellogg Institute for International Studies, University of Notre Dame, May 1993, S. 35). Darüber hinaus trafen die Verhandlungspartner die Vereinbarung, dass die Leitung künftig aus drei regierungsnahen und zwei der Opposition nahestehenden Ökonomen gebildet wird, siehe Alexis Guardia: Relación entre economía y política. La experiencia chilena. In: Chile en la Concertación. Una mirada crítica, bilance y perspectivas, Bd. 1, hrsg. von Yesko Quiroga und Jaime Ensignia. Santiago: Friedrich Ebert Stiftung, S. 79-122, hier S. 101.

Volk gewählten verfassungsgebenden Versammlung gewesen. Nun war nur mehr die Rede davon, die „Demokratie zu verbessern". Mehr noch, die Concertación selbst trug zur Verfestigung neoliberaler Prinzipien im Regierungshandeln bei. Sie hatte nämlich in den Übergangsverhandlungen ein weitreichendes Zugeständnis an den alten Machtblock gemacht: Die Oppositionsführer akzeptierten Pinochets Forderung, die für die Änderung der Verfassungsorgangesetze eine absolute Mehrheit in beiden Kammern verlangte. Damit konnte das alte Regime einen „Konstruktionsfehler" der Verfassung noch im Nachhinein beheben.

Nach der Transition ging die Concertación daran, in eigenem Namen die neoliberale Staatlichkeit auszubauen. Sie approbierte 1990 das von der Militärregierung entworfene *Ley del Estado Empresario*. Dieses unterwirft die staatliche Budget- und Wirtschaftspolitik strikten Regeln. So wird etwa die Senkung der Staatsausgaben dekretiert und dem Staat untersagt, neue Unternehmen, Versicherungsträger etc. zu gründen oder gemeinsam mit Privaten zu betreiben. Die strukturelle Haushaltsbilanzregel von 2000 beschränkt Staatsausgaben weiter. Die Selbstverpflichtung erlangte als Bestandteil des *Ley sobre Responsabilidad Fiscal* im Jahr 2005 Gesetzesrang (siehe Abschnitt 1.2).

Es dauerte 15 Jahre, bis die Concertación einige autoritäre Enklaven der Verfassung außer Kraft setzte. Im Jahr 2005 schaffte eine Reform das Amt der auf Lebenszeit bestellten und designierten Senatoren ab und enthob die Armee ihrer Funktion als Garantin der institutionellen Ordnung. Die Führung der Streitkräfte und der Polizei konnte fortan vom Staatsoberhaupt abberufen werden. Die Legislaturperiode wurde von sechs auf vier Jahre ohne Möglichkeit der Wiederwahl verkürzt.

Jene Verfassungsbestimmungen, die die arbeits- und sozialrechtliche Ordnung bestimmen und die Gesellschaft so tiefgreifend verändert haben, wurden jedoch nicht reformiert. Auch das binominale Wahlsystem blieb unangetastet. Dabei hätte es die Concertación in der Hand gehabt: Die Regierung Lagos verfügte, als Pinochet und Errázuriz ihrer Ämter im Senat enthoben wurden, über ein Jahr, die Regierung Bachelet fast die gesamte Amtsperiode über die Mehrheit in beiden Kammern. Aber das Regierungsbündnis mied die Konfrontation und bezog nicht zuletzt selbst erhebliche Vorteile aus dem Wahlsystem: Es begünstigt die größten Parteien des Bündnisses, bindet die einzelnen Partner fest aneinander und verhindert ernst zu nehmende Konkurrenz von links.[256]

Auch im demokratischen Chile blieb das Finanzministerium das Steuerungszentrum im Regierungs- und Staatsapparat. Das Gesetz von 1975, das dem Fi-

256 Portales: Democracia tutelada; ders.: Modelo consolidado. In: La Nación. Suplemento especial (Así fue el Chile de Pinochet), 17.12.2006.

nanzminister die letztgültige Entscheidungsmacht über alle Fragen mit finanziellen Auswirkungen gibt, blieb in Kraft. Zwar installierte das erste demokratische Kabinett ein interministerielles Gremium, das die makroökonomischen Variablen der Politik definieren sollte. Die folgenden Regierungen entmachteten allerdings wieder jene Ministerien, die für Planung, Soziales und Infrastruktur zuständig waren. Damit verloren gerade jene Regierungsstellen mit sozialen Aufgaben ihre eigenständige Gestaltungskraft. Die Entscheidungszentren sind seither wieder das Finanzministerium und die Zentralbank, die durch den Primat der Geldpolitik im Neoliberalismus ein wichtiges – und demokratischer Einflussnahme gänzlich entzogenes – wirtschaftspolitisches Steuerungszentrum darstellt.[257]

Aufgrund der großen politischen und wirtschaftlichen Bedeutung der Freihandelsverträge haben auch jene staatliche Agenturen einen Bedeutungszuwachs erfahren, die den komplexen Prozess der ökonomischen Liberalisierung vorbereiten. Auch hier nutzt die Concertación jene staatlichen Strukturen, die während des Militärregimes geschaffen wurden. Seit 1979 sind alle mit Export und Freihandel befassten Einrichtungen in der Direcon, der für internationale Wirtschaftsbeziehungen zuständigen Abteilung im Außenministerium, gebündelt. Auch die mittlerweile halbstaatliche, privat finanzierte Agentur ProChile ist dort untergebracht. In einer Public Private Partnership erarbeiten hier Beamte, Experten und Verbandsfunktionäre jene regulativen Arrangements, die aus der globalen Liberalisierungs- und Deregulierungsagenda erwachsen. Auch dieses institutionelle Design ist öffentlicher Kontrolle – und der Kontrolle demokratisch legitimierter Organe – weitgehend entzogen.[258]

4.2. Die regierende und staatstragende Klasse: *chicos del neoliberalismo rosa*

In der wiedergewonnenen Demokratie hat sich die Zivilgesellschaft pluralisiert. Neu entstandene linke Gruppen, NGOs und Gewerkschaftsorganisationen versuchen, sich in der Öffentlichkeit für ihre Anliegen Gehör zu verschaffen. Die Mapuche fordern selbstbewusst ihre Rechte ein und behindern die umweltzerstörenden Papierfabriken der *grupos* in ihren Gebieten. Trotz der hohen Medien-

257 Teichman: Freeing markets, S. 88, mit Bezug auf Interviews mit hochrangigen Ministeriumsmitarbeitern.

258 Stephen Gill hat für den Zusammenhang von ökonomischer Liberalisierung und politischer Entdemokratisierung den Begriff „Neuer Konstitutionalismus" entwickelt, siehe Stephen Gill: New constitutionalism, democratisation and global political economy. In: Global Change, Peace & Security 10 (1), 1998, S. 23-38.

konzentration, der im Zuge der 1990er Jahre bald die Mehrzahl der unabhängigen Publikationen zum Opfer fiel, behaupten sich einige Satiremagazine und die Zeitungen der organisierten Linken.

Auch die politische Klasse selbst ist durch das parlamentarische System größer geworden. Dennoch entstammen die Politiker im Kongress und in der Exekutive den oberen 15 Prozent der gesellschaftlichen Pyramide. Auch sie werden mehrheitlich in Eliteschulen ausgebildet. Zwar gibt es in dieser Gruppe deutlich mehr anerkannte Privatschulen als innerhalb der Wirtschaftselite, aber die Tendenz zur Konzentration lässt sich auch hier erkennen. Im Jahr 2003 hatten noch 55 Prozent der Politiker öffentliche Schulen besucht, fünf Jahre später waren es nur noch 36 Prozent. Bei den unter 40-Jährigen waren es sogar nur mehr 13 Prozent.[259] Will man im Staatsdienst oder in der Politik Karriere machen, ist ein zusätzliches, im Ausland erworbenes Universitätsdiplom, angeraten. Das gilt insbesondere für wirtschaftspolitische Posten.

So muss man feststellen, dass sich in Chile mit der Rückkehr zur Demokratie zwar der Regimetyp geändert hat, nicht aber die grundlegende Ausrichtung der Politik. In Anlehnung an Gramsci kann man von einem erfolgreichen „Transformismus" (*transformismo*) sprechen: Die ehemals oppositionellen Gruppen haben sich in das System integriert.[260] Mehr noch: Weil das neoliberale Modell nunmehr vom neuen, demokratischen Machtblock fortgeführt wird, hat es an Legitimität gewonnen. Der *transformismo* errang den ersten entscheidenden Sieg, als sich die Opposition mit den Spielregeln der autoritären Verfassung einverstanden erklärte. Endgültig gesiegt hat er unter der Präsidentschaft von Ricardo Lagos. Er und sein Team stellten nach zwei christdemokratisch geführten Kabinetten die „Regierungsfähigkeit des Sozialismus" unter Beweis.

Dieses gramscianische Moment bringt der Kolumnist des Mercurio, Hermógenes Pérez de Arce, zum Ausdruck, wenn er den „Sieg der Rechten" auch darin erblickt, „die politische Kontrolle über eigene und gegnerische Regierungen" errungen zu haben. „Gerade dort, wo wir nicht an der Macht waren, waren wir genial. Wir haben es geschafft, dass linke Regierungen unsere Politik umsetzen.

259 La Tercera, 23.3.2008. Das Sample umfasste Senatoren, Abgeordnete, Minister und die Präsidentin, in Summe 179 Personen. Die historische Kaderschmiede für den Staatsdienst und zugleich die einzige öffentliche Schule mit Renommee, das Instituto Nactional, verlor zunehmend diesen Status. 2008 wählte keiner der unter 40-Jährigen diese Schule. Interessant sind die Unterschiede zwischen Concertación und der rechten Allianz: 46 Prozent der *Concertacionistas* besuchten öffentliche Schulen, aber nur 18 Prozent der Allianz (und keiner der unter 40-Jährigen). Keiner der Rechten wählte das Instituto Nacional, umgekehrt zogen die Politiker der Concertación das Colegio Tabancura nicht in Betracht.

260 Gramsci: Gefängnishefte. Bd. 1, hrsg. von Klaus Bochmann. Hamburg: Argument 1991, § 44, S. 101 f., Bd. 8, § 24, S. 1934; Moulian: Chile actual, S. 145 f.

Präsident Lagos ist jetzt ganz versessen darauf, die unsinnigen linken Prinzipien aufzugeben, die er zu Beginn seiner Amtszeit verfolgt hat. Nun beabsichtigt er beispielsweise die Flexibilisierung der Arbeit voranzubringen, das Gegenteil seiner ursprünglich geplanten Reform.“[261]

Der angepasste neue Machtblock übernahm neben dem Wirtschaftsmodell auch die unter der Junta übliche „Technifizierung“ politischer Entscheidungsfindung. Der Glaube, dass nur speziell ausgebildete Experten für makroökonomische Stabilität und eine kohärente Politik sorgen können, blieb im demokratischen Chile weitgehend unhinterfragt. Damit verschwand eine der wichtigsten Forderungen der Linken und der Basisbewegungen, die für die Demokratie gekämpft hatten, von der politischen Agenda: die Teilhabe der Bevölkerung am politischen Entscheidungsprozess. Sei es eine Gesetzesnovelle, eine Reformmaßnahme oder ein Anliegen im zivilgesellschaftlichen Bereich – unverzüglich bildete die Regierung eine Expertengruppe, um Lösungsvorschläge zu erarbeiten. Angeleitet von ehemaligen NGO- und Bewegungsführern, die in die staatliche Bürokratie integriert wurden, blieb den zivilgesellschaftlichen Gruppen meist nur die Möglichkeit, die bereits festgelegten Programme umzusetzen.

Nicht immer nahmen Betroffene den erneuten Dirigismus widerstandslos hin. Das zeigten organisierte Landbesetzungen in der Stadt (*tomas*) sowie Umwelt- und Stadtteilgruppen, die für eigene Gestaltungsmacht kämpften. Die Minen- und Hafenarbeiter und Gewerkschaften des öffentlichen Dienstes protestierten in den 1990er Jahren gegen die Privatisierung. Die Proteste der Schüler und die Arbeitsniederlegungen im öffentlichen Gesundheits- und Bildungswesen saß die Bachelet-Administration aus, ohne auf die Forderungen mit einer grundlegenden Reform zu reagieren. Widerstand gegen das neoliberale Wirtschaftssystem blieb jedoch die Ausnahme.

Die Neoliberalisierung der Concertación wirkte offenbar lähmend auf potenziell antisystemische Kräfte. Eine immer größere Zahl von Stimmberechtigten, insbesondere bei den Jungwählern, blieb den Wahlen fern. Das Desinteresse an der Politik lag nicht nur an den engen Spielräumen der *democracia de los acuerdos*. Mit der Kommodifizierung immer größerer gesellschaftlicher Bereiche breitete sich eine „Kultur des Marktes“ aus, die das besitzindividualistische und konsumorientierte Denken förderte.[262]

Unter demokratischen Verhältnissen entstand eine begrenzte Hegemonie des Neoliberalismus. Besonders verwundbare Teile der Gesellschaft wurden mit

261 Hermógenes Pérez de Arce: Aznar, un derechista genuino. Columna "Desde Chile", 28.11.2003 (Ü.d.A.). Online unter http://www.libertaddigital.com/opinion/hermogenes-perez-de-arce/aznar-un-derechista-genuino-16327/ (20.8.2010).

262 Jorge Larraín: Identidad chilena. Santiago: LOM 2001.

gezielter Sozialpolitik, die Mittelschichten mit einer breiteren Absicherung gegen Krisen in das politische System integriert. Das Versprechen der Concertación, Wachstum mit sozialem Ausgleich zu verbinden und Chile an die entwickelten Länder heranzuführen, band die Mehrheit der Bevölkerung an ihr Projekt. Indem die Regierung mehr auf Stabilität als auf Wandel setzte, einer verfestigten Ordnung gegenüber einer streitbaren Demokratie den Vorzug gab, band sie auch die konservativen Mittelklassen in ihr Herrschaftsprojekt ein.

Epilog

Seit dem Antritt der rechten Regierung Anfang 2010 haben sich die sozialen Auseinandersetzungen in Chile wieder verschärft. Es gelingt der Rechten viel weniger als der Concertación, partikulare ökonomische und politische Interessen als allgemeine, dem Gemeinwohl dienliche Ziele zu definieren und Regierungspolitik durch breite Zustimmung abzusichern. Das Mitte-Links-Bündnis hatte das neoliberale Modell stabilisiert, zu einem anerkannten Projekt der Mitte gemacht und damit die politische Achse nach rechts verschoben. Nun zeigt sich, dass die Konsolidierung der neoliberalen Regulationsweise in der Demokratie wesentlich voraussetzte, dass die durch die Diktatur diskreditierte Rechte nicht die regierende und staatstragende Klasse war. Demokratie nach der Transition berief sich auf die Vorzüge konsensualer Vereinbarungen und Kompromisse. Sie wurde mit dem Funktionieren des politischen Systems gleichgesetzt. Öffentliche Konflikte schienen die Stabilität der Demokratie zu bedrohen. Seit Piñera an der Macht ist, bricht der jahrzehntelange Konsens auf. Die Differenz der politischen Lager wird wieder klarer sichtbar.

Die Demonstrationen gegen die rechte Regierung werden hauptsächlich von Schülern und Studenten getragen. Sie wollen nicht mehr an einem Wettbewerb um Bildungstitel teilnehmen, dessen Regeln aus der Zeit der Diktatur stammen. Sie wehren sich gegen ein privatisiertes Bildungssystem, das die Mehrheit der Studierenden und ihre Familien in die Verschuldung treibt. Schulen und Universitäten sind zum Symbol für die Ungerechtigkeiten des neoliberalen Wirtschaftssystems geworden. Erstmals seit 1990 steht damit der Neoliberalismus als Ganzes im Kreuzfeuer der Kritik: die privatisierten sozialen Sicherungssysteme, die ungleiche Einkommensverteilung mit der extremen Reichtumskonzentration und die unvollständige Demokratie.

Die „Kinder der Transition" attackieren die „geschützte Demokratie", die ihr oberstes Ziel darin sieht, die politischen Machtansprüche eines abstrakten Marktes, mächtiger Interessengruppen und der Besitzenden zu sichern. Sie kritisieren eine technokratische Konsensdemokratie, die Regieren mit machttechnischer Effizienz gleichsetzt. In ihrem nachholenden Aufstand greifen die Protestierenden von 2011 die zentrale Forderung der Demokratiebewegung der 1980er Jahre wieder auf: eine verfassungsgebende Volksversammlung, die eine neue, wahrhaftig demokratische Konstitution ausarbeiten soll.

Selbst die Dachgewerkschaft CUT unterstützt diese weitgehenden politischen Anliegen. Sie rief im August 2011 zu einem zweitätigen Generalstreik auf. Teil der Protestfront sind auch die Kupferarbeiter. Sie streikten für höhere Löhne und bessere Arbeitsbedingungen und traten gegen die drohende vollständige Privatisierung von Codelco ein. Die vorläufige Genehmigung eines Staudammprojektes, das Endesa und Mattes Colbún im Süden des Landes verfolgen, verstärkte den sozialen Ungehorsam von Mapuche-Gemeinden und Umweltgruppen. Ihr zäher Widerstand findet zunehmend die Unterstützung der städtischen Bevölkerung.

Bei ihrer Suche nach Alternativen treffen die oppositionellen Kräfte auf den gewachsenen historischen Block, der Gegenstand der vorliegenden Untersuchung war. Der wahrscheinlich größte Erfolg der Herrschaftseliten war es, neoliberale Normen in die Verfassung und das institutionelle System einzuschreiben, um sie demokratischer Einflussnahme und öffentlicher Kontrolle zu entziehen. Deshalb muss die chilenische Gesellschaft das in der Demokratie eigentlich selbstverständliche Prinzip der uneingeschränkten Volkssouveränität überhaupt erst erkämpfen. Es ist offen, ob der Machtblock die Bereitschaft zeigt, sich auf eine Abstimmung über das neoliberale Modell einzulassen. Ebenso offen ist aber auch, ob die gewandelte chilenische Gesellschaft, die sich in Teilen zu einer konsumorientierten Wettbewerbsgesellschaft entwickelt hat, das vorherrschende Modell überhaupt abwählen würde.

Die sozialen Bewegungen, die gegen die herrschenden Verhältnisse opponieren, stehen deshalb vor der Aufgabe, nicht nur politische Forderungen durchzusetzen, sondern eine Debatte über Werthaltungen und Lebensformen zu führen. Diese Diskussion wird wesentlich darüber entscheiden, ob die Mittelschichten bereit sind, sich Alternativen zuzuwenden. Politisch wird der Wandel vom demokratischen Neoliberalismus zu einer Demokratie ohne Neoliberalismus wohl davon abhängen, ob die kreativen Basisbewegungen die Parteien der Concertación dazu bringen, aus der ideologischen Hegemonie des Neoliberalismus auszubrechen.

Anhang

Tabelle 12: Entwicklungsweisen in Chile 1830–2010[1]

Periode	**Staatsform**	**Block an der Macht**	**Hegemoniales Kontrollkonzept des Machtblocks**	**Akkumulations-regime**	**Konkurrenz-verhältnisse**	**Regulations-weise**
1830–1930 Liberales Jahrhundert unter britischer, dann US-Hegemonie	1830–1920 Liberal-oligarchischer Staat			Geteilte Außenorientierung: Rohstoffexport, Import von Investitionsgütern und Kapital	Handelskapital: global (Rohstoffe) und regional (Agrarprodukte) Finanzkapital: global Produktives Kapital: lokal	National außenorien-tierte Regulation
	1830–1861 Autokratische Republik	Liberale Oligarchie	Autoritärer Regionalismus			
	1861–1920 Liberal-demokratische Republik	Liberale Oligarchie, transnational orientierte Finanz- und Handelsbourgeoisie	Liberaler Internationalismus Ausbeutung der Subalternen durch direkten Zwang; ab der Jahrhundertwende Berücksichtigung der Interessen der entstehenden Mittelklassen und des Proletariats		Handelskapital: global Finanzkapital: global Produktives Kapital: national	

1 Eigene Darstellung. Ich danke Joachim Becker für wertvolle Hinweise.

Fortsetzung Tabelle 12

Periode	**Staatsform**	**Block an der Macht**	**Hegemoniales Kontrollkonzept des Machtblocks**	**Akkumulations-regime**	**Konkurrenz-verhältnisse**	**Regulations-weise**
1930–1973 Binnen-orientierte Entwicklung unter US-Hegemonie	1930–1970 Liberal-demokratischer Entwicklungs-staat (Estado de compromiso)	Mittelschichten, binnenmarktorientierte Kapitalfraktionen, Teile der Arbeiterschaft, staatliche Bürokratie	Liberaler Desarrollismo (1938–58) Nationaler Desarrollismo (1964–70) Selektive Einbindung der Arbeiterschaft	Geteilte Außenorientierung: Rohstoffexport, Kapitalimport	Produktives Kapital: national Finanzkapital: national	Nationale entwicklungs-staatsorien-tierte Regulation
	1970–1973 Estado popular	Mittelschichten, Proletariat, Subalterne	Transformativer Desarrollismo (1970–73) Herausbildung von Institutionen, Aktivierung und Selbstführung der Subalternen	Binnenorientierung		

Fortsetzung Tabelle 12

Periode	Staatsform	Block an der Macht	Hegemoniales Kontrollkonzept des Machtblocks	Akkumulations-regime	Konkurrenz-verhältnisse	Regulations-weise
1973–1989 Autoritärer Neoliberalismus bei fortgesetzter US-Hegemonie	1973–1982 Hyperliberaler Staat 1984–1990 Neoliberaler Staat	Militär, Finanzkapital, neoliberale Technokratie Militär, finanz-industrielles Großkapital, neoliberale Technokratie	Autoritärer Neoliberalismus Disziplinierung der Subalternen durch Repression (Diktatur ohne Hegemonie)	Passive Außenorientierung: Kapitalimport, Rohstoffexport geschwächt, finanzialisierte Akk. Geteilte Außenorientierung: Kapitalimport Rohstoffexport	Finanzkapital: global Produktives Kapital: national Finanzkapital: global Produktives Kapital: regional	Neoliberale Regulation
1990–2010 Demokratischer Neoliberalismus unter den Bedingungen eines offenen Regionalismus	1990–2010 Neoliberaler Staat	Transnationale Kapitalfraktionen, neoliberale Technokratie, Teile der Mittelklassen	Neoliberalismus, neuer Konstitutionalismus Disziplinierung der Subalternen durch Wettbewerb, Leistungsprinzip und Standortkonkurrenz (passivierende Hegemonie)	Geteilte Außenorientierung: Kapitalimport (tendenziell passiv – mit Kapitalexport lokaler Unternehmer); Handel, Rohstoffexport (aktiv); ab 2000 tendenziell finanzialisierte Akkumulation	Finanzkapital: global Produktives Kapital: regional, global	Neoliberale Regulation

Tabelle 13: Historische Eckdaten

Jahr	Ereignis
1818	Formale Unabhängigkeit von der spanischen Krone
1824	Gründung der Bolsa Mercantil für Handelstransaktionen in Santiago; das Projekt scheitert nach kurzer Zeit.
1830	Schlacht von Lircay: Die konservative Oligarchie (*pelucones)* triumphiert über die Liberalen (*pipiolos*), die Ära des Staatsministers Diego Portales beginnt.
1830–1861	Autokratische Republik unter den „peluconischen" Präsidenten Prieto, Bulnes und Montt
1830–1878	Erster exportorientierter Wachstumszyklus (Kupfer, Silber, Weizen)
1832	Entdeckung der Silbervorkommen in Chañarcillo
1833	Verabschiedung der ersten Verfassung
1838	Gründung der Sociedad Nacional de Agricultura (SNA)
1848	Gründung des Oficina Central de Estadística
1850	Gesetz für die Gründung von Aktiengesellschaften
1851, 1859	„Bürgerkriege" – intra-bourgeoise Auseinandersetzungen um die Macht
1851–1873	Erste (privat finanzierte) Eisenbahnlinie im Norte Chico von Caldera–Copiapó (1851), Linie Santiago–Valparaíso (mit staatlicher Unterstützung 1861 fertiggestellt) und Santiago–Süden (1873); staatliche Investitionen in die Infrastruktur (Post, Telegraphenverbindung, Dampfschifffahrt)
1857	Spaltung zwischen Konservativen und Liberalen wegen unterschiedlicher Auffassungen über das Verhältnis von Kirche und Staat.
1858	Gründung der Handelskammer (CCC)

Jahr	Ereignis
1860	Liberales Bankengesetz, ausgearbeitet von Jean Courcelle-Seneuil im Auftrag der Regierung und des Kongresses
1861–1891	Liberale Republik – der Kongress erhält durch Verfassungsreformen stärkere Kontrollbefugnisse über den Präsidenten
1865	Neue Zoll- und Steuergesetzgebung (Código Comercial)
1873–1878	Krise und Ende des ersten Expansionszyklus
1879–1883	Pazifikkrieg
1880-1920er	Zweiter exportorientierter Wachstumszyklus (Salpeter)
1883	Gründung des Industriellenverbandes Sofofa und der Nationalen Gesellschaft der Bergbauunternehmer SNM, heute Sonami
1887	Schaffung eines Industrieministeriums (Ministerio de Industria y Obras Públicas) unter Präsident José Manuel Balmaceda
1891	„Bürgerkrieg“ – intra-bourgeoise Auseinandersetzung um die Macht
1892–1920	Parlamentarische Republik
1895	Wiedereinführung des Goldstandards infolge des stetigen Wertverlustes des Peso
1907	Massaker von Iquique: Streikende Nitratarbeiter werden von Heeres- und Marinetruppen angegriffen und getötet.
1920–1925	Arturo Alessandri I: erste Regierung, die nicht von den Konservativen dominiert wird
1924–1932	Militärinterventionen mit zivilen Intermezzi
1925	Dennoch Verabschiedung einer neuen Verfassung durch Plebiszit, Stärkung der Präsidentialmacht
1925	US-Beraterkommission unter der Leitung des liberalen Princeton-Ökonomen Edwin W. Kemmerer in Chile

Jahr	Ereignis
1925	Gründung der Zentralbank (Banco Central)
1927–1931	National-populistisches Regime von Carlos Ibáñez I: Aussetzung der Bürgerrechte und Verbannung linker Politiker; Abdankung von Ibañez und freiwilliges Exil angesichts politischer und wirtschaftlicher Krise
1927	Schaffung des Entwicklungsministeriums (Ministerio de Fomento)
1928	Schaffung des Instituto de Crédito Industrial
1931	Militärputsch und „Sozialistische Republik" unter Marmaduke Grove
1932–1938	Arturo Alessandri II: orthodoxe Wirtschaftspolitik und repressive Antwort auf soziale Unruhen
1935	Gründung des Unternehmerdachverbandes CPC
1938–1942	Erste Volksfrontregierung unter Pedro Aguirre Cerda
1939	Gründung der Corfo
1942–1946	Zweite Volksfrontregierung unter Juan Antonio Ríos
1946–1952	Dritte Volksfrontregierung unter Gabriel González Videla
1948–1958	McCarthy in Chile: Die Kommunistische Partei wird aus dem Frente-Bündnis ausgeschlossen und verboten. Das Verbot bleibt bis 1958 in Kraft.
1950	Stahlwerk Compañía Siderúrgica Huachipato (CAP) geht in Betrieb
1952–1958	Carlos Ibañez II (autoritärer Populismus)
1955–1957	US-Beratermission Klein-Saks in Chile
1956	Abschluss des Austauschprogramms zwischen den wirtschaftswissenschaftlichen Fakultäten der Universidad Católica in Santiago und der University of Chicago (*Project Chile*) als Teil von Trumans Point-Four-Programms für technische Hilfe
1958–1964	Regierung Jorge Alessandri („Kabinett der Manager")

Jahr	Ereignis
1966	Gründung der rechten „Einheitspartei“ Partido Nacional
1964–1970	Regierung Eduardo Frei („Revolution in Freiheit“)
1970–1973	Unidad Popular unter Präsident Salvador Allende („Demokratischer Weg in den Sozialismus“)
11.9.1973	Militärputsch und Tod von Allende
1980	Abstimmung über die „Verfassung der Freiheit“, Inkrafttreten der Übergangsbestimmungen 1981, vollständiges Inkrafttreten 1990
1982–1984	Schwere Verschuldungs- und Wirtschaftskrise, die Hungermärsche und Proteste auslöst und die Bewegung für Demokratie entstehen lässt
1988	Plebiszit über den weiteren, achtjährigen Verbleib von Pinochet (44,01 % SI, 55,99 % NO). Pinochet bleibt bis 1998 Oberster Kommandant der Streitkräfte.
1990–2010	Demokratischer Neoliberalismus (Bündnis der Parteien für Demokratie – Concertación)
1989/90–94	Erste demokratische Wahlen und Sieg der Concertación, Antritt der Regierung Patricio Aylwin (Christdemokratische Partei)
1994–2000	Zweite Concertación-Regierung unter Eduardo Frei Jr. (Christdemokratische Partei)
1998/2001	Pinochet wird, nachdem er sein Amt als Senator auf Lebenszeit angetreten hat, in London verhaftet. Nach seiner Enthaftung und Rückführung nach Chile scheitern alle Versuche, ihn wegen Verstöße gegen die Menschenrechte anzuklagen. Im Juli 2001 erklärt ihn ein Gericht für nicht verhandlungsfähig. Dies bedeutet das endgültige Ende seiner juristischen Verfolgung.

Jahr	Ereignis
2000–2006	Dritte Concertación-Regierung unter Ricardo Lagos (Partido por la Democracia – sozialdemokratische Partei)
2004/05	Die von Lagos eingesetzte „Valech-Kommission“ präsentiert ihre Untersuchung der Menschenrechtsverletzungen während der Diktatur. Der Bericht belegt, dass die Militärregierung systematisch Folter einsetzte. Den 28.000 anerkannten Opfern wird finanzielle Entschädigung zugesagt. Die über 35.000 Zeugenaussagen werden aber aufgrund einer Regierungsentscheidung für die nächsten fünfzig Jahre geheim gehalten und können deshalb auch nicht in Gerichtsverfahren als Beweismaterial eingesetzt werden. Das Amnestiegesetz von 1978 bleibt weiterhin in Kraft.
2005	Erste größere Verfassungsreform schafft „autoritäre Enklaven“ ab. Das binominale Wahlgesetz, das Amnestiegesetz und sozio-politische Normen aus der Diktatur bleiben unangetastet.
2005	Pinochet wird aufgrund der Anklage wegen Korruption und Steuerhinterziehung während seiner Regierungszeit die Immunität entzogen.
2006–2010	Vierte Concertación-Regierung unter Michelle Bachelet (Sozialistische Partei)
2006	Pinochet stirbt ohne Verhandlung. Sein Tod löst Kundgebungen von Gegnern und Befürwortern aus. Bachelet erlaubt den Streitkräften und militärischen Einrichtungen, die Flaggen auf Halbmast zu setzen, lehnt aber ein Staatsbegräbnis ab.
2006	Proteste der Schüler gegen das privatisierte Bildungswesen und das aus der Diktatur stammende Bildungsgesetz („Aufstand der Pinguine“)
2010	Sebastián Piñera (Renovación Nacional) gewinnt für die rechte Allianz die Präsidentschaftswahl.

Allgemeine Sekundärliteratur

A.T. Kearney: Chile. A top destination for global services. Quality and stability of an OECD country at Latin American costs. Prepared on behalf of Invest Chile-Corfo. Santiago 2009.

Agacino, Rafael: Reestructuración productiva, flexibilidad y empleo en condiciones de crecimiento prolongado: lecciones del caso chileno. In: El trabajo en un mundo globalizado, hrsg. von Santos Miguel Ruesga Benito und Gerardo Fujii Gambero. Madrid: Ediciones Pirámide 2000, S. 223-258.

Agacino, Rafael: Chile 25 años después. Claroscuros, ilusiones y fisuras de una contrarrevolución madura (o.J.). Online unter http://www.archivochile.com/Ideas_Autores/agacino/agasino0017.pdf (30.6.2011).

Agosin, Manuel R.: Trade and growth in Chile. In: CEPAL Review 68, 1999, S. 79-100.

Agosin, Manuel/Pastén, Ernesto: Corporate governance in Chile. Working Paper 209. Santiago: Banco Central de Chile 2003.

Albala-Bertrand, José Miguel: Changes in Chile's production structure, 1986–1996. Output and industrial interdependence. In: CEPAL Review 88, 2006, S. 159-172.

Angell, Alan: Chile seit 1920. In: Handbuch der Geschichte Lateinamerikas. Bd. 3: Lateinamerika im 20. Jahrhundert, hrsg. von Hans Werner Tobler und Walther L. Bernecker. Stuttgart: Klett Cotta 1996, S. 847-887.

Arancibia, Armando C.: Chile. Mythos und Wirklichkeit des autoritären Projekts. In: Lateinamerika. Analysen und Berichte 6, 1992, S. 114-129.

Aranda, Sergio/Martínez, Alberto: Estructura económica. Algunos características fundamentales. In: Chile, hoy, hrsg. von Aníbal Pinto [u.a.]. México: siglo xxi editores 1970, S. 55-172.

Aronowitz, Stanley: How class works. Power and social movement. New Haven/London: Yale University Press 2003.

Arrate, Jorge/Rojas, Eduardo: Memoria de la izquierda chilena. 1850–2000, Bd. 1 (1850–1970). Santiago: Javier Vergara Editor 2003.

Arriagada, Genaro: La oligarquía patronal chilena. Santiago: Ediciones Nueva Universidad 1970.

Arriagada, Genaro: Por la razon o la fuerza. Chile bajo Pinochet. Santiago: Editorial Sudamericana 1998.

Arriagada, Genaro: Los empresarios y la política. Santiago: LOM 2004.

Barrett, Patrick S.: Chile's transformed party system and the future of democratic stability. In: Journal of Interamerican Studies and World Affairs 42 (3), 2000, 1-32.

Barr-Melej, Patrick: Reforming Chile. Cultural politics, nationalism, and the rise of the middle class. Chapel Hill: University of North Carolina Press 2001.

Barton, Jonathan R.: The legacy of Popular Unity. Chile 1973–2003. In: Capital & Class 82, 1997, S. 9-16.

Bauer, Arnold J.: Chilean rural society from the Spanish conquest to 1930. Cambridge [u.a.]: Cambridge University Press 1975.

Bauer, Arnold J.: Industry and the missing bourgeoisie. Consumption and development in Chile 1850–1950. In: Hispanic American Historical Review 70 (2), 1990, S. 227-253.

Becker, Joachim: Akkumulation, Regulation, Territorium. Zur kritischen Rekonstruktion der französischen Regulationstheorie. Marburg: Metropolis 2002.

Bener, Burak/Dufour, Mathieu: A class analysis of capital flight from Chile, 1971–2001. In: Capital flight and capital controls in developing countries, hrsg. von Gerald Epstein. Cheltenham/Northampton: Edward Elgar 2005, S. 173-209.

Bergsten, C. Fred: Open regionalism. Working Paper 97-3. Washington: Petersen Institute for International Economics 1997.

Berle, Adolf A./Means, Gardener C.: The modern corporation and private property. New York: Harcourt, Brace, and World 1967 [zuerst 1932].

Bernecker, Walther L.: Cepalismo, Desarrollismo, Dependencia. Regionale Wirtschaftstheorien und Entwicklungsstrategien in Lateinamerika. In: Kultur und Region im Zeichen der Globalisierung. Wohin treiben die Regionalkulturen? hrsg. von Sefik Alp Bahadir. Neustadt a.d. Aisch: Verlag Degener & Co 2000, S. 247-261.

Blackburn, Robin/Fazio, Hugo/Rosen, Corey (Hg.): Cien millones de trabajadores accionistas en el mundo. ¿Manipulación masiva o nuevo contrato social? Santiago: CENDA 1999.

Blakemore, Harold: Gobierno chileno y salitre inglés, 1886–1896. Balmaceda y North. Santiago: Editorial Andrés Bello 1977.

Braudel, Fernand: Sozialgeschichte des 15.–18. Jahrhunderts. Bd. 2: Der Handel. München: Kindler 1990.

Braudel, Fernand: Sozialgeschichte des 15.–18. Jahrhunderts. Bd. 3: Aufbruch zur Weltwirtschaft. München: Kindler 1990.

Braudel, Fernand: Das Mittelmeer und die mediterrane Welt in der Epoche Philipps II. Bd 2: Kollektive Schicksale und Gesamtbewegungen. Frankfurt a.M.: Suhrkamp 1994.

Braun, Juan/Braun, Matías/Briones, Ignacio/Díaz, José/Lüders, Rolf/Wagner, Gert: Economía chilena 1810–1995. Estadísticas historicas. Documento de Trabajo 187. Santiago: Instituto de Economía/Pontificia Universidad Católica 2000.

Brodersohn, Víctor: Sobre el carácter dependiente de la burguesía industrial. In: Chile, hoy, hrsg. von Aníbal Pinto [u.a.]. México: siglo xxi editores 1970, S. 322-342.

Bull, Benedicte: Policy networks and business participation in free trade negotiations in Chile. In: Journal of Latin American Studies 40 (2), 2008, S.195-224.

Burbach, Roger: The Chilean industrial bourgeoisie and foreign capital, 1920–1970. Unpublished dissertation, submitted at the Department of History, Indiana University 1975.

Burris, Val: Class formation and transformation in advanced capitalist societies. A Comparative Analysis. In: Social Praxis 7, 1980, S. 147-179.

Calderón, Álvaro/Casilda, Ramón: Grupos financieros españoles en América Latina. Una estrategia audaz en un difícil y cambiante entorno europeo. Santiago: CEPAL 1999 (= Serie desarrollo productivo 59).

Calderón, Álvaro: The expansion model of the major Chilean retail chains. In: CEPAL Review 90, 2006, S. 149-168.

Cámara de Diputados: Informe comisión de privatizaciones. Santiago 2004. Online unter http://www.privatizaciones.cl/articulos.php (3.7.2008).

Campero, Guillermo: Los gremios empresariales en el período 1970–1983. Comportamiento sociopolítico y orientaciones ideológicas. Santiago: Instituto Latinoamericano de Estudios Transnacionales 1984.

Campero, Guillermo: La relación entre el gobierno y los grupos de presión. El proceso de la acción de bloques a la acción. In: Revista de Ciencia Política 23 (2), 2003, S. 159-176.

Caputo, Orlando/Pizarro, Roberto: Dependencia e inversión extranjera. In: Chile, hoy, hrsg. von Aníbal Pinto [u.a.]. México: siglo xxi editores 1970, S. 173-209.

Cardoso, Fernando H.: Las elites empresariales en America Latina. In: Elites y desarrollo en América Latina, hrsg. von Seymour Lipset und Aldo Solari. Buenos Aires: Editorial Paidos 1971, S. 105-124.

Cariola Sutter, Carmen/Sunkel, Osvaldo: Un siglo de historia economía de Chile, 1830–1930. Dos ensayos y una bibliografía. Madrid: Ediciones Cultura Hispánica del Instituto de Cooperación Iberoamericana 1982.

Carmagnani, Marcello: Desarrollo industrial y subdesarrollo económico. El caso chileno 1860–1920. Santiago: Colección Sociedad y Cultura 1998 [zuerst italienisch 1971].

Carroll, William K./Fennema, Meindert: Is there a transnational business community? In: International Sociology 17 (3), 2002, S. 393-419.

Castells, Manuel: La lucha de clases en Chile. México/Madrid/Buenos Aires: siglo xxi editores 1974.

Cavarozzi, Marcelo: El orden oligárquico en Chile, 1880–1940. In: Desarrollo Económico 18 (70), 1978, S. 231-264.

Cavarozzi, Marcelo: La etapa oligárquica de dominación burguesa en Chile. In: Canadian Journal of Latin American Studies 4 (8), 1979, S. 1-65.

Caviedes, César: The politics of Chile. A sociogeographical assessment. Boulder: Westview Press 1979.

Caviedes, César: The Southern Cone. Realities of the authoritarian state in South America. Totowa/New Jersey: Rowman & Allanheld 1984.

Cavieres, Eduardo: Comercio chileno y comerciantes ingleses. 1820–1880. Un ciclo de historia económica. Santiago: Editorial Universitaria 1999.

Cavieres, Eduardo: Anverso y reverso del liberalismo en Chile, 1840–1930. In: Historia 34, 2001, S. 39-66.

CEP: Conferencia Mont Pelerin. Estudios Públicos 6, segundo trimestre. Santiago: Centro de Estudios Públicos 1982.

CEP: El ladrillo. Bases de la política económica del gobierno militar chileno. Santiago: Centro de Estudios Públicos 1992.

CEPAL: El regionalismo abierto en América Latina y el Caribe. Santiago: CEPAL 1994.

CEPAL: La inversión extranjera en América Latina y el Caribe. Santiago: CEPAL (verschiedene Jahre).

CEPAL: Panorama social de América Latina. Santiago: CEPAL (verschiedene Jahre).

Chibber, Vivek: Reviving the developmental state? The myth of the "national bourgeoisie". In: Socialist Register 2005. The empire reloaded, hrsg. von Leo Panitch und Colin Leys, S. 144-165.

Claude, Marcel: El retorno de Fausto. Ricardo Lagos y la concentración del poder económico. Santiago: Ediciones Política y Utopía 2006.

Collier, Simon/Sater, William F.: A History of Chile, 1808–1994. Cambridge: Cambridge University Press 1996 (= Cambridge Latin American Studies 82).

Concertación de Partidos por la Democracia: Programa de Gobierno. Santiago: La Epoca 1989.

Correa Sutil, Sofia: Con las riendas del poder. La derecha chilena en el siglo XX. Santiago: Editorial Sudamericana 2004.

Corvalán Márquez, Luis: Del anticapitalismo al neoliberalismo en Chile. Santiago: Editorial Sudamericana 2001.

Couyoumdjian, Juan Ricardo: El alto comercio de Valparaíso y las grandes casas extranjeras, 1880–1930. Una aproximación. In: Historia 33, 2000, S. 63-99.

Cristi, Renato: Pensamiento político de Jaime Guzmán. Autoridad y libertad. Santiago: LOM 2000

Dahse, Fernando: El mapa de la extrema riqueza. Los grupos económicos y el proceso de concentración de capitales. Santiago: Editorial Aconcágua 1979.

Delano, Manuel/Traslaviña, Hugo: La herencia de los Chicago boys. Santiago: Las Ediciones del Ornitorrinco 1989.

Demirovic, Alex: Elite – einige Vorbehalte aus der Perspektive kritischer Gesellschaftstheorie. In: Oberschichten – Eliten – Herrschende Klassen, hrsg. von Stefan Hradil und Peter Imbusch. Opladen: Leske+Budrich 2003, S. 123-132.

Dipres: Estadísticas de las finanzas públicas, 1987–2003. Santiago: Dirección de Presupuestos, Ministerio de Hacienda 2004.

Dipres: Estadísticas de las finanzas públicas, 1999–2008. Santiago: Dirección de Presupuestos, Ministerio de Hacienda 2009.

Dirección del Trabajo (Hg.): Negociación colectiva en Chile. La debilidad de un derecho imprescindible. Santiago: División de Estudios, Dirección del Trabajo 2009.

Direcon: Chile, 20 años de negociaciones comerciales. Santiago: Dirección General de Relaciones Económicas Internacionales 2009.

Direcon: Informe de comercio exterior de Chile. Santiago: Direcon (verschiedene Jahre). Online unter http://rc.direcon.cl/ und http://www.chileinfo.com/ (30.6.2011).

Direcon: Inversión directa de Chile en el exterior. Santiago: Direcon. Online unter http://www.direcon.gob.cl/inversion/1416 (30.6.2011).

Domhoff, William G.: Who rules America? Englewood Cliffs: Prentice-Hall 2006 [zuerst 1967].

Drake, Paul: La misión Kemmerer a Chile. Consejeros norteamericanos, stabilización y endeudamiento, 1925–1932. In: Cuadernos de Historia 4, 1984, S. 31-59.

Drake, Paul: Chile, 1930–58. In: The Cambridge history of Latin America. Bd. 8: Latin America since 1930. Spanish South America, hrsg. von Leslie Bethell. Cambridge [u.a.]: Cambridge University Press 1991, S. 269-382.

Ebenstein, Alan: Friedrich Hayek. A biography. New York: Palgrave 2001.

Edwards, Alberto: La fronda aristocrática en Chile. Santiago: Editorial Universitaria 1982 [zuerst 1928].

Elter, Doris: Sistema de A.F.P. chileno. Injusticia de un modelo. Santiago: LOM 1999.

Encina, Francisco: Portales. Introducción a la historia de la época de Diego Portales, 1830–1891. Santiago: Nascimento 1934.

Encina, Francisco: Nuestra inferioridad económica. Sus causas, sus consecuencias. Santiago: Nascimento 1955 [zuerst 1912].

Estrategia: Empresarios en la historia. Un reconocimiento de Estrategia al espíritu emprendedor. Santiago: Editorial Gestión 1995.

Faletto, Enzo: Génesis histórica del proceso político chileno. Santiago: Editorial Quimantú 1971.

Fazio, Hugo: Mapa de la extrema riqueza al año 2005. Santiago: LOM 2005.

Ffrench-Davis, Ricardo: Debt-equity swaps in Chile. In: Cambridge Journal of Economics 14 (1), 1990, S. 109-126.

Ffrench-Davis, Ricardo/Muñoz, Oscar/Miguel, José/Benavente Crespi, Gustavo: The industrialization of Chile during protectionism, 1940–1982. In: An economic history of twentieth-century Latin America. Bd. 3: Industrialization and the state in Latin America. The postwar years, hrsg. von Enrique Cárdenas/José Antonio Ocampo/Rosemary Thorp. Basingstoke/New York: Palgrave 2000, S. 114-153.

Ffrench-Davis, Ricardo: Entre el neoliberalismo y el crecimiento con equidad. Tres décadas de política económica en Chile. Santiago: J.C. Sáenz 2003.

Figueroa, Pedro Pablo: Diccionario biográfico de Chile. Bd. 1+2. Santiago: Imprenta, litografía y encuadernación Barcelona 1897.

Figueroa, Pedro Pablo: Diccionario biográfico de Chile. Bd. 3. Santiago: Imprenta, litografía y encuadernación Barcelona 1901.

Figueroa, Virgilio: Diccionario histórico, biográfico y bibliográfico de Chile. Bd. 1 (1800–1925). Santiago: Imprenta y litografía La Ilustración 1925.

Figueroa, Virgilio: Diccionario histórico, biográfico y bibliográfico de Chile. Bd. 2 (1800–1928). Santiago: Establecimientos Gráficos Balcells 1928.

Figueroa, Virgilio: Diccionario histórico, biográfico y bibliográfico de Chile. Bd. 4+5 (1872–1940). Santiago: Imprenta y litografía La Ilustración 1931.

Fischer, Karin: Chile. Vom neoliberalen Pionier zum Vorzeigemodell für Wachstum mit sozialem Ausgleich? In: Lateinamerika Analysen 17 (2), 2007, S. 157-175.

Fischer, Karin: The influence of neoliberals before, during, and after Pinochet. In: The making of the neoliberal thought collective, hrsg. von Philip Mirowski und Dieter Plehwe. Cambridge: Harvard University Press 2009, S. 305-346.

Fischer, Karin: Von der nationalen Bourgeoisie zur transnationalen Klasse? Klassenbildung und nachholende Entwicklung in Chile 1820–2005. Dissertation an der Universität Wien 2009.

Fischer, Karin: Die globalisierte Lachsindustrie: Vom Süden Chiles ins Kühlregal des Supermarktes. In: Globale Güterketten. Weltweite Arbeitsteilung und ungleiche Entwicklung, hrsg. von Karin Fischer/Christian Reiner/Cornelia Staritz. Wien: Promedia 2010, S. 98-118 (= Serie Historische Sozialkunde/Internationale Entwicklung 29).

Fischer, Karin: Organized neoliberals back in office – the Piñera think tank government in Chile. Paper presented at the 5th Conference on Interpretive Policy Analysis 2010, Grenoble, June 23-25, 2010.

FitzGerald, Valpy: La CEPAL y la teoría de la industrialización. In: Revista de la CEPAL, número extraordinario, Octubre 1998, 47-61.

Fontaine Aldunate, Arturo: Los economistas y el Presidente Pinochet. Santiago: Zig-Zag 1988.

Fontaine, Arturo/Gonzáles Pino, Miguel (Hg.): Los mil días de Allende. Santiago: CEP 1997.

Fourcade-Gourinchas, Marion/Babb, Sarah L.: The rebirth of the liberal creed. Paths to neoliberalism in four countries. In: American Journal for Sociology 108 (3), 2002, S. 533-579.

Frank, Andre Gunder: Kapitalismus und Unterentwicklung in Lateinamerika. Frankfurt a.M.: Europäische Verlagsanstalt 1968 [zuerst englisch 1967].

Fuentes, Luis Arturo: Grandes grupos económicos en Chile y los modelos de propiedad en otros países. Santiago: Dolmen Ediciones 1997.

Furtado, Celso: Economic development of Latin America. Cambridge: Cambridge University Press 1970.

Garretón, Manuel Antonio: La oposición política y el sistema partidario en el régimen militar chileno. Un proceso de aprendizaje para la transición. In: El difícil camino hacia la democracia en Chile 1982–1990, hrsg. von Paul Drake und Ivan Jaksic. Santiago: FLACSO 1993, S. 391-454.

Garretón, Oscar/Cisternas, Jaime: Algunas características del proceso de toma de decisiones en la gran empresa. La dinámica de concentración. Santiago: Odeplan 1970.

Gatica Barros, Jaime: Deindustrialization in Chile. Boulder/San Francisco/London: Westview Press 1989.

Gazmuri, Cristián: El „48" cileno. Igualitarios, reformistas radicales, masones y bomberos. Santiago: Universitaria 1999.

Gil, Federico G.: The political system of Chile. Boston: Houghton Mifflin Company 1966.

Gill, Stephen: New constitutionalism, democratisation and global political economy. In: Global Change, Peace & Security 10 (1), 1998, S. 23-38.

González-Rossetti, Alejandra/Chuaqui, Tomas/Espinosa, Consuelo: Enhancing the political feasibility of health reform. The Chile case. Boston: Harvard School of Public Health 2000 (= LACHSR Serie 40).

Gramsci, Antonio: Gefängnishefte. Kritische Gesamtausgabe. Bd. 1, hrsg. von Klaus Bochmann. Hamburg: Argument 1991.

Gramsci, Antonio: Gefängnishefte. Kritische Gesamtausgabe. Bd. 4, hrsg. von Klaus Bochmann und Wolfgang Fritz Haug unter Mitwirkung von Peter Jehle. Hamburg/Berlin: Argument 1992.

Gramsci, Antonio: Gefängnishefte. Kritische Gesamtausgabe. Bd. 8, hrsg. von Klaus Bochmann, Wolfgang Fritz Haug und Peter Jehle. Hamburg/Berlin: Argument 1998.

Guardia, Alexis: Relación entre economía y política. La experiencia chilena. In: Chile en la Concertación. Una mirada crítica, bilance y perspectivas, Bd. 1, hrsg. von Yesko Quiroga und Jaime Ensignia. Santiago: Friedrich Ebert Stiftung, S. 79-122.

Hachette, Dominique/Lüders, Rolf: La privatización en Chile. Santiago: CINDE 1992.

Hayek, Friedrich A.: La Fuerza de la Libertad. In: Revista Realidad (2) 24, 1981, S. 27-35.

Held, Günther/Jiménez, Luis Felipe: Liberalización financiera, crisis y reforma del sistema bancario chileno: 1974–1999. Santiago: CEPAL 1999 (= Serie financiamiento del desarrollo 90).

Hoberman, Louisa/Socolow, Susan (Hg.): Cities and society in colonial Latin America. Albuquerque: University of New Mexico Press 1986.

Huneeus, Carlos: Tecnócratas y políticos en el autoritarismo. Los „ODEPLAN boys" y los „gremialistas" en el Chile de Pinochet. In: Revista de Ciencia Política 19 (2), 1989, S. 125-158.

Ibáñez Santa María, Adolfo: Los ingenieros, el estado y la política en Chile. Del Ministerio de Fomento a la Corporación de Fomento. 1927–1939. Santiago: Pontificia Universidad Católica de Chile 1985 (= Estudios Históricos 7).

Ibáñez Santa María, Adolfo: Herido en el ala. Estado, oligarquías y subdesarrollo, Chile 1924–1960. Santiago: Editorial Biblioteca Americana/Universidad Andrés Bello 2003.

Imbusch, Peter: Unternehmer und Politik in Chile. Eine Studie zum politischen Verhalten der Unternehmer und ihrer Verbände. Frankfurt a.M.: Vervuert 1995.

INE: Encuesta nacional de empleo. Santiago: Instituto Nacional de Estadísticas (verschiedene Jahre). Online unter http://www.ine.cl/canales/chile_estadistico/mercado_del_trabajo/nene/nene.php (30.7.2011).

Jäger, Johannes: Politische Ökonomie der Sozialpolitik: Uruguay und Chile im Vergleich. In: Sozialpolitik in der Peripherie. Entwicklungsmuster und Wandel in Lateinamerika, Afrika, Asien und Osteuropa, hrsg. von Johannes Jäger/Gerhard Melinz/Susan Zimmermann. Frankfurt a.M./Wien: Brandes & Apsel/Südwind 2001, S. 37-56 (= Historische Sozialkunde/Internationale Entwicklung 19).

Jobet, Julio Cesar: Ensayo crítico del desarrollo económico-social de Chile. Santiago: Editorial Universitaria 1955 (= Colección América Nuestra).

Johnson, Dale L.: Industrialization, social mobility, and class formation in Chile. In: Studies in Comparative International Development 3 (7), 1967, S 127-151.

Kay, Cristóbal: Agrarian reform and the class struggle in Chile. In: Latin American Perspectives 5, 1978, S. 117-140.

Kindleberger, Charles P.: The 1929 World Depression in Latin America – from the outside. In: Latin America in the 1930s. The role of the periphery in world crisis, hrsg. von Rosemary Thorp. London/Basingstoke: Macmillan Press 1984, S. 315-329.

Kirsch, Henry: Industrial development in a traditional society. The conflict of entrepreneurship and modernization in Chile. Gainesville: University Presses of Florida 1977.

Krause, Detlef: Die Commerz- und Disconto-Bank 1870–1920/23. Bankgeschichte als Systemgeschichte. Stuttgart: Franz Steiner Verlag 2004.

Krysmanski, Hans-Jürgen: Herrschende Klassen. Diskussionspapier zur VI. InkriT-Konferenz, 9.–12.5.2002, Berlin. Online unter http://www.uni-muenster.de/PeaCon/global-texte/g-m/herrschendeklassen-inkrit.htm (30.6.2011).

Kurtz, Marcus: Chile's neo-liberal revolution. Incremental decisions and structural transformation, 1973–1979. In: Journal of Latin American Studies 31, 1999, S. 399-427.

Kurtz, Marcus: State developmentalism without a developmental state. The public foundations of the "free market miracle" in Chile. In: Latin American Politics and Society 43 (2), 1999, S. 1-25.

Lagos, Ricardo: La concentración del poder económico. Su teoría. Realidad chilena. Santiago: Editorial del Pacifico 1965.

Lagos, Ricardo: La industria en Chile. Antecedentes estructurales. Santiago: Universidad de Chile 1966.

Lamarca, Felipe: Las prisas pasan, las cagadas quedan. Santiago: La Tercera Ediciones 2009.

Larraín, Jorge: Identidad chilena. Santiago: LOM 2001.

Lavín, Joaquín: Miguel Kast. Pasión de vivir. Santiago: Zig-Zag 1986.

Lefort, Fernando: Ownership structure and market valuation of family businesses in Chile. In: Corporate Ownership & Control 3 (2), 2005, S. 90-105.

Letelier, Isabel/Moffitt, Michael: Supporting repression. Multinational banks in Chile. In: Race & Class 20, 1978, S. 111-126.

Levy, David: Interview with Arnold Harberger. In: Revista Acta Académica 25, 1999, o.S. Online unter http://www.uaca.ac.cr/acta/1999nov/dlevy.htm (3.3.2005).

Mamalakis, Markos: The growth and structure of the Chilean economy. From independence to Allende. New Haven: Yale University Press 1976.

Martínez, Javier/Díaz, Alvaro: Chile. The great transformation. Geneva: UNRISD 1996.

Meller, Patricio/Sáez, Raúl (Hg.): Auge exportador chileno. Lecciones y desafíos futuros. Santiago: CIEPLAN/Dolmen 1995.

Mideplan: Casen 2009. Encuesta de caracterización socioeconómica nacional. Santiago: Mideplan 2009.

Mills, C. Wright: The power elite. Oxford/New York: Oxford University Press 2000 [zuerst 1956].

Moguillansky, Graciela: La inversión en Chile. ¿El fin de un ciclo en expansión? Santiago: CEPAL/Fondo de Cultura Económica 1999.

Mönckeberg, María Olivia: El saqueo de los grupos económicos al Estado chileno. Santiago: Ediciones B 2001.

Montecinos, Verónica: Economic policy elites and democratic consolidation. Working Paper 192, The Helen Kellogg Institute for International Studies, University of Notre Dame, May 1993.

Montecinos, Verónica: Economists, politics and the state. Chile 1958–1994. Amsterdam: CEDLA 1998.

Montero, Cecilia: La revolución empresarial chilena. Santiago: CIEPLAN/Dolmen Ediciones 1997.

Moulian, Tomás: Chile actual. Anatomía de un mito. Santiago: LOM 1997.

Moulian, Tomás: Fracturas. De Pedro Aguirre Cerda a Salvador Allende (1938–1973). Santiago: LOM 2006.

Moulian, Tomás/Torres Dujisin, Isabel: La derecha en Chile. Evolución historica y proyecciones a futuro. Documento de trabajo 22. Santiago: CED 1985.

Muñoz, Oscar: Crecimiento industrial de Chile, 1914–1965. Santiago: Universidad de Chile 1968.

Muñoz, Oscar: Chile y su industrialización. Pasado, crisis y opciones. Santiago: CIEPLAN 1986.

Muñoz, Oscar: Privatización de empresas publicas. In: Reformas económicas en Chile, hrsg. von Oscar Muñoz. Washington: Banco Interamericano de Desarrollo 1992.

Muñoz, Oscar: Los inesperados caminos de la modernización económica. Santiago: Editorial Universidad de Santiago 1995.

Nazer Ahumada, Ricardo: La fortuna de Agustín Edwards Ossandón: 1815–1878. In: Historia 33, 2000, S. 369-415.

Olave Castillo, Patricia: El proyecto neoliberal en Chile y la construcción de una nueva economía. México: Instituto de Investigaciones Económicas, UNAM/Ediciones El Caballito 1997.

Palma, Gabriel: From an export-led to an import-substituting economy. Chile 1914–39. In: Latin America in the 1930s. The role of the periphery in world crisis, hrsg. von Rosemary Thorp. London/Basingstoke: Macmillan Press 1984, S. 50-80.

Palma, Gabriel: Trying to „tax and spend" oneself out of the "Dutch Desease". The Chilean economy from the War of the Pacific to the Great Depression. In: An economic history of twentieth-century Latin America. Bd. 1: The export age. The Latin American economies in the late nineteenth and early twentieth centuries, hrsg. von Enrique Cárdenas/ José Antonio Ocampo/Rosemary Thorp. Basingstoke/New York: Palgrave 2000, S. 217-264.

Paredes Molina, Ricardo D./Sánchez, José Miguel: Organización industrial y grupos económicos: el caso de Chile. Online unter http://www.ricardoparedes.cl/paperweb/grupos.pdf (31.7.2011).

Parnreiter, Christof/Fischer, Karin/Jäger, Johannes: Transformación económica, políticas y producción de la segregación social en Chile y México. In: Scripta Nova VII (146) 127, 2003, o.S.

Paunovic, Igor: Growth and reforms in Latin America and the Caribbean in the 1990s. Santiago: CEPAL 2000 (= Serie Reformas Económicas 70).

Pérez de Arce, Hermógenes: Aznar, un derechista genuino. Columna "Desde Chile", 28.11.2003. Online unter http://www.libertaddigital.com/opinion/hermogenes-perez-de-arce/aznar-un-derechista-genuino-16327/ (20.8.2010).

Petras, James: Politics and social forces in Chilean development. Berkeley/Los Angeles: University of California Press 1969.

Petras, James: The metamorphosis of Latin America's intellectuals. In: Latin American Perspectives 17 (2), 1990, S. 102-112.

Piñera, José: El cascabel al gato. La batalla por la reforma previsional. Santiago: Zig-Zag 1991.

Piñera, José: La revolución laboral en Chile. Santiago: Zig-Zag 1991.

Pinto, Aníbal: Chile. Una economía difícil. México/Buenos Aires: Fondo de Cultura Económica 1964.

Pinto, Aníbal: Chile, un caso de desarrollo frustrado. Santiago: Editorial Universidad de Santiago 1996.

Pinto, Julio: Historia y minería en Chile. Estudios y fuentes. In: América Latina en la Historia Económica 1, 1994, S. 65-88.

Portales, Felipe: Una democracia tutelada. Santiago: Editorial Sudamericana 2000.

Portales, Felipe: Modelo consolidado. In: La Nación. Suplemento especial (Así fue el Chile de Pinochet), 17.12.2006.

Poulantzas, Nicos: Politische Macht und gesellschaftliche Klassen. Frankfurt a.M.: Europäische Verlagsanstalt 1980 [zuerst französisch 1968].

Puryear, Jeffrey M.: Thinking politics, intellectuals and democracy in Chile, 1973–1988. Baltimore/London: The Johns Hopkins University Press 1994.

Quiroga, Yesko: De modelo ejemplar a objeto de enmiendas. El sistema de pensiones de Chile. In: Chile en la Concertación (1990–2010). Una mirada crítica, bilance y perspectivas, Bd. 1, hrsg. von Yesko Quiroga und Jaime Ensignia. Santiago: Friedrich Ebert Stiftung 2009, S. 367-382.

Ramírez Necochea, Hernán: Balmaceda y la contrarevolución de 1891. Santiago: Editorial Universitara 1958.

Ramírez Necochea, Hernán: Historia del imperialismo en Chile. Santiago: Austral 1960 (= Colección Realidad Americana).

Rehren, Alfredo: Empresarios, transición y consolidación democrática en Chile. In: Revista Ciencia Politica 27 (1-2), 1995, S. 5-61.

Revista Capital: Los 25 emresarios que le cambiaron el rostro de Chile. Santiago: Salesianos 2004.

Roberts, Kenneth: Renovation in the revolution? Dictatorship, democracy, and political change in the Chilean left. Kellogg Institute for International Studies, Working Paper 203, 1994.

Rofman, Rafael/Fajnzylber, Eduardo/Herrera, Germán: Reformando las reformas previsionales en la Argentina y Chile. In: Revista de la CEPAL 101, 2010, S. 85-109.

Rojas, Leonicio Flavio: Industrial firm-founders and development strategies in Chile: The generations of neo-liberalism. Unpublished dissertation, Department of Sociology, Duke University 1991.

Ross, Agustín: Reminiscencias históricas sobre Don Agustín Edwards Ossandón y sobre el origen de sus negocios. Valparaíso: Imprenta El Mercurio 1925.

Rozas, Patricio/Marín, Gustavo: Los grupos transnacionales y la crisis. El caso chileno. Buenos Aires: Editorial Nueva America 1988.

Salazar, Gabriel: Diferenciación y conflicto en la clase dominante chilena (1820–1973). Santiago: mimeo 1983.

Salazar, Gabriel: Construcción de Estado en Chile. La historia reversa de la legitimidad. In: Proposiciones 24, 1994, S. 92-110.

Salazar, Gabriel: Historia de la accumulación capitalista en Chile (apuntes de clase). Santiago: LOM 2003.

Salazar, Gabriel/Pinto, Julio: Historia contemporánea de Chile. Bd. 1: Estado, legitimidad, ciudadanía. Santiago: LOM 1999.

Salazar, Gabriel/Pinto, Julio: Historia contemporánea de Chile. Bd. 3: La economía. Mercados, empresarios y trabajadores. Santiago: LOM 2002.

Schmalz, Stefan/Tittor, Anne: Hegemoniezyklen in Lateinamerika. Einführung und Kontext. In: Lateinamerika. Verfall neoliberaler Hegemonie? hrsg. von Dieter Boris/Bea Müller/Stefan Schmalz/Anne Tittor. Hamburg: VSA 2005, S. 7-39.

Schneider, Ben Ross: Business politics and the state in twentieth-century Latin America. Cambridge: Cambridge University Press 2004.

Schurman, Rachel A.: Chile's new entrepreneurs and the "economic miracle". The invisible hand or a hand from the state? In: Studies in Comparative International Development 31 (2), 1996, S. 83-109.

Scott, John: Stratification and power. Structures of class, status and command. Cambridge: Polity Press 1996.

Silva, Eduardo: La política económica del régimen chileno durante la transición: del neoliberalismo radical al neo-liberalismo "pragmático" . In: El dificil camino hacia la democracia en Chile 1982–1990, hrsg. von Paul W. Drake und Ivan Jaksic. Santiago: FLACSO 1993, S. 193-242.

Silva, Eduardo: The state and capital in Chile. Business elites, technocrats, and market economics. Boulder: Westview Press 1996.

Silva, Eduardo: Capital and the Lagos presidency. Business as usual? In: Bulletin of Latin American Research 21 (3), 2002, S. 339-357.

Silva, Eduardo: The import-substitution model. Chile in comparative perspective. In: Latin American Perspectives 34 (3), 2007, S. 67-90.

Silva, Patricio: Technocrats and politics in Chile. From the Chicago boys to the CIEPLAN monks. In: Journal for Latin American Studies 23, 1991, S. 385-410.

Soederberg, Susanne: A historical materialist account of the Chilean capital control. Prototype policy for whom? In: Review of International Political Economy 9 (3), 2002, S. 490-512.

Sofofa (Hg.): Cien años de industria, 1883–1983. Santiago: Ediciones Patmos Ltda. 1983.

Solimano, Andrés: Three decades of neoliberal economics in Chile. Achievements, failures and dilemmas. UNU-WIDER Research Paper 2009/37, June 2009.

Somerville, Hérnan: La renegociación de la deuda externa chilena. In: La transformación económica de Chile. Santiago: Universidad Nacional Andrés Bello 1992, S. 107-118 (= Cuadernos Universitarios, Serie Debates 1).

Stallings, Barbara: Class conflict and economic development in Chile, 1958–1973. Stanford: Stanford University Press 1978.

Stallings, Barbara/Zimbalist, Andy: The political economy of the Unidad Popular. In: Latin American Perspectives 2 (1), 1975, S. 69-88.

Stepan, Alfred: State power and the strength of civil society in the Southern Cone of Latin America. In: Bringing the state back in, hrsg. von Peter B. Evans/Dietrich Rueschemeyer/Theda Skocpol. Cambridge: Cambridge University Press 1985, S. 317-343.

Taylor, Marcus: From Pinochet to the Third Way? Neoliberalism and social transformation in Chile, 1973–2003. London: Pluto Press.

Teichman, Judith A.: The Politics of freeing markets in Latin America. Chile, Argentina, and Mexico. Chapel Hill/London: The University of North Carolina Press 2001.

Thayer Ojeda, Luis: Familias chilenas. Santiago: Guillermo E. Miranda 1906.

Thorp, Rosemary: Progress, poverty and exclusion. An economic history of Latin America in the 20th century. New York/Baltimore: Inter-American Development Bank/The Johns Hopkins University Press 1998.

Torche, Florencia/Wormald, Guillermo: Estratificación y movilidad social en Chile. Entre la adscripción y el logro. Santiago: CEPAL 2004 (= Serie políticas sociales 98).

UNDP: Human development indicators. Country profile Chile (verschiedene Jahre). Online unter http://hdrstats.undp.org/en/countries/profiles/CHL.html (30.6.2011).

Useem, Michael: Corporations and the corporate elite. In: Annual Review of Sociology 6, 1980, S. 41-77.

Valdés, Gabriel: Pinochet's economists. The Chicago School in Chile. Cambridge: Cambridge University Press 1995.

Valdivia Ortíz de Zárate, Verónica: El golpe después del golpe. Leigh vs. Pinochet. Chile 1960–1980. Santiago: LOM 2003.

Valenzuela, Arturo: Los militares en el poder. La consolidación del poder unipersonal. In: El difícil camino hacia la democracia en Chile 1982–1990, hrsg. von Paul W. Drake und Iván Jaksic, Santiago: FLACSO 1993, S. 57-144.

van Apeldoorn, Bastiaan: Theorizing the transnational. A historical materialist approach. In: Journal of International Relations and Development 7, 2004, S. 142-176.

van der Pijl, Kees: The making of an Atlantic ruling class. London: Verso 1984.

van der Pijl, Kees: Transnational classes and international relations. London/New York: Routledge 1998.

Véliz, Claudio: La mesa de tres patas. In: Desarrollo económico 5, 1963, S. 231-247.

Vergara, Pilar: Auge y caida del neoliberalismo en Chile. Santiago: FLACSO 1985.

Villalobos, Sergio: Origen y ascenso de la burguesía chilena. Santiago: Editorial Universitaria 1998 [zuerst 1979].

Villalobos, Sergio/Sagredo, Rafael (Hg.): Ensayistas proteccionistas del siglo XIX. Fuentes para la historia de la República VI. Santiago: Dirección de Bibliotecas, Archivos y Museos 1993.

Villalobos, Sergio: Breve historia de Chile. Santiago: Editorial Universitaria 2004 [zuerst 1979].

Vitale, Luis: Interpretación marxista de la historia de Chile. Bd. 3: La Independencia política, y la rebelión de las burguesía comercial y terratenientes. Santiago: Prensa Latinoamericana 1973.

Vitale, Luis: Interpretación marxista de la historia de Chile. Bd. 4: Ascenso y declinación de la Burguesía chilena (1861–1891). Santiago: LOM 1993.

Vitale, Luis: Interpretación marxista de la historia de Chile. Bd. 5: De la República parlamentaria a la República Socialista (1891–1931). Santiago: LOM 1994.

Vitale, Luis: Interpretación marxista de la historia de Chile. Bd. 6: De Alessandri P. a Frei M. (1932–1964). Industrialización y modernidad. Santiago: LOM 1998.

Wallerstein, Immanuel: The bourgeois(ie) as concept and reality. In: New Left Review 167, 1988, S. 91-106.

Walpen, Bernhard/Plehwe, Dieter: „Wahrheitsgetreue Berichte über Chile". Die Mont Pèlerin Society und die Diktatur Pinochet. In: 1999. Zeitschrift für Sozialgeschichte des 20. und 21. Jahrhunderts 2, 2001, S. 42-70.

Weaver, Frederick Stirton: Latin America in the world economy. Mercantile colonialism to global capitalism. Boulder: Westview Press 2000.

Wright, Eric Olin: Classes. London: New Left Books 1985.

Zeitlin, Maurice: The Civil Wars (or the bourgeois revolutions that never were). Princeton: Princeton University Press 1984.

Zeitlin, Maurice/Ewen, Lynda Ann/Ratcliff, Richard E.: "New princes" of the old? The large corporation and the capitalist class in Chile. In: American Journal of Sociology 80 (1), 1974, S. 87-123.

Zeitlin, Maurice/Ratcliff, Richard Earl: Landlords and capitalists. The dominant class of Chile. Princeton: Princeton University Press 1988.

Zeitungen und Zeitschriften

Business News Americas: www.bnamericas.com/
Diario Financiero: ww.df.cl
El Mercurio: diario.elmercurio.com/
Estrategia – El Diario de Negocios de Chile: www.estrategia.cl/
Forbes Magazine: http://people.forbes.com/
Gestión – La Revista de Negocios de Chile: www.gestion.cl/
La Tercera: latercera.com/
Qué Pasa: www.quepasa.cl/
Revista América Economía: www.americaeconomia.com/
Revista Capital: www.capital.cl/

Daten- und Informationsquellen Chile

Biblioteca del Congreso Nacional: http://www.bcn.cl/, http://biografias.bcn.cl/wiki/Portada
Comité de Inversiones Extranjeras: www.cinver.cl/
Dirección General de Relaciones Económicas Internacionales: www.direcon.cl/
Fundación Chile: www.fundacionchile.com/
Gobierno de Chile, Ministerio del Interior: http://www.elecciones.gov.cl/
INE Instituto Nacional de Estadísticos: http://www.ine.cl/
ProChile Dirección de Promoción de Exportaciones: www.prochile.cl/
Sbif Superintendencia de Bancos e Instituciones Financieras de Chile: www.sbif.cl/
SVS Superintendencia de Valores y Seguros: www.svs.cl/

Business Datenbanken

EIU ViewsWire
Factiva
Global Market Information Database
MarketVisual

Organisationen des Privatsektors in Chile

CCS Cámara de Comercio de Santiago: www.ccs.cl
CPC Confederación de la Producción y del Comercio: www.cpc.cl

Icare Instituto Chileno de Administración Racional de Empresas: http://www.icare.cl/
SNA Sociedad Nacional de Agricultura: www.sna.cl/
Sofofa Sociedad de Fomento Fabril: http://www.sofofa.cl/

Interviews

Interviews mit den Top-Managern von AES Gener, AFP Habitat, AFP Provida, Aguas Andinas, AntarChile, Antofagasta Minerals, Banco Bice, Banco de Chile, Banco de Credito e Inversiones (BCI), Banco Santander Banefe, Banco Santander Santiago, BBVA Bhif, Celulosa Arauco y Constitución (Arauco), CGE, Chilectra, Citibank, CMPC Celulosa, CMPC Empresas, CMPC Papeles, Industria Forestales Inforsa, Coca Cola Embonor, Compañía Chilena de Navegación Interoceánica (CCNI), Compañía de Aceros del Pacífico (CAP), Copec Combustibles, CorpBanca, Cristalerías de Chile, Empresas Banmédica, Empresas Carozzi, Empresas Copec, Empresas Melón (Lafarge Chile), Enersis, Falabella, Farmacias Ahumada (FASA), HQI Transelec, Iansafrut, JP Morgan Chase Bank, LAN Chile, LarrainVial, Madeco, Masisa Chile und Masisa Lateinamerika, Minera Escondida, Quiñenco, SQM, Sodimac, Telefónica Empresas CTC, Ultramar, Viña Concha y Toro, Viña San Pedro und Watt's.

Darüber hinaus standen mir Funktionäre der Sofofa, Mitarbeiter von Endeavor Chile und Instituto Libertad y Desarrollo, Eugenio Tironi, Juan Carlos Fernandez, Tomás Moulian und viele andere für Gespräche zur Verfügung.

Durchführungszeitraum Dezember 2004, November 2005 bis Februar 2006.

Kolibri 360 GmbH
Ferdinand-Jühlke-Straße 7
99095 Erfurt, Deutschland
produktsicherheit@kolibri360.de